CLAUDIA ENGEL

SCHEISS AUF Amor DAS MIT DER LIEBE MACH ICH SELBST

Wie du dir eine erfüllte und glückliche Beziehung manifestierst

mvgverlag

Bibliografische Information der Deutschen Nationalbibliothek
Die Deutsche Nationalbibliothek verzeichnet diese Publikation in der Deutschen Nationalbibliografie. Detaillierte bibliografische Daten sind im Internet über http://dnb.d-nb.de abrufbar.

Für Fragen und Anregungen
info@mvg-verlag.de

1. Auflage 2022
© 2022 by mvg Verlag, ein Imprint der Münchner Verlagsgruppe GmbH
Türkenstraße 89
D-80799 München
Tel.: 089 651285-0
Fax: 089 652096

Redaktion: Iris Rinser
Umschlaggestaltung: Isabella Dorsch
Umschlagabbildung: Shutterstock.com/letovsegda
Satz: Christiane Schuster | www.kapazunder.de
Druck: CPI books GmbH, Leck
Printed in the EU

ISBN Print 978-3-7474-0464-5
ISBN E-Book (PDF) 978-3-96121-861-5
ISBN E-Book (EPUB, Mobi) 978-3-96121-853-0

Wir produzieren
nachhaltig
www.m-vg.de

Weitere Informationen zum Verlag finden Sie unter

www.mvg-verlag.de

Beachten Sie auch unsere weiteren Verlage unter www.m-vg.de

Inhalt

Ein etwas anderes Buch über die Liebe

Da ist es also – mein zweites Buch.

Nach *Scheiß auf die Glücksfee* nun also *Scheiß auf Amor*. Und während ich hier sitze und, wie immer, die Einleitung als Letztes schreibe, habe ich wohl schon zwanzigmal irgendwelche Zeilen gelöscht, wieder getippt, um dann schlussendlich das ganze Kapitel wieder zu löschen.

Wie schreibt man ein zweites Buch, wenn das erste ein großer Erfolg ist? Ich freue mich wahnsinnig darüber, dass das erste Buch ein *Spiegel*-Bestseller war und so gut von den Lesern angenommen wurde. Gleichzeitig setzt es mich ein wenig unter Druck. Erwartet dann nicht jeder, dass das nächste Buch mindestens genauso gut wird? Was ist, wenn es diese Erwartungen nicht erfüllen kann? Wenn ICH sie nicht erfüllen kann? Und beim Schreiben merke ich, dass nur ich selbst diese Erwartungen auf mich lade. Niemand sonst.

Ich freue mich, wenn du dieses Buch ganz unvoreingenommen liest. Es ist anders als das erste. Es ist vielleicht etwas tiefgründiger, es ist vielleicht etwas pieksiger an der einen oder anderen Stelle. Weil es um Beziehungen geht und den eigenen Anteil daran. Das kann unbequem sein, auch für mich selbst. Was dieses Buch nicht versucht, ist, ein Liebesratgeber zu sein. Auch wenn es zunächst so aussieht. Aber hier wirst du weder Datingtipps noch liebeserhaltende Rituale für Pärchen finden.

In den letzten vier Jahren habe ich Hunderten Frauen in meinem Programm »Liebesmagnet« persönlich dabei geholfen, ihre Beziehungen zu verändern. Ich bin aber kein Datingprofi (weit davon entfernt) oder Paarberater. Was ich kann und verstehe, ist das Gesetz der Anziehung und seine Wirkung in Beziehungen. Du findest alle Grundlagen dazu im ersten Kapitel. Ich weiß also, wie du dir manifestieren kannst, was du möchtest. Und das habe ich in den letzten Jahren an meine Kundinnen weitergegeben. Funktioniert das immer zu hundert Prozent? Nein. Kann ich es selbst immer anwenden? Nein. Aber bevor du jetzt enttäuscht das Buch zuklappst, lass mich dir sagen: Das Prinzip vom Manifestieren greift immer. Zu jeder Sekunde deines Lebens bestellst du quasi beim Universum.

Das bedeutet aber noch nicht, dass du eine perfekte Beziehung führst, sobald du manifestieren »kannst«. Das bedeutet lediglich, dass du viel bewusster bist, dass du vielleicht erkennst, was dich bislang davon abgehalten hat, eine Beziehung zu führen, oder wie du sie »abbestellt« hast. Vielleicht erkennst du bestimmte Muster in deinen Beziehungen oder deiner aktuellen Partnerschaft und kannst mit diesem Wissen einiges für euch verändern. Vielleicht erkennst du auch, dass du als Erstes deine Beziehung zu dir selbst verändern darfst, weil sie nicht so liebevoll ist, wie du das gerne hättest. All das sind Zutaten für eine wunderschöne Partnerschaft. Und beim Erkennen dieser Dinge möchte ich dich mit diesem Buch begleiten. So wie ich meine Kundinnen im Liebesmagnet begleitet habe.

Anfangs kamen fast ausschließlich Frauen zu mir, die einen Mann suchten und schon eine Weile Single waren. Sie merkten, dass sie oft die gleichen Muster in der Kennenlernphase oder auch zu Beginn neuer Beziehungen erlebten, und sie fragten sich, was das mit ihnen zu tun hatte. Und genau das haben wir zusammen entdeckt. Mit einem Mal fühlten sie sich nicht mehr hilflos, sie hatten nicht mehr das Gefühl, dass sie nichts anderes machen können als abzuwarten, bis der verdammte Prinz mit seinem Gaul vorbeigeritten kommt. Nein, sie konnten endlich etwas in ihrem Denken und dann auch in ihrem Handeln verändern und plötzlich erlebten sie andere Dinge. Nicht selten meldeten sich Frauen einige Wochen oder Monate nach dem Coaching bei mir und erzählten freudestrahlend von ihrer neuen Liebe, bei der sie endlich nicht mehr die gleichen Muster erlebten wie zuvor.

Nach und nach kamen immer mehr Kursteilnehmerinnen zu mir, die schon in einer Beziehung waren, die sich aber nicht so richtig erfüllt fühlten und sich fragten, ob das jetzt alles gewesen sein sollte. Wir schauten uns ihre Beziehungen genauer an, das, was vielleicht schon lange nicht mehr ausgesprochen oder was hineininterpretiert wurde. Und viele von ihnen erkannten, was sie selbst tun oder verändern konnten, um ihre Beziehung zu verändern. Bei zahlreichen von diesen Frauen wussten die Männer nicht einmal, dass sie ein Coaching machten. Und doch veränderte sich das Zusammenleben wie magisch. Weil sich die Einstellung der Frauen veränderte, die Bewertung und vor allem die Sicht auf sich selbst.

Bei all meinen Kundinnen habe ich einen gemeinsamen Faktor gesehen:

So wie du dich selbst siehst, so siehst du auch die Beziehung.

Das Thema Selbstliebe und der Umgang mit sich selbst ist entscheidend in jeder Partnerschaft. Je liebevoller du mit dir bist, desto liebevoller kannst du mit deinem Partner sein. Deshalb ist das Thema über alle Kapitel sehr präsent und wird am Ende noch einmal ausführlich behandelt.

Sind jetzt alle diese Kundinnen, die zuvor Single waren oder in einer schwierigen Beziehung, verliebt und mit dem Partner noch zusammen? Die ehrliche Antwort kann hier nur lauten: nein. Ich habe keine magischen Liebeszauberpillen, die wir alle einschmeißen, sodass wir glücklich verliebt bis an unser Lebensende sind. Wir alle sind Menschen und führen Beziehungen mit Menschen. Und Menschen sind niemals perfekt. Sollen sie auch gar nicht sein. Es kann Wunder wirken, sich die eigenen Muster und automatisierten Reaktionen anzuschauen und zu hinterfragen, aber es ist kein Allheilmittel. Und wenn Beziehungen zu Ende gehen, muss das nicht immer etwas Schlechtes bedeuten. Für die eine oder andere Kundin war das genau das, was sie brauchte.

Was ich aber mit Stolz sagen kann und was mir eigentlich alle meine Kundinnen zurückmelden, ist, dass sie sich in der Zeit des Coachings verliebt haben. In sich selbst. Dass sie angefangen haben, sich anders zu sehen, sich im Kopf anders zu bequatschen und sich anders zu behandeln. Kann es etwas Schöneres geben?

Das Wichtige ist: Beziehungen haben wir alle, ob wir nun in einer Partnerschaft sind oder gerade nicht. Wir alle pflegen eine Beziehung, die ganze Zeit. Und das ist die Beziehung zu uns selbst. Egal, ob du in Bezug auf dich selbst kurz vor der Scheidung stehst oder gerade am Anfang einer jungen Liebe, du kannst dieser Beziehung nicht aus dem Weg gehen. Und darum geht es in diesem Buch. Deshalb ist es auch egal, ob du gerade Single bist oder nicht, denn am Ende bist du eh in einer lebenslangen Verbindung, die wir nun mal genauer unter die Lupe nehmen wollen.

Da ich den »Liebesmagnet« in der Form der letzten vier Jahre nicht mehr anbiete, gibt es nun mein Wissen in Buchform für dich.

Es erwartet dich also kein Liebesratgeber, sondern eine Selbstreflexion, die dir viel über dich und deine Beziehungen verraten wird.

So, und vielleicht lass ich das jetzt einfach mal so stehen, ohne es wieder zu löschen.

Noch was Wichtiges

Musst du das erste Buch gelesen haben, um dieses zu verstehen? Nein, die beiden stehen jeweils für sich. Ich empfehle dir zwar, das erste Buch zu lesen, vor allem um mehr über die Grundlagen des Manifestierens zu erfahren und um Antworten zu bekommen auf die tausend Fragen, die einem bei dem Thema durch den Kopf schießen und auf die ich hier nicht in allen Einzelheiten eingehen werde. Du kannst dich aber auch einfach direkt auf dieses Buch einlassen, wenn du das Thema Manifestieren schon kennst oder offen für Neues bist.

Bevor wir uns jetzt den Inhalten widmen, muss ich noch etwas zum Gendern sagen: Ich weiß, dass das Thema gerade sehr heiß gekocht wird. Vielleicht brennt es auch gerade an. Wer mich kennt, weiß, dass ich ein sehr offener Mensch bin, und ich möchte hier vorab in aller Deutlichkeit sagen: Ob du Männer oder Frauen liebst, ob du dich selbst als männlich, weiblich oder nichtbinär einordnest, ganz egal, wie du dich kleidest oder zu welcher Gruppe du dich zugehörig fühlst, das macht für mich keinen Unterschied. Mich interessiert nur, dass du liebst, nicht wen. Mir ist es auch unwichtig, ob du dich überhaupt einer Gruppe zugehörig fühlst. Was wäre, wenn wir gar nicht immer für alles Kategorisierungen brauchen oder Identifikationen? Du bist einfach du. Egal ob mit Label oder ohne. Egal wie du bist. Du bist du. Das ist alles, was für mich zählt.

Und diese Einstellung habe ich auch, wenn ich schreibe. Für mich ist es umständlich, und es stört den Schreibfluss, wenn ich bei jedem Wort beide Endungen mit einbaue, bei jedem Mal, wenn ich von einer Liebe berichte, jegliche Konstellationen (er mit ihr, sie mit ihr, er mit ihm und so weiter und so weiter) mit einbaue. Besonders in einem Buch über Beziehungen wird das unfassbar krampfig.

Ich beschränke mich deshalb auf die Fälle, mit denen ich arbeite, und die Konstellationen, zu denen ich persönlich etwas sagen kann. Ich habe in meinem Liebesmagnet zu hundert Prozent mit Frauen gearbeitet. Nicht, weil ich Männer nicht mag, es hat sich so ergeben, und das war fein für alle. Die meisten dieser Frauen haben Beziehungen mit Männern gesucht oder geführt. Ich besitze deshalb die große Frechheit, es mir leicht zu machen, und ich hoffe, dass jeder, der sich in meiner »Norm« nicht repräsentiert fühlt, die Fähigkeit und Gelassenheit hat, das auf seine ganz individuelle Lebenssituation anzupassen.

Ich bin selber Coach und keine Coachin (um Himmels willen), und ich fühle mich dadurch kein bisschen diskriminiert. Und das lass ich jetzt auch einfach mal so stehen. Und nach mir der Shitstorm ...

Egal ob Single oder in Beziehung

Für den Einstieg in dieses Buch widmen wir uns zunächst mal den Grundlagen des Manifestierens. Damit du weißt, um was es hier eigentlich geht. Wenn du das erste Buch oder meinen Podcast schon kennst, dann kannst du das erste Kapitel einfach als kleinen Auffrischer sehen.

Dann geht es auch schon direkt rein in das Thema Beziehung. Dieses Buch ist sowohl für Singles als auch für Menschen in einer

Partnerschaft. Ja, es ist explizit für beide Fälle. Denn am Ende geht es nur um die eine Person, die sowohl beim Single-Sein als auch in einer Partnerschaft anwesend ist. Nämlich um dich selbst.

Wenn du gerade Single bist, dann kannst du dich vielleicht mit Kapitel 2 identifizieren, in dem ich dir von meiner Single-Zeit erzähle und wie ich es mithilfe einer Manifestation geschafft habe, meinen Mann in mein Leben zu ziehen.

Du bist schon länger auf der Suche und wirst immer verwirrt angestarrt, warum du denn noch keinen Partner gefunden hast? Sicher hast du auch schon den bedeutungsschwangeren Tipp »Du darfst nicht suchen« gehört und dich immer und immer wieder gefragt, wie genau man das macht, wenn man wirklich gerne in einer Beziehung wäre? Genau diesem Thema widmen wir uns in Kapitel 3.

Vielleicht glaubst du auch, da draußen sei kein passender Deckel für deinen Topf, steckst noch akut im Liebeskummer oder fühlst dich einfach manchmal einsam? In Kapitel 4 gehe ich auf diese Themen ein und gebe dir handfeste Tipps mit auf den Weg.

Bist du aktuell in einer Beziehung? Dann wird es für dich ab Kapitel 5 noch interessanter, denn dann geht es um die große Frage: Was passiert eigentlich an der Stelle, an der es im Film das Happy End gibt und die Romanze zu Ende ist? Da geht es im echten Leben ja erst richtig los.

Und daran schließt sich in Kapitel 6 die Frage an: Warum ist er nicht ein wenig anders? Dann wäre alles doch so einfach. Was kannst du also machen, anstatt unentwegt seine Fehler zu reklamieren und auf den Umtausch zu hoffen?

Kapitel 7 befasst sich mit einem der wichtigsten Tools, die ich in puncto Beziehung bislang lernen konnte: der Sprache der Liebe und wie du die geeignete Sprache findest, damit es nie wieder zu klassischen Missverständnissen zwischen euch kommt.

In Kapitel 8 geht es dann um die Unterschiede zwischen Männern und Frauen. Und ja, die gibt es trotz aller Gleichberechtigung sehr wohl, und sie zu erkennen ist wesentlich für eine gesunde Beziehung, vor allem im Schlafzimmer, aber auch außerhalb davon.

In Kapitel 9 geht es darum, ob man versuchen sollte, eine scheiternde Beziehung zu retten, oder ob man lieber gehen sollte. Gleichzeitig wirst du feststellen, dass die Frage gar nicht entscheidend ist.

Danach widmen wir uns in Kapitel 10 unseren Mustern in Beziehungen und warum einige von uns fast schon verliebt sind ins Drama. Du lernst, welche emotionalen Grundbedürfnisse wir Menschen haben und wie dir dieses Wissen so manchen Aha-Effekt in einer Partnerschaft und für dich selbst bescheren kann.

Beenden möchte ich dieses Buch mit den zwei wichtigsten Kapiteln von allen, denen zum Thema Selbstliebe. Hier lernst du, wie du nach dem Lesen voller Stolz sagen wirst, dass du schon eine ganz schön coole Socke bist. Das wünsche ich mir für dich und für alle da draußen.

Und jetzt wünsche ich dir ganz viel Spaß beim Lesen. Denk dran: Veränderung darf leicht und locker sein und sogar Spaß machen. Wenn dir das Buch auf dem Weg dahin hilft, dann freue ich mich, wenn du es danach ein paar Freundinnen in die Hand drückst und mir eine Nachricht schreibst.

Und ganz wichtig: Zieh die Mundwinkel nach oben und entspann dich!

Kapitel 1: Die Basics

Wenn du aktuell das Gefühl hast, dass Amor mit seinen Liebespfeilen nicht so richtig treffsicher ist und du das mit der Liebe selbst in die Hand nehmen willst, dann ist es essenziell, dass du das Prinzip des Manifestierens verstehst. Wenn du mein erstes Buch *Scheiß auf die Glücksfee! Ich mach das jetzt selbst* gelesen hast, kennst du bereits die detaillierte Anleitung. Aber auch wenn du damit noch nicht vertraut bist, bekommst du nun eine kurze Zusammenfassung zu den wichtigsten drei Schritten, um dir alles, was du haben willst, selbst in dein Leben zu ziehen. Denn du bist nicht abhängig davon, dass das Leben dir irgendwas schickt. Du musst nicht auf eine pummelige Glücksfee oder einen schielenden Amor warten, damit du endlich anfangen kannst, glücklich zu sein. Du kannst alles selbst in dein Leben holen. Durch die Kraft deiner Gedanken und Gefühle. Mit dem Gesetz der Anziehung und deiner Fähigkeit, zu manifestieren.

Dieses Gesetz besagt, dass Gleiches Gleiches anzieht:

Du bekommst mehr von dem, worauf du deine Aufmerksamkeit lenkst.

Entscheidend sind dabei vor allem deine Gefühle. Deine Gedanken und Gefühle senden eine bestimmte Frequenz aus, da alles in dir aus Energie besteht. Und nur auf dieser energetischen Frequenz, auf der

15

du sendest, kannst du auch empfangen. Das heißt, wenn du dich ärgerst und wütend bist, sendest du diese wütende Energie aus und bekommst auch genau diese Energie zurück. Bist du dagegen auf Freude eingestellt und sendest Freude aus, bekommst du auch genau die passende Frequenz zurück. Du kannst nicht auf der wütenden Frequenz senden und gleichzeitig erwarten, dass du auf der freudigen Frequenz empfängst. Das ist wie bei einem Radio. Sender und Empfänger müssen auf der gleichen Frequenz sein, sonst hören sie einfach nur »krrzhg« oder dumpfes Rauschen.

Du kannst also mithilfe dieses Gesetzes Dinge und Situationen manifestieren, also sichtbar machen in deinem Leben. Etwas, das zunächst nur in deinem Kopf war, wird daraufhin in der Realität sichtbar. Ich weiß, das klingt jetzt nach Zauberei und hex hex, es ist aber mit zahlreichen Erkenntnissen aus der Quantenphysik und der positiven Psychologie tatsächlich erklärbar. Wir sind nämlich viel mehr als das, was man mit dem bloßen Auge sehen kann.

Wir bestehen alle aus Energie, und wir können diese Energie nutzen, um die Frequenz zu füttern, von der wir mehr in unserem Leben haben wollen. Wenn du einmal verstanden hast, dass deine Gedanken und Gefühle und alles, was in deinem Unterbewusstsein gespeichert ist, viel machtvoller ist, als du bislang vielleicht noch denkst, dann hast du den Schlüssel gefunden, um dein Leben nachhaltig zu verändern. Denn unsere Gedanken und Gefühle beeinflussen, was uns im Leben begegnet. Das sind nicht nur komische Stimmen im Kopf und wahlweise angenehme oder unangenehme Gefühle im Bauch, die einfach da sind und dir den Tag verderben können. Nein, deine Gedanken und Gefühle sind die Schaltzentrale, um die Richtung deines Lebens zu steuern. Du kannst durch sie dein Leben beeinflussen.

Wir alle können uns vorstellen, dass es langfristig einen Effekt auf uns hätte, wenn wir den ganzen Tag lang in einem dunklen Raum eingesperrt wären oder um uns herum nur wütende Menschen hätten. Doch genauso wie uns das Umfeld im Außen beeinflusst, beeinflusst uns auch das, was in unserem Inneren so abgeht. Und sogar noch viel stärker, als es irgendein äußerer Einfluss je könnte.

Deine Gedanken und deine Gefühle sind das Ruder, um dein Leben in eine gewünschte Richtung zu steuern.

Bislang trieb das Boot deines Lebens wahrscheinlich hin und her und wurde von der Strömung, von Wind und Wasser beeinflusst. Was wäre, wenn du ab heute lernen könntest, trotz Wind und Wetter Kurs zu halten auf dein Ziel? Das geht ganz einfach, wenn du einmal verstanden hast, wie du das Boot lenkst.

Dazu sei gesagt, dass wir alle ständig manifestieren. Du tust es schon dein ganzes Leben lang, wahrscheinlich ist dir das bislang nur einfach nicht bewusst gewesen. Denn wir alle haben ständig Gedanken und Gefühle. Die können wir ja nicht einfach abstellen, auch wenn wir uns das manchmal wünschen würden. Damit senden wir auch ständig auf einer bestimmten Frequenz. Du kannst gar nichts dagegen tun, dass du unentwegt manifestierst. Das Einzige, was du tun kannst, ist, bewusst das zu manifestieren, was du im Leben haben willst.

Schau dich einfach mal in deinem Leben um. Wenn es da Bereiche gibt, in denen du mit dem Ergebnis nicht so richtig zufrieden bist, dann hast du wahrscheinlich unterbewusst auf einer Frequenz gesendet, auf der du heimische Blasmusik hörst, obwohl du Rock 'n' Roll wolltest.

Vielleicht hast du dich im Job immer mal wieder aufgeregt, dass so viel Arbeit an dir hängen bleibt, oder dich über deinen Nachbarn ge-

Kapitel 1: Die Basics

ärgert, der spätabends so laut Musik hört. Egal, was es ist, du hast damit eine Frequenz von Wut ausgesendet und davon mehr bekommen. Wenn du nun etwas anderes erleben willst, darfst du diese Frequenz ändern und ab sofort andere Gedanken und Gefühle aussenden, die dir ein geileres Ergebnis liefern. Wenn du AC/DC hören willst, darfst du nicht die ganze Zeit an die Wildecker Herzbuben denken.

Wenn du das, was du bislang unterbewusst manifestiert hast, nicht so klasse findest, dann wird es Zeit, dass dein Bewusstsein ins Spiel kommt und nun mal ein bisschen mitmischt, was ab heute bestellt wird und was nicht. Wie du das genau machst, zeige ich dir nun in drei Schritten.

Erster Schritt: die richtige Navigation

Wenn du ein Ziel erreichen willst, darfst du erst mal wissen, wo du genau hinwillst. Egal ob mit dem Auto, dem Boot oder im Leben. Ohne Ziel treibst du einfach hin und her oder fährst ständig im Kreisverkehr. Deshalb ist der **erste Schritt für eine bewusste Manifestation**, dass du dein Ziel festlegst. Für die meisten fängt es hier schon an, schwierig zu werden. Was willst du eigentlich? Wie soll deine Beziehung sein? Hast du eine konkrete Vorstellung davon, wie du es haben willst? Meist wissen wir sehr genau, was wir nicht wollen. Sei es als Single: nicht mehr allein sein, nicht mehr zu Hause sitzen, während die anderen einen Pärchenabend machen, nicht mehr allein auf die nächste Hochzeit gehen müssen. Oder in einer Partnerschaft: nicht mehr streiten, nicht mehr wegen Kleinigkeiten aufregen, keine Träne mehr vergießen.

Die meisten haben in ihren vergangenen Beziehungen genug Erfahrungen gesammelt, um ein ganzes Buch mit »Will ich nicht mehr«-Sätzen zu füllen. Das ist gar nicht mal so doof, denn daraus kannst du ableiten, was du ab jetzt haben willst. Du nimmst einfach all die Punkte, die dir in deinen vergangenen Beziehungen nicht so gut gefallen haben und machst daraus das Gegenteil. »Ich will nicht mehr so einen eifersüchtigen Partner« wird dann zu »Ich will einen Partner, der sich sicher ist, dass ich die Richtige bin und mir meinen Freiraum lässt«. So kannst du alle Eigenschaften deines Partners festlegen, die du dir wünschst. Du kannst die komplette Beziehung noch vor dem Kennenlernen in deinem Kopf kreieren. Dabei musst du nicht alle Details kennen, das wäre ja auch langweilig, aber du darfst eine klare Vorstellung davon haben, wie es sich für dich anfühlt, in der Beziehung zu sein.

Hast du dich schon mal gefragt, warum so viele Menschen immer wieder in der gleichen Art von Beziehung landen? Sie wechseln zwar die Partner, aber die Themen sind jedes Mal wieder die gleichen. Das liegt ganz oft daran, dass sie sich genau auf die Punkte fixieren, die ihnen in der letzten Partnerschaft so bitter aufgestoßen sind.

Du erinnerst dich an die Frequenzen, von denen ich eben geredet habe? Stell dir vor, du ärgerst dich nach einer Beziehung ständig darüber, dass dein Partner eifersüchtig war. Vielleicht war das ein Grund, warum es zur Trennung kam. Und jetzt redest du die ganze Zeit davon, dass der nächste Partner auf gar keinen Fall so eifersüchtig sein darf wie dein Ex. Sobald andere über das Thema Eifersucht reden, bekommst du einen dicken Hals, weil du so viele Emotionen mit diesem Thema verbindest. Während der ganzen Zeit sendest du die Frequenz von Wut und Ablehnung zum Thema Eifersucht ins Universum. Und das Universum spiegelt einfach nur. Es sendet dir also noch mehr Wut und Ablehnung zum Thema Eifersucht. Die Wahrscheinlichkeit, dass du demnächst wieder mit dem Thema zu tun hast, ist also sehr hoch.

Du siehst, wenn du ein anderes Ergebnis haben willst, darfst du die Frequenz ändern. Du könntest dir also heute überlegen, wie dankbar du bist, weil dein Partner dir zu hundert Prozent vertraut und du ihm. Auch wenn deine bisherigen Erfahrungen anders verlaufen sind, darfst du dir ein Ziel vor Augen halten, das du haben willst. Das Wichtige bei diesem ersten Schritt ist, dass du dein Ziel positiv formulierst. Frag dich einfach immer: »Auf welcher Frequenz sende ich da gerade?«

Dein Gehirn denkt in Bildern und kennt kein Bild von »nicht eifersüchtig«, es kennt höchstens ein Bild von »totales Vertrauen«. Versuche also bei diesem Schritt so zu formulieren, dass deinem Kopf die Bilder Spaß machen. Dazu hilft es auch, wenn du deine Bestellung so formulierst, als wäre sie schon längst da. Bei unserem Beispiel wäre das: »Ich bin so glücklich und dankbar, dass wir uns als Paar hundertprozentig vertrauen und uns gegenseitig den Freiraum geben, den wir brauchen.« Das ist eine schönere Bestellung und wird dir andere Ergebnisse bescheren als: »Ich wünsche mir, dass mein nächster Partner nicht so eifersüchtig ist wie mein Ex.«

Vielleicht kommt jetzt bei dem einen oder anderen ein innerer Widerstand auf, eine Beziehung so zu bestellen. So nach dem Motto: »Liebe ist doch kein Versandhandel. Da kann ich nicht einfach bestellen, und dann bekomme ich, was mir gerade so passt.« Was ist, wenn doch?

Was ist, wenn es tatsächlich viel mehr darum geht, dir klarzumachen, was du haben willst, damit du es auch bekommen kannst?

Vielleicht hast du schon mal die Erfahrung gemacht, dass du, wenn du ein Ziel vor Augen hast, es auch wirklich erreichst? Vielleicht wolltest du mal einen bestimmten Beruf machen, eine Sprache lernen oder in einer ganz bestimmten Wohngegend leben? Wenn du für dich ganz klar hast, was du willst, dann wird es viel einfacher, dort auch hinzukommen. Denn dein Unterbewusstsein agiert immer für dich. Meistens halten wir uns nur zu lange mit dem auf, was wir nicht wollen, und wundern uns dann, wieso wir nicht weiterkommen oder genau das kriegen, was wir so hassen. Ändere deine Perspektive hin zu den Dingen, die du haben willst, und probiere einfach mal aus, wie viel leichter es wird, genau das zu erreichen.

Zweiter Schritt: Ich habe ein gutes Feeling

Wenn du dir im Klaren darüber bist, was du genau haben willst und wie deine Beziehung sein soll, kommt der **zweite Schritt der Manifestation**. Denn das Ziel allein reicht nicht. Stell dir vor, du schreibst dir alles genau auf und hast deine Bestellung fertig. Und nun sitzt du jeden Tag da und ärgerst dich, wenn dein Partner noch gar keine von den Verhaltensweisen zeigt, die du so gerne hättest. Von wegen »Er ist liebevoll und zeigt mir, wie sehr er mich liebt«. Nichts tut er, schon wieder gab es keine Blumen, und überhaupt hörst du viel häufiger »Wie sieht das denn aus?« als »Wow, Schatz, das steht dir richtig gut!«.

Oder du hast als Single ganz klar deine Bestellung für eine Partnerschaft aufgeschrieben, und nun hockst du trotzdem weiterhin jeden Abend zu Hause, starrst auf dein Weinglas und fragst dich, ob der Pizzabote nach einer weiteren Flasche vielleicht doch attraktiv genug wäre, um ihn hereinzubitten. Du ärgerst dich, dass sich trotz des ganzen Aufhebens rund um das Gesetz der Anziehung doch noch nichts verändert hat und du zum wiederholten Male einer Freundin, die bald heiraten wird, erklären musst, dass du kein +1 für die Hochzeit hast. Manifestieren? Pustekuchen!

Das ist leider die Erfahrung, die viele machen, vor allem wenn sie das erste Mal vom Manifestieren hören. Denn ohne Schritt 2 bringt dir alles Bestellen und Ziele klar haben gar nichts. Schritt 2 ist das Gefühl, und das ist die wichtigste Zutat im Manifestationscocktail. Dein Gefühl ist entscheidend und bestellt umgehend. Das ist die Frequenz, auf der du sendest und folglich auch empfängst. Wenn du also als Single über dein Alleinsein traurig bist oder dich in einer Beziehung über deinen Partner ärgerst, dann sind das die Gefühle, die du aussendest. Und dann ist es ja nur logisch, dass du genau diese Gefühle auch zurückbekommst.

Wir denken so oft »Wenn ich erst die Beziehung habe, dann fühle ich mich ja auch anders« oder »Wenn mein Partner mir mal sagen würde, wie sehr er mich liebt oder mir mal Blumen mitbringt, dann wäre ich ja auch zufriedener und entspannter«. Es ist nur leider ganz oft gar nicht so. Und manifestieren funktioniert genau andersrum. Du wartest nicht darauf, bis sich im Außen irgendwas verändert, damit du endlich glücklich oder entspannt bist, du erschaffst das Gefühl heute schon in dir. Damit bist du unabhängig von den Sachen, die dir im Außen widerfahren, und auch nicht ständig in einer Warteposition. Es geht darum, die Gefühle, die du dir so sehr wünschst, heute schon zu erschaffen und damit genau die Frequenz auszusenden, von der du mehr haben willst. Wenn du dich heute als Single schon geliebt und vollständig fühlen kannst, dann kann der Partner von ganz allein kommen. Du brauchst ihn nicht, um dich glücklich zu fühlen. Es ist schön, wenn er da ist, aber er ist nicht die Quelle für deine Glückseligkeit.

Du erschaffst das Glück einzig und allein in dir.

Und wenn du dich in der Partnerschaft auf das konzentrierst, was du heute schon toll findest, dann wird das mehr. Und damit verändert sich die Partnerschaft, weil du deinen Fokus verändert hast. Das Wichtigste bei Schritt 2 ist also, heute schon das Gefühl abzurufen, das du dir wünschst. Dabei machen wir uns eine Fähigkeit unseres Gehirns zunutze, die nur wir Menschen haben. Dein Gehirn kann nicht unterscheiden, ob etwas wirklich da ist oder du es dir nur vorstellst. Das ist so genial und hilft uns bei diesem Schritt enorm. Frage dich also: »Wie würde ich mich fühlen, wenn ich das, was ich mir wünsche, heute schon hätte?« Vielleicht ist es als Single Geborgenheit, Dankbarkeit oder Liebe. Und jetzt fragst du dich, wo du das heute schon fühlst? Vielleicht fühlst du dich von deinen Eltern oder Geschwistern geliebt oder von Freunden oder, noch viel simpler, von deinem Haustier.

»Na komm, Claudia« wirst du jetzt vielleicht denken, »es ist ja schon noch ein Unterschied, ob mich ein Mensch liebt oder ein Hamster«. *Du* machst da die Unterscheidung, das Gefühl von Liebe entspringt in deinem Körper aber genau an der gleichen Stelle, die Intensität ist vielleicht eine andere. Wichtig ist nur erst mal, dass du auch bei der Liebe, die du zum Beispiel für deinen Hund empfindest, genau dieses Gefühl ins Universum sendest. Und damit auch genau das Gefühl gespiegelt bekommst. Also noch mehr Liebe. Dem Universum ist das doch schnurzpiepegal, ob das nun Liebe für einen Hund, einen Men-

23

schen oder einen Goldfisch ist. Es geht hier nur um die Frequenz. Sobald du dich mit Liebe beschäftigst, befindest du dich auf der Frequenz von Liebe. Und ziehst damit noch mehr Liebe an.

Du darfst heute schon spüren, wie du dich fühlen würdest, wenn dein Wunsch da ist. Was wäre anders, woran würdest du merken, dass der Wunsch in Erfüllung gegangen ist? Du darfst in deinem Kopf einen Film dazu kreieren, der dich so fesselt und dem du so gespannt zuschaust, als wäre er real. Denn dann kannst du die Gefühle dazu auch heute schon erleben.

Hast du schon mal einen Film geguckt, bei dem du mit dem Protagonisten total mitgefühlt hast? Du hast mit ihm geweint und gelacht, hast dich an den entsprechenden Stellen vielleicht sogar gefürchtet, geschämt oder hättest vor Freude platzen können? Du weißt, dass du nur einen Film schaust, doch dein Gehirn versetzt sich in die Lage des Protagonisten und erschafft deshalb die Gefühle auch in dir. Manchmal bekommen wir bei Filmen sogar Gänsehaut oder fangen an zu zittern, haben also sogar körperliche Reaktionen. Obwohl wir nur auf der Couch oder im Kinosessel sitzen und in unserer eigenen Realität gar nichts passiert. Das ist das beste Beispiel dafür, dass unser Gehirn nicht unterscheidet, ob wir etwas tatsächlich erleben oder es uns nur vorstellen.

Ein Film kann bei dir Gefühle und sogar körperliche Reaktionen auslösen. Wenn ein Film auf der Leinwand das kann, kann das auch der Film vor deinem inneren Auge. Das wirst du auch kennen, wenn du schon mal einen Albtraum hattest. Das war nichts weiter als ein Film vor deinem inneren Auge. Das heißt, du kannst heute schon jegliche Gefühle abrufen. Das Einzige, was du dazu brauchst, ist der passende Film vor deinem inneren Auge. Deshalb darfst du dir den Film erschaffen.

Wenn du Single bist und dir das Gefühl von »geliebt werden« wünschst, dann erschaffst du dir einen Film, der dir genau das Gefühl gibt. In welcher Situation magst du dich und deinen Partner sehen? Was macht ihr? Was sagt er zu dir? Was macht das mit dir? Was empfindest du? Wie würde dein idealer Film aussehen? Schreib dir doch innerlich deine eigene Romanze. Die meisten schreiben nur ständig innerlich ein Drama in fünf Akten und sind enttäuscht, dass sie sich so beschissen fühlen. Mach doch einen schönen Film draus, der dir Spaß macht und der sich richtig gut anfühlt. Das Gleiche gilt natürlich für dich, wenn du in einer Partnerschaft bist. Anstatt euch streiten zu sehen, mal dir doch für dich aus, wie es ideal verläuft. Wie würde sich der Film, den du gerne hättest, vom jetzigen unterscheiden? Ab Kapitel 5 gehe ich noch intensiver auf die Problematiken in einer bestehenden Beziehung ein und wie du vor allem festgefahrene Situationen verändern kannst. Für den Moment ist es erst mal entscheidend, dass du euren jetzigen Film veränderst, wenn er dir nicht gefällt.

Du darfst das Gefühl, das du haben willst, in deiner Vorstellung schon spüren.

Es ist dein Film, du bist der Regisseur und du entscheidest, was die Hauptdarsteller machen.

An einer Stelle hinkt der Vergleich zum Regisseur und Film. Denn wenn du einen Film über dich selbst kreierst, um so noch besser zu manifestieren, ist es extrem hilfreich, wenn du dich assoziierst. Das bedeutet, du siehst dich quasi von innen heraus, anstatt dich von außen zu beobachten. Wenn du in deiner Vorstellung zum Beispiel in einem Auto sitzt, darfst du deine Hände an dem Lenkrad sehen und fühlen, wie sich der Sitz unter dir anfühlt. Du bist DU und beobachtest dich nicht nur, wie du das bei einem Film auf der Leinwand machen würdest. Denn wenn du dich assoziierst und nicht dissoziierst (von außen betrachtest), dann kannst du viel besser fühlen, was du als Protagonist auch fühlst. Versuche also, dich in deine eigene Person hineinzuversetzen. Das gleicht dann eher einem Computerspiel, bei dem du die Perspektive deines Charakters einnimmst.

Es kann sein, dass das am Anfang ungewohnt ist und dein Geist dich austricksen will und immer wieder in die Vogelperspektive springt bzw. dich von außen betrachtet. Das ist ein Schutzmechanismus, den ganz viele Menschen haben. Wenn wir etwas oder jemanden von außen betrachten, kommen wir nicht ganz so schnell in die Gefühle des Menschen. Bei all den schrecklichen Bildern, die wir unserem Gehirn durch Nachrichten und Krimis jeden Tag liefern, macht es deshalb Sinn, dass es uns automatisch dissoziiert. Meine ganz persönliche Empfehlung ist deshalb, verstörende Bilder (vor allem Nachrichten oder Horrorfilme) zu minimieren und bei den schönen Bildern immer wieder darauf zu achten, dass du dich assoziierst. Denke bei allem, was du deinem Gehirn an Bildern zeigst, immer daran: Es kann nicht unterscheiden, ob etwas wirklich passiert oder nur in deiner Vorstellung.

Schritt 3: Uuuuund bitte!

Jetzt weißt du also, was für einen Film du bestenfalls kreieren willst. Nun darf die Klappe fallen, und es geht los. **Der dritte und entscheidende Schritt zu einer bewussten Manifestation** ist, dass du loslassen und annehmen darfst. Wenn das Universum dir etwas liefert, nimm es an. Spiel es nicht runter, mach es nicht klein, rechtfertige dich nicht dafür, wenn dir etwas Gutes passiert. Das tun wir nämlich viel häufiger, als wir wollen. Uns widerfährt irgendetwas Gutes, wir bekommen den Job, gewinnen etwas, treffen die Liebe unseres Lebens, und wenn uns Freunde oder Bekannte darauf ansprechen, dann fangen wir an, uns zu rechtfertigen. »Das wurde jetzt auch echt mal Zeit. Ich habe auch viel dafür getan. Das war aber auch anstrengend. Dafür läuft es in anderen Bereichen auch grad nicht so ...« Wir reden, als wenn wir das irgendwie kleinmachen müssten, als wenn zu viel Glück auf einmal nicht rechtens wäre. Gerade wenn wir einen richtigen Lauf haben, spielt meist die Angst rein, dass morgen etwas Schlimmes passieren könnte.

Bei den meisten von uns ist ein Programm installiert, das uns irgendwie suggeriert, wir wären es nicht wert, dass plötzlich einfach so alles Gute zu uns kommt. »Wer bin ich schon, dass nun alles so glatt läuft?«, »Womit habe ich das denn nun verdient?«, »Das muss ich jetzt ausnutzen, diese Glückssträhne ist bestimmt bald wieder vorbei«. Wir meinen, wir müssten was leisten, um etwas zu bekommen, und wenn es das Leben mal gut mit uns meint, dann gehen wir oft davon aus, dass dies kein Dauerzustand sein kann. Das Gesetz der Anziehung hat andere Prinzipien. Es funktioniert immer. Bei jedem. Du musst nichts Besonderes getan oder geleistet haben.

Du bekommst mehr von dem, was deine vorherrschende Energie ist.

Einfach nur, weil du hier auf dieser Welt bist. Deswegen funktioniert das Gesetz der Anziehung nicht nach dem klassischen Leistungsprinzip, das da heißt: Nur, wer alles richtig macht, bekommt am Ende etwas Großartiges geliefert. Du musst gar nichts leisten. Du darfst einfach nur in deinem Zielgefühl baden und es annehmen, wenn das Gewünschte zu dir kommt. That's it. Kein: »Warum sollte ich plötzlich mehr Glück in der Liebe haben?« Warum solltest du denn keins haben? Es ist alles da für dich. Und du bist es wert, dass alles, was du dir wünschst, zu dir kommt. Du bist es wert, einfach weil es dich gibt. Und das ist deine Aufgabe beim dritten Schritt der bewussten Manifestation: einfach annehmen. Dazu gehört auch, dass du alles, was zu dir kommt, nicht kleinredest. So nach dem Motto: »Ach, das war doch keine große Sache.«

Wichtig ist bei dem dritten Schritt auch das Loslassen. Du darfst dich von den Gedanken freimachen, wie und wann das Gewünschte zu dir kommt. Das WIE ist nicht dein Business. Wenn du wüsstest, wie die große Liebe zu dir kommt, dann hättest du doch längst was dafür getan, oder? Du musst es also nicht wissen. Das ist nicht deine Aufgabe, sondern die Aufgabe von dem da oben, dem großen Ganzen, Alles-was-ist, dem Universum, Gott. Nenne es, wie du magst. Deine Aufgabe ist es, dein Wunschgefühl heute schon zu spüren (siehe Schritt 2), und den Rest gibst du ab. Misch dich nicht ein in das WIE. Sei offen für alle Möglichkeiten. Und entspann dich. Ich gehe da in Kapitel 3 noch intensiver drauf ein, mit konkreten Beispielen.

Mach dir bewusst, dass deine Bestellung vielleicht nicht genau so kommt, wie du es dir vorher gedacht hast. Manchmal liefert das Universum ein bisschen anders, aber nie grundlos. Du musst den Grund nicht immer sofort verstehen. Es kann zum Beispiel sein, dass du dir eine Beziehung manifestierst. Du gehst schon richtig in das Gefühl hinein, wie es wäre, wenn dein Partner neben dir sitzt. Und du bist im Vertrauen. Plötzlich wirst du von überall angeflirtet, auf der Straße vom Bauarbeiter, beim Abendessen vom Kellner, in der Bahn vom Business-Mann gegenüber. Doch keiner der Typen ist für dich interessant. Anstatt dich zu ärgern, warum jetzt immer noch nicht der Richtige dabei war, nimmst du alles wahr, was kommt. Ohne Bewertung. Das heißt, du freust dich erst mal darüber, dass dein Magnet offenbar an ist und die Männer auf dich fliegen wie die Motten zum Licht. Das feierst du. Darauf lenkst du deinen Fokus. Und damit kann mehr und mehr zu dir kommen. Es geht beim Annehmen und Loslassen vor allem darum, nicht sofort zu bewerten und zu kategorisieren. Es geht darum, in den Flow zu kommen. Alles, was zu dir kommt, erst mal zu genießen und dir nicht den Kopf zu zerbrechen, wie genau die Bestellung kommt, sondern den Weg dahin zu genießen.

Loslassen bedeutet, dich von den Wegen, wie etwas zu dir kommt, zu lösen. Eine Bestellung loslassen heißt nicht, nie wieder daran denken zu dürfen. Das verwechseln viele. Sie sagen: »Aber ich denke immer noch an meine Bestellung, heißt das nicht, dass ich sie noch nicht losgelassen habe?« Eine Bestellung loszulassen, bedeutet vor allem, das WIE loszulassen. Du darfst gerne ständig an deinen Wunsch denken, genauso, wie wir es im zweiten Schritt besprochen haben. Du badest in dem Gefühl, das du hättest, wenn dein Wunsch sich erfüllt; du bist voller Vorfreude und spürst in dir diese Überzeugung, dass das Gewünschte wahr wird. Das ist etwas anderes, als ständig über deinen Wunsch nachzudenken, zu grübeln, wie er sich wohl erfüllen kann, oder ungeduldig zu werden. Dann hast du nämlich negative Gefühle, wenn du an deinen Wunsch denkst.

Deine Gefühle sind immer ein guter Kompass für dich. Fühlst du dich gut, wenn du an deinen Wunsch denkst, dann bist du auf der richtigen Frequenz, auf der sich dein Wunsch erfüllen wird. Fühlst du dich schlecht, dann bist du auf der Frequenz, auf der du deinen Wunsch immer weiter von dir wegschiebst. Du darfst also deinen Gedankenzirkus loslassen und dich einfach auf die guten Gefühle konzentrieren, die dir deine Bestellungen machen.

Bewusstsein

Du hast nun also die drei Schritte zu einer Manifestation gelernt. Zuerst klar haben, was du möchtest und es positiv formulieren, dann in das Gefühl gehen, das du dir wünschst, und zu guter Letzt loslassen und alles, was kommt, freudig annehmen. Es kann sein, dass du nicht immer alle diese drei Schritte bewusst machst. Schließlich hast du die ganze Zeit unbewusst Gedanken und Gefühle, und die bestellen natürlich auch. Vielleicht badest du automatisch immer in einem guten Gefühl, wenn du an ein Ziel denkst, oder du machst dir eh nie viele Gedanken, wie du etwas erreichst und bekommst es dann einfach so.

Anfangs, wenn du noch ganz neu in der Materie bist, empfehle ich diese drei Schritte immer mal wieder bewusst durchzugehen, denn dann lernt dein Unterbewusstsein automatisch mit, wie das funktioniert.

Den ersten Schritt, also bestellen, machst du wahrscheinlich nur einmal, dann bist du dir im Klaren über deinen Wunsch. Natürlich kannst du immer wieder deine Bestellung verändern oder anpassen, das ist hier, Gott sei Dank, anders als bei Amazon. Den zweiten Schritt kannst du so oft machen, wie du Lust dazu hast, das heißt, du gehst immer wieder in dein Wunschgefühl. Ich mache das total gerne abends, wenn ich ins Bett gehe oder wenn ich mal nicht schlafen kann. So als Alternativprogramm zum Sorgen-TV, den Sender, den mein Kopf gerne automatisch anmachen will. Den dritten Schritt machst du im Grunde auch dauerhaft, denn du kannst alle kleinen Teilerfolge auf dem Weg zu deinem Ziel feiern und annehmen. Du kannst dir immer, wenn dein Kopf dir Löcher in den Bauch fragt, wie das nun gehen soll, klarmachen, dass das WIE nicht dein Business ist. Damit löst du dich von den beschränkten Möglichkeiten, die dein Gehirn dir bietet.

Denn das ist ja alles lieb gemeint, was unser Kopf uns da erzählt, nur leider hasst der Verstand Veränderungen und will immer für Sicherheit sorgen, damit wir den nächsten Tag überleben. Meist befindest du dich aber nicht in lebensgefährlichen Situationen, und dein System wird sich daran gewöhnen, dass sich Dinge in deinem Leben verändern.

Du siehst also, die meisten dieser Schritte kannst du täglich üben und dein Bewusstsein dafür schärfen, wann der Kopf sich einschaltet, zweifelt oder sich Sorgen macht. Gib dir Zeit für diese drei bewussten Manifestationsschritte. Vielleicht sind sie noch ganz neu und ungewohnt für dich. Probiere deshalb gerne mal kleinere Manifestationen aus wie zum Beispiel einen freien Parkplatz. Und dann steigerst du dich Schritt für Schritt mit Sachen, die dir wirklich wichtig sind.

In den folgenden Kapiteln findest du noch zahlreiche Beispiele für die drei Schritte in der Praxis.

Das Wichtigste in Kürze

- Das Gesetz der Anziehung besagt: Gleiches zieht Gleiches an.
- Die drei Schritte der Manifestation sind: bestellen, fühlen und annehmen.
- Beim Bestellen darfst du genau wissen, was du willst.
- Benutze keine Verneinung, denn dein Gehirn denkt in Bildern.
- Du darfst heute schon die Gefühle abrufen, die du dir wünschst.
- Dein Gehirn kann nicht unterscheiden, ob du etwas wirklich erlebst oder es dir nur vorstellst.
- Du bist der Regisseur deines eigenen Lebensfilms und kannst ihn selbst erschaffen.
- Du musst nichts leisten, um dein Traumleben zu empfangen.

Kapitel 2: Einmal Beziehung bitte!

»So schon mal nicht.« Wenn mich früher jemand fragte, was ich mir in einer Beziehung wünsche, dann war mir klar: »Das, was ich zuletzt hatte, würde ich nicht nochmal genauso wählen.«

Meine erste große Liebe hielt vier Jahre – wenn man die kleinen Unterbrechungen rausrechnete. Wir liebten uns sehr und kamen unter widrigen Umständen zusammen. Unsere Beziehung trotzte einem Altersunterschied von neun Jahren und einer Entfernung von über 4.000 Kilometern, außerdem einer Sprachbarriere und kulturellen Unterschieden. Trotz allem wollten wir zusammen sein und schafften es auch. Nur konnten wir nicht dauerhaft miteinander, aber leider auch nicht ohne den anderen. Wir liebten uns beide wirklich sehr, aber manchmal ist das eben nicht genug. Ständig gab es Streit wegen irgendwelcher Lappalien, aber auch wegen fundamental unterschiedlicher Einstellungen. Eifersucht war an der Tagesordnung. Mein Ex und ich hatten beide Feuer im Arsch, und das war bei Streitigkeiten nicht die angenehmste Kombination. Südamerikanisches Macho-Temperament traf auf junge Quasselstrippe, die alles besser weiß und nie Unrecht hat. Du kannst dir das Ergebnis vorstellen. In einem Streit stellte er meine Koffer vor die Tür, und ich rauschte beleidigt ab. Ständig war das Fundament unserer Beziehung in Gefahr. Wir taten uns einfach nicht gut. Das Ganze gipfelte darin, dass er fremdging und wochenlang versuchte, es zu leugnen. Heute verstehe ich ganz viel von unserer Dynamik und warum es damals zu so erheblichen Streitereien kam, damals jedoch hatte ich keinerlei Kenntnisse über die Beweggründe von Menschen und konnte immer nur im Moment reagieren.

Zumindest wusste ich nach der Beziehung sehr genau, was ich nicht mehr wollte: Eifersucht, lautstarke Auseinandersetzungen, den anderen verbal unter der Gürtellinie verletzen, ständig die Beziehung infrage stellen, Lügen und, und, und. Die Liste war lang, und ich war fürs Erste bedient. Nach der Beziehung konnten wir uns allerdings auch nicht so richtig voneinander lösen. Wir klebten aneinander wie ein Post-it, das immer wieder von der Wand fällt. Man klebt es Dutzende Male zurück, in der Hoffnung, dass es hält, weiß aber eigentlich schon, dass es nur eine Frage der Zeit ist, bis es wieder abfällt.

Als wir es dann endlich geschafft hatten, uns endgültig zu trennen, war ich erst mal eine ganze Weile Single. Ich freute mich, niemandem mehr Rechenschaft schuldig zu sein und tun und lassen zu können, was ich wollte. Nach etwa einem Jahr wurde der Wunsch größer, wieder eine Beziehung eingehen zu wollen. Doch es gab weit und breit keinen geeigneten Kandidaten. Ein weiteres Jahr verging, und ich hatte noch nicht einmal Dates. Nix, nada, niente. Ein Mann, der mich ernsthaft interessierte: Fehlanzeige. Das dritte Jahr als Single verging, und ich war in einem Zustand angekommen, den man nur noch als verzweifelt beschreiben kann. Ständig wurde ich von allen Seiten gefragt: »Warum bist DU denn Single? Du siehst doch gut aus und bist ja auch nicht auf den Kopf gefallen!« Mensch, was für eine großartige Frage. Hör mal Freundchen, wenn ich wüsste, warum ich Single bin oder wie ich das ändern könnte, meinst du nicht, ich hätte das schon getan?

Ich mochte das Single-Leben einfach nicht. Auf jeder Party scannte ich als Erstes den Raum, ob nicht irgendwo ein Typ für mich ist, ob es ein potenzielles Flirt-Opfer gibt, mit dem ich mich unterhalten könnte. Selbst wenn ich nur mit Freundinnen tanzen gehen wollte, war ein Teil von mir ständig auf der Suche oder, besser gesagt, auf der Jagd. Nach jeder Party war ich gefrustet, wenn ich wieder allein nach Hause ging, ohne Schmetterlinge im Bauch oder neuer Telefonnummer im Handy.

Ich begann an mir zu zweifeln, an meinem Aussehen, an meiner Ausstrahlung, an meinen vermeintlich viel zu überzogenen Ansprüchen. Was wäre, wenn mich einfach keiner attraktiv findet? Was wäre, wenn ich Männer einschüchtere? Was wäre, wenn ich für immer allein bleibe? Diese Fragen spukten unentwegt in meinem Kopf herum und ließen mir keine Ruhe. Jeden Tag sorgten sie dafür, dass ich mich schlechter fühlte, dabei war ich eigentlich kein Mensch, der Trübsal blies oder sich wochenlang mit seinen Grübel-Gedanken zum Kaffeeklatsch verzog. Aber nach dieser für mich langen Zeit allein ohne einen Kandidaten, den ich in die engere Auswahl hätte ziehen können, musste der Fehler doch auf meiner Seite liegen. So dachte ich. Und er lag auch auf meiner Seite – wenn man es Fehler nennen mag. Nur hatte er rein gar nichts mit meinem Aussehen oder meinen Ansprüchen zu tun, das Problem bestand nur in meinen beschränkten Gedanken.

Ich hatte eine große Liebe erlebt, ich war auf Wolke Sieben geflogen, es war meine erste richtig feste und lange Beziehung. Und nach jedem Höhenflug kam ein tiefer Fall. Dann ging es mir so schlecht wie niemals sonst. Unsere Beziehung verlief ständig in Wellen, mal ging es rauf und dann wieder runter. Bewusst wollte ich eine neue Beziehung, aber etwas in mir sträubte sich, in diese Achterbahn erneut einzusteigen. Damals wusste ich das nur nicht. Doch ich fing an, Bücher über das Gesetz der Anziehung zu lesen. Und wusste, als Erstes musste ich meinem Ex und unserer Beziehung vergeben.

Platz machen

Wenn du neue Klamotten in deinem Kleiderschrank haben möchtest, dann darfst du als Erstes die alten herausnehmen. Ich mag dieses Bild, denn wenn du dir vorstellst, du mistest deinen Kleiderschrank aus, dann herrscht während des Prozesses garantiert Chaos. Kleider und Hosen liegen auf dem Bett herum, aussortierte Sachen auf dem Boden, die neuen warten in Einkaufstüten darauf, einen freien Platz zu finden. Es ist chaotisch, aber du weißt, das ist nur ein vorübergehender Zustand. Bald wird alles noch ordentlicher und aufgeräumter sein als vorher. Ich wusste, ich musste einmal in den alten Sachen wühlen, damit ich Platz und Energie für eine neue Beziehung hatte.

Ich dachte, ich hätte mit der vergangenen Beziehung abgeschlossen. Pustekuchen. In mir war noch ein ganz schön großer Teil, der sich verletzt fühlte, weil mein Ex mich betrogen hatte. Ein ebenso großer Teil haderte damit, dass die Beziehung immer ein Auf und Ab gewesen war. Ich hing meinem Ex nicht nach, ich wollte ihn auch nicht zurück, aber der verletzte Anteil in mir stand mir für eine neue Beziehung im Weg. Ich war teilweise sauer auf mich selbst, dass ich solche Schwierigkeiten hatte, mich aus der Beziehung zu lösen. Ich durfte also nicht nur ihm vergeben, sondern auch mir selbst.

Mir half dabei ein hawaiianisches Vergebungsritual mit dem klangvollen Namen Ho'oponopono. Vielleicht hast du davon schon mal gehört oder es bereits selbst angewendet. Wenn nicht, macht das nichts. Bis auf den Namen ist es supersimpel, der ist zugegebenermaßen echt ein Zungenbrecher. Im Grunde besteht das Ritual aus vier Sätzen:

Es tut mir leid.

Bitte verzeih mir.

Ich liebe dich.

Danke.

Dieses Ritual gibt es in verschiedenen Varianten, ich persönlich gehe die einzelnen Sätze durch und formuliere sie für mich passend um. Danach wiederhole ich die vier Grundsätze immer mal wieder. Ich mach dir gerne ein paar Beispiele. Für meine Beziehung damals habe ich gesagt: »Es tut mir leid, dass wir uns gegenseitig so verletzt haben. Bitte verzeih mir, dass ich dir manchmal wehgetan habe, ohne es zu wollen. Ich liebe dich als die Person, die einen ganz wichtigen Stellenwert in meinem Leben hatte. Danke, dass es dich gibt und ich durch dich so wachsen konnte.«

Ich habe diese Sätze aber auch für mich selbst angewendet. Dann klangen sie in etwa so: »Es tut mir leid, Claudia, dass ich so lange an etwas festgehalten habe, das dir nicht guttat. Bitte verzeih mir, wenn ich mein Ego und meinen Wunsch nach einer Beziehung über dein Wohlergehen gestellt habe. Ich liebe dich aus tiefstem Herzen und passe ab jetzt gut auf dich auf. Danke, dass es dich gibt.«

Du kannst die Sätze zu jeder Zeit so formulieren, wie es sich für dich genau richtig anfühlt.

Es geht bei Ho'oponopono nicht darum, die Schuld auf sich zu nehmen, auch wenn die Sätze »Es tut mir leid« und »Bitte verzeih mir« zunächst danach klingen. Mir hat es extrem geholfen, eine andere Perspektive einzunehmen.

Ich glaube nicht daran, dass Menschen aus Böswilligkeit anderen Menschen wehtun, sondern dass ihre emotionale Not sie dazu bringt. Man sagt doch auch so schön: »Hurt people hurt people.«

Verletzte Menschen verletzen Menschen.

Mit diesen Sätzen konnte ich die emotionale Not meines Ex-Partners sehen und erkennen. Einige meiner Verhaltensweisen haben in ihm bestimmte Ängste ausgelöst, wie z. B. eine extreme Verlustangst, die er nach einem traumatischen Erlebnis in der Kindheit mit sich trug, und deshalb hat er dann wiederum mit Verhaltensweisen reagiert, die mich verletzten. So geht das in Beziehungen oft hin und her. Wir werden in einem späteren Kapitel noch dazu kommen, wie man das in einer bestehenden Beziehung vermeidet bzw. damit umgeht. Für mich war es damals befreiend zu spüren, dass er mich nicht absichtlich verletzen wollte, sondern seine unterbewussten Trigger und Ängste das Ruder übernommen hatten.

Ich habe mir zusätzlich vorgestellt, wie ich mich verhalten würde, wenn ich er wäre. Wir denken ja selbst oft, wir würden ganz anders reagieren, würden diplomatischer, freundlicher, respektvoller mit dem anderen umgehen. Eben so, wie es aus der eigenen Perspektive Sinn macht. Aber wenn ich mir vorstelle, ich hätte die Kindheit meines Ex-Partners gehabt, hätte das erlebt, was er erlebt hat, hätte die Glaubenssätze gehört, die er in der Kindheit gehört hat, wäre einfach mal die letzten dreißig Jahre in seinen Schuhen gelaufen, dann würde ich in problematischen Situationen mit ziemlicher Sicherheit genauso reagieren, wie er das tat. Das soll niemals rechtfertigen, dass ein Mensch einen anderen Menschen verletzt, versteh mich nicht falsch. Ich finde es nach wie vor absolut verwerflich, dass er mich damals betrogen hat. Aber ich kann heute verstehen, welche Ängste ihn dazu getrieben haben. Ich muss es nicht gutheißen, ich kann es aber nachvollziehen. Und das macht es besser erträglich.

Damit einhergehend, konnte ich meinem Ex-Partner vergeben. Nur so konnte ich mich von dem Ballast befreien, den ich mit all den Vorwürfen und Schuldzuweisungen mit mir herumgetragen hatte. Denn er belastete ja nur mich. Ich habe diesen schweren Rucksack die ganze Zeit getragen, nicht der andere.

Bei der Vorstellung, jemandem zu vergeben, der einem Unrecht getan oder einen mies behandelt hat, gehen viele Menschen in eine abwehrende Haltung und sagen, das könnten sie nicht. Manchmal kommen Gedanken hoch, dass der andere es nicht verdient habe, dass wir ihm vergeben. Doch du vergibst dem anderen nicht, weil er es verdient hat. Du vergibst dem anderen, weil du es verdient hast. Weil du es verdient hast, diesen Rucksack abzulegen. Weil sich durch die Vergebung dein Leben leichter anfühlen wird. Diese Art von Vergebung hat gar nichts mit der anderen Person zu tun. Es ist ein reiner Akt der Selbstliebe. Du befreist dich von all den Vorwürfen, an denen du festhältst. Das kann schwer sein, ist aber gleichzeitig wahnsinnig befreiend.

Ich habe mir damals bei meiner »Ausmistaktion« tatsächlich die Frage gestellt, wofür ich meinem Ex dankbar bin. Zuerst war es ungewohnt, mir darüber Gedanken zu machen, schließlich war ich sehr lange Zeit sauer gewesen. Dann kamen mir viele schöne Erinnerungen an die Beziehung, für die ich in jedem Fall sehr dankbar war. Und dann, durch die Vergebung, kamen sogar Gedanken hoch, dass ich dankbar bin, dass unsere Beziehung so ein Ende genommen hat. Klar hätte ich mir etwas anderes gewünscht, aber durch seine Untreue konnte ich lernen, Grenzen zu ziehen. Ich bin dadurch sehr gewachsen und habe Seiten an mir kennengelernt, die ich zuvor nicht kannte. Ich habe erlebt, dass ich stärker bin, als ich es für möglich gehalten habe. Ich konnte ganz anders auf uns und unsere Beziehung gucken. Und ich konnte erkennen, dass er vielleicht genau der Mensch sein sollte, mit dem ich diese Erfahrungen mache. Erfahrungen, die im großen Ganzen gesehen mein Leben wahnsinnig bereichert haben.

Mir haben dieser Perspektivwechsel und die Vergebungsarbeit außerdem geholfen, mir selbst zu verzeihen und damit den Platz in meinem Herzen von Angst und Groll zu befreien, damit wieder Raum für eine neue Liebe ist.

Eine neue Bestellung

Ich las damals viele Bücher zur Persönlichkeitsentwicklung, die Trennung gab mir quasi den Anstoß, mich selbst besser zu verstehen. So bekam ich auch die Idee, mir nun, da Platz im Kleiderschrank war, die neue Beziehung einfach zu bestellen. Schließlich ist der erste Schritt einer Manifestation, klar zu wissen, was man will. Ich wusste vieles, was ich in einer neuen Beziehung nicht wollte, konnte daraufhin aber auch bestellen, was ich denn eigentlich wollte. Ich formulierte also eine Bestellung für meine Beziehung. Im Grunde habe ich all das, was in den vorangegangenen Beziehungen schiefgelaufen ist, ins Gegenteil verkehrt und genauso aufgeschrieben.

Ich mache mich hier einfach mal nackig und teile meine Manifestation von 2011 mit dir. In ein wunderschönes Buch habe ich folgende Worte geschrieben:

Ich lebe in einer liebevollen und respektvollen Partnerschaft.

Mein Partner ist unternehmungslustig.

Er liebt mich mit all meinen Schwächen und sagt mir häufig, was er für mich empfindet.

Er ist ehrlich zu mir und teilt sein Leben mit mir.

Wir unternehmen viel und genießen es, zusammen zu sein.

Ich kann mit ihm lachen.

Wir gehen immer sehr zärtlich miteinander um.

Wir lassen uns gegenseitig genug Freiraum.

Wir sind dankbar dafür, den anderen zu haben.

Wir unterstützen uns gegenseitig.

Ich heirate meinen Traummann.

Wir gründen eine Familie.

Wir bekommen zwei oder drei gesunde Kinder.

Wir bleiben zusammen und sind glücklich.

Nach diesen Worten fühlte ich mich richtig gut. Es war, als ob ich es abgegeben hatte. Die Bestellung war ja nun gemacht, und so konnte ich mich das erste Mal in meiner Singlezeit wirklich entspannen, weil ich das Gefühl hatte: »Der wird schon geliefert.«

Für mich ist es wie bei einer Amazon-Bestellung. Sobald ich auf den »Bestellen«-Button geklickt habe, ist es erst mal aus meinem Kopf raus. Dann freue ich mich auf die Lieferung und kann mich anderen Dingen widmen. Genau so war es bei der Partnerbestellung auch. Ich hatte Schritt 1 der Manifestation (bestellen, was ich will) gemacht, und immer, wenn ich die Bestellung las, konnte ich fühlen, wie es ist, so einen Partner an meiner Seite zu haben. Schritt 2 (ins Gefühl gehen) war damit auch getan, und ich wiederholte diesen Schritt, wann immer mir danach war.

Abends, wenn ich im Bett lag und nicht schlafen konnte, widmete ich mich fortan nicht mehr den unzähligen Grübelgedanken, die in meinem Kopf umherschwirrten wie Fliegen über einem Misthaufen, sondern ich verlor mich in meinen Träumen über den zukünftigen Partner. Wie er wohl riechen würde, wie ich mich fühlen würde, wenn wir uns küssten, wie seine Bartstoppeln meine Wange berührten. Kurz vor dem Schlafen und kurz nach dem Aufwachen konnte ich ihn bereits neben mir spüren. Ich schaute nicht mehr traurig auf mein Kissen, weil dort niemand lag, sondern ich fühlte, wie es sein würde, wenn er dort auf diesem Kissen läge.

Während des Tages war ich mit meinen Gedanken wenig bei der Beziehung, denn ich hatte die Bestellung ja bereits losgeschickt. Ich widmete mich also meinem Job, meinen Freunden und hatte einfach eine tolle Zeit.

Eine Erkenntnis hat mir damals extrem geholfen. Ich war zu der Zeit fünfundzwanzig und hatte immer nur die Jahre im Kopf, in denen ich jetzt schon verzweifelt eine Beziehung suchte. Doch eines Tages wurde mir klar, dass der Mann, den ich mir da gerade bestellte, der Mann für immer sein sollte. Ich plante ja keinen Lebensabschnittsgefährten oder einen Mann-für-so-lange-wie-es-gut-geht, ich plante keine Scheidung in fünf Jahren und danach einen neuen Mann. Nein, ich plante meinen Mann für immer. Den Mann, mit dem ich mit achtzig Jahren noch im Schaukelstuhl sitzen wollte und der mich dabei Händchen haltend angrinst. Den Mann, mit dem ich begeistert die Enkel und Urgroßenkel aufwachsen sehe. Ganz egal, was das Leben dann tatsächlich bringt oder was einer von beiden sich bewusst oder unbewusst im Laufe der Jahre so manifestiert, in dem Moment der Bestellung ging ich natürlich (genau wie heute) davon aus, dass wir für immer zusammenbleiben würden. Und das setzte plötzlich alles in eine andere Relation.

Mir wurde bewusst, dass ich noch den Rest meines ganzen Lebens mit diesem Mann haben würde. Das waren damals bestenfalls grobe fünfundsiebzig Jahre (ich plane, sehr alt zu werden und fit zu bleiben). Fünfundsiebzig Jahre, in denen ich dieses Gesicht jeden Morgen sehe, wenn ich aufwache. Fünfundsiebzig Jahre, in denen mich die Marotten dieses Menschen verrückt machen werden und ich ihn trotzdem immer wieder wählen würde. Wow, also fünfundsiebzig Jahre, das ist schon eine ganz schön lange Zeit. Selbst wenn es bei dir nun vielleicht nur noch fünfzig sind oder fünfundzwanzig, das ist immer noch eine ganze Menge Zeit. Und damals konnte ich mir das erste Mal wirklich glauben: Wir haben noch ein ganzes Leben miteinander. Da kommt es jetzt auf einen Monat oder ein Jahr nicht an. Ich werde in meinem Leben nie wieder Single sein. Nie wieder. Dann genieße ich doch jetzt mal, was das Single-Leben so für Vorteile hat.

Und das erste Mal in drei Jahren genoss ich es, dass ich komplett tun und lassen konnte, was ich wollte. Ohne mich mit irgendjemandem abzusprechen. Klar, könnte ich auch in einer Beziehung noch tun und lassen, was ich wollte, aber mir war klar, die innere Haltung würde dann eine andere sein. Dann will ich wahrscheinlich nicht mehr auf jeder Party mit fremden Typen flirten oder jeden Abend mit Freunden weggehen, sondern mehr Zeit mit dem Partner verbringen. Diese Erkenntnis half mir, um die Vorteile des Single-Lebens zu erkennen und wirklich zu genießen.

Ich war entspannt, ich war gelassen. Ich wertschätzte jeden Tag mit mir selbst und feierte mein Single-Leben richtig bewusst. Das erste Mal seit drei Jahren beschäftigte ich mich mehr mit der Fülle als mit dem Mangel, das heißt, ich habe nicht mehr nur gesehen, was mir alles als Single fehlte, sondern ich wurde mir darüber bewusst, was ich alles hatte, weil ich Single war.

Ich fühlte mich jahrelang ständig einsam. Doch genau das habe ich natürlich ins Universum geschickt. Und da Gleiches Gleiches anzieht, bekam ich ständig mehr von dem Gefühl, einsam zu sein. Dieses Gefühl veränderte ich, indem ich die Zeit allein nicht mehr als einsam bewertete, sondern mir bewusst Zeit für mich gegönnt habe. Ich lackierte mir die Fingernägel, ließ mir ein warmes Bad ein, legte ganze Beauty-Tage nur für mich ein. Ich sprang tanzend und singend durchs Haus. Ich füllte diese Zeit für mich anders und sendete damit auf einer anderen Frequenz. Meine Zeit für mich fing an, mir richtig Spaß zu machen.

Wann immer ich das Gefühl hatte, mir fehlt Liebe, habe ich angefangen, mich selbst mit Liebe zu überschütten. Ich machte mir ein Picknick für den Park, fragte mich, was ich mir gerade Gutes tun kann. Zudem holte ich mir ganz viel Liebe von meiner Familie. Ich wusste, ich kann meine Eltern, meinen Bruder oder enge Freunde zu jeder Zeit anrufen, und badete in dem Gefühl, wirklich geliebt zu werden. Ich habe angefangen, mir selbst gut zu tun, und damit war das Mangelgefühl verschwunden, und ich konnte Fülle fühlen.

Ich hatte meine Bestellung im April 2011 aufgeschrieben und ich genoss die folgenden Wochen sehr. Ich hatte keine Ahnung, dass sich meine Bestellung schon nach nur zwei Monaten, im Juni 2011, erfüllen sollte. Um genau zu sein am 24. Juni 2011.

Der ist es nicht

Es war der Geburtstag einer Freundin mitten zur Kieler Woche. Wer Kiel ein bisschen kennt, weiß, da ist selten richtig was los, aber zur Kieler Woche ist da schon mal Party angesagt. Eigentlich ist die Kieler Woche die größte Segelveranstaltung der Welt, für uns war es seit der Teenie-Zeit einfach nur eine riesige Party. Und mittendrin hatte immer eine Freundin von mir Geburtstag. Ihre Partys waren legendär, wir feierten bei ihr im Garten und gingen danach auf die »Feiermeile« an der Kieler Förde. So auch in jenem Jahr 2011. Ich wohnte schon seit einigen Jahren nicht mehr in meiner Heimat, war aber von München aus zu Besuch bei meinen Eltern, bevor ich kurz danach meinen neuen Job bei RTL in Köln antreten sollte. Wer Kiel kennt, weiß auch, zur Kieler Woche ist meist zwar Wind (zum Segeln super), aber damit einhergehend schlechtes Wetter und kalte Luft (zum Feiern draußen nicht so super). In jenem Jahr war es mir einfach deutlich zu kalt, um schick gestylt unterwegs zu sein. Meine Wahl für den Abend fiel deshalb auf meinen pinken Hoodie und kaum Schminke. Ich war nicht so recht in Stimmung für den

Abend, entschied mich aber, trotzdem hinzugehen. So schlurfte ich also in Sweatshirt und flachen Schuhen auf die besagte Gartenparty und fand mich wenige Stunden später Erdbeer-Daiquiri trinkend an der Kieler Förde wieder. Der Abend war feucht-fröhlich. Ich hatte richtig die Lampen an. Für alle, die den Ausdruck nicht kennen: Ich war sternhagelvoll. Ständig wurden mir Drinks ausgegeben, ich sah alte Freunde wieder, die ich ewig nicht gesehen hatte, die Stimmung war bombastisch. »Komm, einer geht noch, auf die gute alte Zeit«, und so weiter und so weiter. Es muss so gegen zwei Uhr nachts gewesen sein, als plötzlich Johann vor mir stand. Ich hatte ihn schon mal bei einer Party von einer Freundin gesehen, aber er war mir nicht wirklich aufgefallen. Wir kamen ins Gespräch, und ich redete und redete. Er schwieg und hörte zu. Das ging sicher eine Stunde so. Irgendwann fing es an zu regnen und wir stellten uns unter. Er stand nun ganz dicht vor mir und plötzlich durchfuhr mich die Erkenntnis wie ein Blitz: Das ist ja ein Mann da vor mir. Und noch dazu ein echt attraktiver. Normalerweise wäre mir diese Tatsache nicht so einfach durchgerutscht, schließlich war ich ständig auf der Mission »Mann finden«. Ich hatte ihn aber weder abgescannt noch war ich sofort den inneren Fragenkatalog, wie gut er zu mir passen würde, durchgegangen.

Ich schaute ihn einige Sekunden lang genauer an. Er war nicht mein typisches Beuteschema. Das war zu der Zeit nämlich sehr von meinen ehemaligen Beziehungen geprägt. Männer durften für mich gerne dunkelhaarig sein, mindestens 1,90 Meter groß, dunkle Augen, breit und sportlich, kräftige Oberarme. Alles an den Männern, die ich bis dahin gut fand, schrie: »Hier bin ich, guck mich an, ich bin der geilste Typ der Welt.« Johann war anders, nur ein kleines Stück größer als ich, köterblond, eher schmal gebaut. Er hatte etwas Zurückhaltendes an sich, was mich in seinen Bann zog. Er war kein Draufgängertyp, sondern eher geheimnisvoll. Und er hatte die leuchtendsten blauen Augen, die ich jemals gesehen hatte. Diese Augen guckten mir gerade tief in die Seele. Und genau in dem Moment, in dem ich dachte »Wow, der ist richtig attraktiv«, küsste er mich ganz unvermittelt. Er hat mir später verraten, dass er zu dem Zeitpunkt schon eine halbe Stunde lang überlegt hatte, das zu tun. Sein Timing hätte nicht besser sein können. Und so standen wir nachts im Regen mitten auf der Kieler Woche und knutschten rum, während um uns herum nach und nach alle nach Hause gingen und Tische und Bänke eingeräumt wurden. In meinem Kopf blieb die Zeit stehen.

Irgendwann so gegen vier Uhr waren alle Bars zu, wir beide hatten aber noch nicht so viel Lust, nach Hause zu gehen. Zumindest nicht getrennt voneinander. Und so landeten wir für die restlichen zwei Stunden der Nacht in seinem VW-Bulli. Der Teil ist nicht jugendfrei und, liebe Mama und lieber Papa, ihr tut jetzt einfach mal so, als hättet ihr das hier nicht gelesen.

Um sechs Uhr morgens allerdings klingelte Johanns Wecker, und er verkündete in aller Seelenruhe, dass er nun für eine Woche mit ein paar Freunden nach Oslo segeln würde. Er könne mich aber noch nach Hause fahren, wenn ich wollte. Nach Hause bedeutete in dem Fall zu meinen Eltern, weil ich dort ja grad zu Besuch war. Ich war nach einer sehr kurzen Mütze Schlaf von dem schrillen Weckerton sehr abrupt ins Hier und Jetzt gerissen worden und begriff nun langsam, was ich da gestern eigentlich alles so gemacht hatte. Und getrunken hatte. Meine Lust, morgens um sechs mit einem heftigen Kater und eindeutiger Ich-habe-fast-nicht-geschlafen-Frisur zu Hause aufzukreuzen, hielt sich in Grenzen. Dennoch brachte er mich zu meinen

Eltern, und während ich mich in Grund und Boden schämte, wie viel ich am Vorabend getrunken hatte und wie nah ich diesem doch recht fremden Mann gekommen war, schien ihn all das nicht zu stören. Er hätte eh fast nichts getrunken, eröffnete er mir, kurz bevor wir in die Straße meiner Eltern einbogen. Oh Gott, das machte die Situation für mich jetzt nicht gerade besser. Und dann besaß er noch die Frechheit, mich vor dem Aussteigen zu fragen, ob er meine Nummer haben könne. Ich hielt das für einen schlechten Scherz. Für mich war das, was wir hier am Laufen hatten, recht eindeutig, da musste er nicht noch aus Anstand meine Nummer ins Handy speichern, nur um sich dann eh nie zu melden. Aber aus irgendeinem Grund gab ich sie ihm und verschwand dann eilig aus seinem Auto, um mich schnellstmöglich in einem nahe gelegenen Erdloch zu verbuddeln.

Drei Tage hörte ich, wie erwartet, nichts. Und ich fühlte mich bestätigt in meiner Annahme, dass dies eine einmalige Sache war. Außerdem konnte ich mich beim besten Willen nicht mehr daran erinnern, über was wir (oder besser gesagt: ich) eigentlich den ganzen Abend geredet hatten. An Tag vier meldete sich Johann plötzlich mit einer SMS und der Info, dass er auf See bislang keinen Empfang gehabt hatte, sich aber sehr freuen würde, mich nochmal zu sehen. Und irgendwie warf mich das viel mehr aus der Bahn, als mir lieb war. Meine Mama hatte die ganze Sache natürlich mittlerweile spitzgekriegt und fragte mich immer wieder, ob ich eine Beziehung mit ihm wollte. Ich weiß gar nicht, wie oft ich ihr mit vehementer Stimme verkündet habe: »Nein, auf gar keinen Fall. Der ist gar nicht so mein Typ.« Mittlerweile weiß ich, warum sie diesen Satz immer nur wieder mit einem wohlwissenden Lächeln quittiert hat.

Nein, er war nicht mein typisches Beuteschema. Er war anders als jeder Mann, den ich zuvor gedatet hatte. Vielleicht hat gerade das dafür gesorgt, dass das mit uns nicht endete, so wie jede andere Beziehung zuvor. Trotzdem gab ich uns damals keine Chance, denn ich wusste, wenn er aus Oslo wiederkommt, bin ich schon wieder zurück in meiner Münchner Wohnung. Und dann kam das Universum ins Spiel. Und deshalb möchte ich auch diesen Teil der Geschichte mit dir teilen, weil er so schön zeigt, dass wir uns gar nicht ins WIE einmischen müssen.

An einem der nächsten Tage war ich mit ein paar Freundinnen beim Wasserskifahren an einem nahe gelegenen See. Eine sehr waghalsige Aktion, die ich davor noch nie gemacht hatte und auch danach nie wieder machen würde. Vor allem auch eine, für mich, sehr kurze Aktion. Denn ich stand das erste Mal überhaupt auf diesen Brettern, und gleich beim ersten Start entschied sich ein Bein, brav nach vorne auf den See mitzufahren, während das andere bockig eine Pause einlegte und faul an Land stehen blieb. Bei diesem unfreiwilligen Spagat habe ich mir mit voller Wucht den Oberschenkel von der Kniekehle bis zum Allerwertesten gezerrt. Nachdem ich mich, elegant wie eine Seerobbe, mit diesen unhandlichen Skiern wieder aus dem Wasser gehievt hatte, stellte ich fest, dass ich mit einem Bein nicht mal mehr auftreten konnte. In dem Moment war dieses Abenteuer für mich also beendet. Nur, damit nicht genug, ich konnte vor allem nicht sitzen. Der Oberschenkel tat so fies weh, dass es die ersten Tage nur im Stehen oder Liegen auszuhalten war. Ein Besuch beim Arzt brachte mir dann neben einer Krankschreibung auch die Gewissheit, dass es sich um eine intensive Zerrung handelte, man aber außer Abwarten nicht viel tun konnte. Zumindest war damit meine geplante Rückreise nach München kurze Zeit später ein Ding der Unmöglichkeit. Allein der Gedanke daran, über acht Stunden im Zug zu stehen, war ja schon absurd, zudem hatte der Arzt Schonung angeraten. Ich blieb also ein wenig unfreiwillig noch länger bei meinen Eltern und übte mich im sinnlosen Rumstehen. Immerhin konnte ich so Johann nochmal sehen. Es war, als wollte das Universum mir unmissverständlich deutlich machen, dass ich diesen Mann jetzt näher kennenlernen sollte. Es war eine schmerzhafte Lektion, von der ich tatsächlich noch einige Monate zehrte (oder sollte ich besser sagen »zerrte«), doch anders wären wir beide wohl nicht zusammengekommen.

Selbst bei unserem ersten richtigen Date dachte ich noch: »Oh mein Gott, das läuft ja gar nicht gut.« Ich war tatsächlich tierisch nervös und wiederholte wohl alles, was ich Johann an dem ersten betrunkenen Abend schon erzählt hatte. Nur daran konnte ich mich ja nicht mehr erinnern, sodass ich jedes Mal überrascht war, wenn er mich bei meinen Erzählungen nur grinsend ansah und »Ich weiß« sagte. Zudem entstanden die ganze Zeit peinliche Pausen, die ich darauf schob, dass wir nicht zueinander passten. Damals konnte ich noch nicht wissen, dass es einfach Johanns Art war, viel ruhiger zu sein als ich und er seinen Gedanken nachhing, wenn wir ein Thema besprochen hatten, anstatt, wie ich, schon hektisch nach dem nächsten Gesprächsstoff zu suchen. Doch irgendwie kam es nach ein paar Stunden Date zu dem ersten offiziellen Kuss. Und von da an lief es wie geschmiert. Wir genossen die Zeit miteinander und sahen uns eine Woche fast durchgehend. Auch da habe ich noch steif und fest behauptet, dass es nichts Ernstes werden würde. Doch seine Präsenz hat mich fasziniert, und irgendetwas an ihm hat mich wie ein Magnet angezogen.

Nach einer Woche ließ ich jegliche Vorbehalte los, ich wusste: Er ist es. Zu niemandem zuvor habe ich so schnell »Ich liebe dich«

gesagt. Wir konnten über alles sprechen, und es fühlte sich anders an als jede Beziehung zuvor. Ich konnte das mit uns beiden nicht logisch erklären, aber ich spürte, dass es richtig ist. Als ich später meine Liste mit der Bestellung wiedergefunden habe, habe ich gesehen, dass mit Johann alle Punkte auf der Liste eingetroffen sind. Ich habe mir diesen Mann und diese Beziehung in mein Leben gezogen. Heute sind wir schon elf Jahre zusammen, sieben Jahre verheiratet und haben drei Kinder. Und ich liebe das Universum dafür, dass es so hartnäckig war.

So, oder noch viel besser

Wenn du eine Bestellung aufgegeben hast für deinen Traumpartner, dann kann es sein, dass du die Lieferung gar nicht als solche bemerkst. Das Universum liefert manchmal anders als gedacht. Ich hatte sehr enge Vorstellungen davon, wie mein Partner aussehen sollte. Das heißt, ich habe die Möglichkeit, dass dieser zurückhaltende Mann mit den dunkelblonden Haaren mein Traummann sein könnte, zunächst einmal gar nicht in Betracht gezogen. Doch ich konnte zu dem Zeitpunkt noch gar nicht abschätzen, wie Johanns Charakter ist oder wie gut er zu mir als Person passen würde. Ich hatte ja nur eine Vorstellung davon, wie mein Partner angeblich zu sein oder auszusehen hat. Hätten wir uns in einer Dating-App gesehen, hätte ich ihn vielleicht gar nicht kennengelernt, weil ich von vornherein einen Filter eingestellt hätte, dass ich nur Männer über 1,90 Meter kennenlernen will. Zu der Zeit war mir das noch extrem wichtig. Hätte ich damals schon gewusst, wie egal es mir irgendwann wird, wie groß ein Mann ist, oder hätte ich damals schon geahnt, wie selten ich in den folgenden Jahren hohe Schuhe tragen sollte, dann hätte ich sicher anders gefiltert.

Ganz oft bekommen wir, wenn wir etwas bestellen, nicht das, was wir wollen, sondern das, was wir brauchen.

Ich kann heute sagen, mein Mann ist ein sehr gutes Gegenstück zu mir, er hat viele Eigenschaften, die ich manchmal verfluche, aber es sind genau die Dinge, die ich mir selbst für mich wünsche. Mehr Gelassenheit, Entspannung und Selbstfürsorge. Und die Tatsache, dass dieses ganze Paket auch noch in einer anderen Verpackung geliefert wurde, als ich das erwartet hatte, war das Beste, was mir damals passieren konnte. Ich hätte ihn zu keinem Zeitpunkt mit meinem Ex-Partner verglichen, dazu waren sie viel zu unterschiedlich. Und das war genau das, was ich brauchte.

Deshalb empfehle ich, bei der Bestellung erst mal vor allem die Dinge aufzuschreiben, die nicht verhandelbar sind. Das war bei mir auf jeden Fall der Teil mit der Ehrlichkeit und der Freiheit, die wir uns lassen. Alles andere habe ich dem Universum überlassen. Und ich gehe natürlich davon aus, dass es mir als idealen Partner deshalb jetzt nicht gleich einen Quasimodo mit Warze auf dem Kinn schickt. Für mich stand nie zur Debatte, dass das Leben einen überaus attraktiven Partner für mich bereithält, zu dem ich mich hingezogen fühle. Und so war es auch. Gerade bei der Partnerbestellung hilft es, sich zu überlegen, was die unverhandelbaren Attribute sind, die er mitbringen muss und für den Rest zu sagen: »So oder noch viel besser, liebes Universum.«

Das Problem, das ich auch bei vielen meiner Kundinnen beobachtet habe, ist nämlich Folgendes: Sie schreiben eine sehr detaillierte Bestellung von ihrem Traumpartner, wie er ist, was er beruflich macht, wie er aussieht und wie er sich dann in der Beziehung verhält. Bei dem Gedanken an diesen Prinz Charming, der eigentlich Supermodel oder Arzt ist, jeden Tag frische Blumen mitbringt und selbst gedichtete Lieder auf der Gitarre klimpert, überkommt dann doch die meisten Frauen ein leiser Zweifel, ob es so einen Mann da draußen gibt. Oder ob er nicht schwul oder vergeben oder total arrogant ist. Oder noch schlimmer, die Frauen fühlen sich plötzlich selbst nicht mehr gut genug bei der Vorstellung, so jemanden an ihrer Seite zu haben.

Wenn du dir easy peasy glaubst, dass der Traummann mit all seinen Facetten da draußen wartet und es für dich keinen Zweifel gibt, dass du ihn kennenlernen wirst, dann go for it! Die meisten nehmen allerdings ihre vergangenen Erfahrungen als Maßstab, und dann können sich da Gedanken eingeschlichen haben wie:»Gut aussehende Männer sind arrogant oder vergeben, wenn er einen perfekten Körper hat, erwartet er das auch von mir und, und, und.« Du kannst diese Glaubenssätze natürlich für dich verändern, und gleichzeitig willst du nichts bestellen, was du dir selbst nicht glaubst. Denn dann bestellst du noch mehr Zweifel und keinen Traummann.

Wenn es um optische Aspekte geht, darfst du dir zudem die Frage stellen, warum du dir genau das bestellst? Warum muss der Mann mindestens 1,90 Meter groß sein? Dahinter verbirgt sich meist ein Gefühl, was wir uns daraus erhoffen. Ich habe mir einen Mann gewünscht, der größer ist als ich und breit gebaut, weil ich mir dadurch erhoffte, mich anlehnen zu können. Ich wollte mich beschützt fühlen. Ich wollte, dass der Mann Stärke ausstrahlte. Doch dann ist es ja viel schlauer, direkt dieses Gefühl zu bestellen als nur die optischen Aspekte (natürlich kann es auch sein, dass du einige optische

Aspekte einfach bestellst, weil dir das gefällt und dann ist das auch okay). Du kannst dir also gerne einmal eine Liste anlegen: Auf die linke Seite schreibst du, was du dir wünschst an einem Mann. Das können sowohl optische als auch charakterliche Eigenschaften und Verhaltensweisen sein. Auf die rechte Seite schreibst du jetzt, wie es sich für dich anfühlt, wenn das erfüllt ist. Welche Gefühle lösen diese Eigenschaften bei dir aus? Bitte nimm einfach das erste, was in deinen Kopf kommt, ohne es groß zu zerdenken.

Ein Beispiel:

Mein Mann ist groß und muskulös = Ich fühle mich
beschützt und in Sicherheit

Er ist aufmerksam mir gegenüber = Ich fühle mich
wertgeschätzt

Nachdem du diese Liste geschrieben hast, kannst du schauen, ob es bestimmte Gefühle gibt, die mehrmals auftauchen. Diese Gefühle scheinen einen großen Stellenwert für dich zu haben – du wirst sie später im Buch noch mal gut nutzen können. Außerdem ist es mit diesem Wissen leichter, dich auf die Gefühle zu konzentrieren, die du fühlen willst, ohne dass sie zwangsläufig durch bestimmte optische Eigenschaften repräsentiert sein müssen. Auch ein kleiner Mann kann dir mit seiner Präsenz ein Gefühl von Stärke und Sicherheit geben. Johann strahlt durch seine Ruhe und Überlegtheit eine immense Stärke aus, auch wenn er »nur« 1,84 groß ist und kein Muskelprotz.

Wenn du also deine Bestellung klar hast und dir glaubst, dass es so einen Mann da draußen gibt, dann bestell bitte unbedingt noch, dass er auch gerade eine Partnerin sucht. Du willst ja niemanden, der in einer Beziehung ist oder der gerade seine wilde Sturm- und Drang-Zeit hat, aber keine Lust auf was Festes. Du möchtest jemanden, der in diesem Moment genau so eine Beziehung sucht, wie du sie führen möchtest. Diese Erkenntnis gibt dir die nötige Gelassenheit und Sicherheit. Ihr sucht exakt das Gleiche, und das bedeutet, dass ihr euch heute schon auf der gleichen Frequenz bewegt. Du musst gar nicht viel machen, du kannst das Universum machen lassen. Sei dir nur immer wieder dieser Frequenz bewusst und freu dich heute schon auf eure gemeinsame Zukunft.

Das Wichtigste in Kürze

- Wenn du auf der Suche nach dem Partner anfängst, an dir zu zweifeln: Es liegt nicht an dir, sondern höchstens an deinen limitierenden Gedanken.
- Wenn du neue Klamotten in den Schrank räumen willst, brauchst du erst Platz.
- Vergib deinen Ex-Partnern, um Raum für eine neue Liebe zu schaffen.
- Ho'oponopono: Es tut mir leid, bitte verzeih mir, ich liebe dich, danke.
- Du vergibst nicht, weil der andere es verdient hat, sondern weil du es verdient hast.
- Du verbringst noch den Rest deines Lebens mit dem nächsten Partner.
- Sieh nicht, was noch nicht da ist, sondern genieße, was schon da ist.
- Das Universum liefert manchmal anders, als du denkst.
- Du bekommst oft, was du brauchst, und nicht, was du planst.
- Bestelle die unverhandelbaren Attribute in einer Beziehung, für den Rest gilt: so, oder noch viel besser.
- Welches Gefühl soll dir sein Aussehen, seine Größe, sein Beruf etc. geben? Bestelle direkt das Gefühl und vertrau bei der Lieferung dem Universum.
- Glaubst du dir deine Bestellung? Was fühlst du dabei?

Kapitel 3: Du darfst nicht suchen

Stell dir vor, du bist bei Freunden auf eine Grillparty eingeladen. Mit einem Cocktail in der einen Hand und deiner Tasche in der anderen schlenderst du gerade auf die Terrasse, wo dich deine Freundin schon gespannt nach deinem aktuellen Liebesleben ausfragt. Und während du etwas peinlich berührt nach Worten suchst, wie du dein nicht vorhandenes Liebesleben möglichst spannend verpackst, mischt sich ungefragt ein weiterer Partygast ein. Mit einer Frikadelle in der Hand und etwas Ketchup-Rest am Mund verkündet er: »Weißt du, das ist das Problem mit den Singles. Du darfst einfach nicht suchen.«

Ne, ernsthaft? Was für ein genialer Tipp. Das hätte dir doch vorher mal jemand verraten können. Na klar. Einfach aufhören zu suchen. Easy. Der Typ hat es verstanden. Einfach nicht suchen. Nur, dir bleiben da noch ein paar klitzekleine Fragen zur genauen Umsetzung. Wie soll das bitte gehen? Wie sollst du aufhören zu suchen, wenn du dir gerade nichts mehr wünschst, als in einer Partnerschaft zu sein? Mit diesem schlauen, ungefragten Rat kannst du nämlich 0,0 Prozent anfangen. Und da hilft es auch nicht, wenn du den wieder und wieder hörst. Es stimmt ja auch, du wirst den Mann treffen, wenn du gerade gar nicht suchst. Genauso wirst du auch deinen Autoschlüssel finden, wenn du aufhörst, ihn zu suchen. Oder den perfekten Job bekommen, wenn du nicht fieberhaft suchst. Doch ein wenig Anleitung, wie man das mit dem Nichtsuchen in der Praxis genau umsetzt, wäre deutlich hilfreicher als ein schlauer Partyspruch. Mich haben diese Sprüche absolut in den Wahnsinn getrieben. Weil ich nichts damit anfangen konnte. Deshalb möchte ich versuchen, dir heute ein wenig Licht ins Dunkel zu bringen, wie das Nichtsuchen wirklich klappt.

Denn es stimmt, wenn du krampfhaft nach etwas suchst, dann sendest du eine Energie von Mangel ins Universum. Das heißt, du wirst mehr Mangel bekommen und nicht dein gewünschtes Ergebnis. Je entspannter du bist, desto leichter findest du etwas. Am besten wäre die Haltung von »Ich bin überzeugt, dass es bald zu mir kommt oder dass es schon da ist«. Denn diese Haltung bestellt mehr von dieser Gewissheit. Wie aber kommt man zu dieser Gewissheit und inneren Überzeugung?

Du beginnst bei deiner Sprache.

Deine Sprache formt deine Realität.

Sprache bildet ab, was in deinem Kopf vor sich geht und wie dein innerer Dialog abläuft. Sprache zeigt also, was du in Gedanken eh schon die ganze Zeit sagst und denkst. Und damit ist Sprache auch ein guter Indikator, um deine Gefühle zu beeinflussen. Denn zuerst sind deine Gedanken da, bewusst oder unbewusst. Und darauf folgen die Gefühle. Deine Gefühle sind eine Konsequenz aus deinen Gedanken. Und das wiederum ist die Frequenz, auf der du gerade unterwegs bist und von der du unentwegt mehr bestellst.

Mit deiner Sprache kannst du deine Gefühle beeinflussen. Es fühlt sich anders an, zu sagen »Ich schaffe das eh nicht« als zu sagen »Ich bin großartig«. Probiere es gerne aus. Das bedeutet, deine Sprache formt deine Realität. Das ist der erste Punkt, an dem du ansetzen kannst. Für den Partytipp von eben bedeutet das, du kannst ab heute anders über deine Beziehung sprechen. Hör dir die beiden folgenden Sätze an und fühle mal, welche verschiedenen Gefühle sie in dir auslösen.

Satz 1: »Ich bin noch auf der Suche nach einer Beziehung. Ich hoffe, es klappt endlich bald mal. Ich bin so langsam echt verzweifelt, weil da draußen scheinbar nur Vollidioten rumlaufen.«

Satz 2: »Mein Traummann und ich finden uns gerade. Ich bin sehr gespannt, wie unsere Kennenlerngeschichte wird, aber ich teile sie dann gern mit euch und ich freue mich schon auf unser Zusammensein.«

Wie fühlen sich die beiden Sätze an? Welche Frequenz sendest du wohl bei Satz 1 und welche bei Satz 2 aus? Was bestellst du mit deinen Worten und Gefühlen jeweils?

Bei Satz 2 denkst du jetzt vielleicht:»Sowas kann ich nicht sagen. Ich weiß ja noch gar nicht, ob ich bald eine Beziehung haben werde. Das stimmt ja gar nicht.« Du weißt aber doch genauso wenig, ob da draußen nur Vollidioten rumlaufen, sagst es aber trotzdem. Wir sagen ständig Sachen, die wir nicht genau wissen. Wir scherzen auch sehr oft mit unseren Worten und sagen Sätze wie:»Wenn es gar nicht klappt, heirate ich meinen schwulen Kumpel, das haben wir schon abgemacht.« Oder »Vielleicht sterbe ich einsam und allein mit einer Katze in meiner Wohnung.« Das Entscheidende bei solchen Sätzen ist vor allem, wie du dich dabei fühlst. Denn deine Gefühle bestimmen die Frequenz, auf der du unterwegs bist. Und damit bestimmen sie, wovon du mehr bekommst.

Du kannst also mit deiner Sprache sehr viel Einfluss nehmen. Wenn du davon sprichst, deinen Traummann zu finden oder dich finden zu lassen, dann wirst du dich mit großer Wahrscheinlichkeit besser dabei fühlen als bei der Vorstellung, überall genau suchen zu müssen. Suchen hat schon so etwas Anstrengendes, wenn man es sagt. Ich glaube, die wenigsten Menschen suchen gerne. Und wenn du irgendwann schon mal die Erfahrung gemacht hast, dass du etwas suchst und es nicht findest, dann hat dein Unterbewusstsein garantiert in irgendeiner Weise Stress auf diesen Begriff. Vermeide ihn doch einfach. Wenn du nicht suchen willst, dann rede nicht davon, dass du suchst.

Da gehören ja zwei dazu

Vielleicht denkst du dir jetzt: »Aber zu einer Beziehung gehören doch zwei dazu. Was bringt es, wenn ich die richtigen Sätze sage, aber er macht das nicht? Was kann ich da denn allein manifestieren?«

Wie sehr glaubst du denn, dass du es selbst in der Hand hast, eine Beziehung zu finden? Ich dachte während meiner drei Jahre Single-Zeit im Grunde durchgehend, dass ich machen kann, was ich will, aber dass ich darauf angewiesen bin, dass das Schicksal mir dann auch endlich den Mann schickt. Ich fühlte mich extrem machtlos. Wenn es darum ging, mir eine tolle Wohnung zu manifestieren oder einen Job, dann hatte ich das Gefühl, dass ich da viel mehr Einfluss drauf habe. Wenn ich ein Thema mit meinem Gewicht habe, dann bin ich damit vielleicht unglücklich, aber ich weiß, was ich tun kann, um das zu verändern. Ich kann mich anders ernähren, mehr Sport machen. Ich würde heute natürlich noch ergänzen, dass auch ganz viel Mindset-Arbeit dabei hilft. Aber selbst, als ich das noch nicht wusste, hatte ich einen Plan, was ich tun kann, wenn ich was ändern will. Vielleicht gelingt es mir nicht so, wie ich es gern hätte, aber zumindest habe ich es gefühlt selbst in der Hand. Bei dem Thema Beziehung aber war für mich klar: Da hat noch ein zweiter Mensch was mit zu tun. Und deshalb war ich die ganze Zeit in einer wartenden Position, in der ich mich hilflos fühlte. Doch du brauchst auch an dieser Stelle nicht das Schicksal oder die Glücksfee. Du brauchst auch keinen Amor, du kannst das einfach selbst in die Hand nehmen. Und es ist egal, ob das Universum dir einen Job, eine Wohnung oder einen Partner schickt. Du kannst alles bestellen. Es geht gar nicht darum, was du alles im Außen verändern musst. Wenn du unglücklich im Job bist, wirst du wahrscheinlich irgendwann kündigen. Wenn du unglücklich mit deinem Gewicht bist, wirst du wahrscheinlich irgendwann anfangen, weniger zu essen oder mehr Sport zu machen. Wir fühlen uns da machtvoll, weil wir direkt etwas verändern können. Doch es geht bei allen Lebensbereichen darum, dass du dir die richtigen Gefühle dazu bestellst. Wenn du unglücklich im Job bist und kündigst, aber nichts anderes bestellst, kann es gut passieren, dass du im nächsten Job wieder unglücklich wirst. Wenn du unglücklich mit deinem Gewicht bist, dir aber nicht anguckst, was für ein Gefühl dir Essen gibt und das nicht anderweitig bestellst, ist die Wahrscheinlichkeit hoch, dass du kurze Zeit später wieder zunimmst. Es macht also immer Sinn, sich alle Gefühle anzuschauen, die zu der Veränderung gehören.

Du bist auch beim Thema Partnerschaft nicht machtlos. Ganz im Gegenteil: Du kannst dir alle Gefühle, die du haben willst, heute schon bestellen und sie sogar schon fühlen. Damit kannst du dir deine Beziehung manifestieren. Du hast es also absolut selbst in der Hand. Du kannst deinen Partner genauso bestellen, wie du alles in deinem Leben bestellen kannst.

Und vor allem musst du dich nicht begnügen. Das hören Singles leider viel zu oft. »Deine Ansprüche sind auch einfach viel zu hoch.« Aber warum solltest du dich mit etwas zufriedengeben, was ganz okay ist? Nur weil es so viele Menschen machen? Würdest du langfristig irgendwo wohnen wollen, wo du dich ganz okay fühlst? Oder würdest du dich nach etwas umschauen, was noch besser zu deinen Bedürfnissen passt? Würdest du langfristig jeden Tag ins Büro schlurfen, zu einem Job, der ganz okay ist? Oder würdest du dir einen suchen, der richtig gut zu dir passt? Würdest du für immer in Klamotten rumlaufen, die dir eine Nummer zu klein sind oder für den Rest deines Lebens Gerichte essen, von denen du wenigstens keinen Brechreiz bekommst?

Nein, oder? Hoffentlich nein! Denn warum solltest du deine Ansprüche herunterfahren? Wie soll das überhaupt beim Thema Beziehung funktionieren? Reicht dann »ein bisschen verliebt« aus? Logisch, jeder Mensch hat Schwächen, und niemand ist perfekt. Aber das merken wir in einer Beziehung noch früh genug, da müssen wir nicht in vorauseilendem Gehorsam unsere Ansprüche senken.

Du hast ein wunderschönes und erfülltes Leben verdient. Jeder von uns hat das. Deswegen lass dir nicht einreden, dass es okay ist, dass du dich zufriedengeben musst, dass du keine Ansprüche haben darfst. Da draußen gibt es diesen Deckel, der genau zu deinem Topf passt. Wahrscheinlich gibt es da draußen sogar eine Menge Deckel, die zu deinem Topf passen. Das heißt nicht, dass ihr in einer Beziehung nie streiten werdet oder dass dein Partner perfekt sein wird, aber vielleicht wird er mit all seinen Macken für dich perfekt sein und du für ihn. Dann hat der richtige Topf zum richtigen Deckel gefunden.

Endergebnis statt Prozess

Ein weiterer wichtiger Punkt, um nicht ständig diesen passenden Deckel zu suchen, sondern sich finden zu lassen, ist das Loslassen des Prozesses. Wenn wir etwas erreichen wollen, dann beschäftigen sich die meisten Menschen viel zu sehr mit dem Prozess an sich und viel zu wenig mit dem Endergebnis, das sie haben wollen. Wenn du dir eine Beziehung wünschst, dann mach dir nicht ständig Gedanken darüber, wie du jemanden kennenlernst, wo du ihn am besten triffst, ob du ihn ansprichst oder er dich oder wie du dich bei einem Date »benehmen« solltest. Das alles ist der Prozess. Beschäftige dich viel mehr mit dem Endergebnis. Was ist das, was du haben willst? Ich nehme an, eine schöne, entspannte Beziehung, oder? Konzentriere dich auf dieses Endergebnis, und bade in dem Gefühl, das du damit verknüpfst. Damit löst du dich automatisch von dem Prozess, wie du da hinkommst. Das ist alles gar nicht dein Thema. Du musst nicht wissen, wie und wo und wann.

Ich weiß, wir hätten alle gerne einen Zeitplan oder so eine praktische Sendungsverfolgung wie bei Paketlieferungen: »Das Paket vom Universum hat gerade das Lager verlassen und befindet sich jetzt im Logistikzentrum. Voraussichtliche Lieferzeit: nächster Werktag zwischen 15 und 17 Uhr.« Am besten noch mit so einem Echtzeittracker, wo man dann GPS-genau verfolgen kann, wann das Paket eintrifft. Du bestellst aber gerade kein Bügeleisen oder einen Handstaubsauger, du bestellst dein Leben. Und da gibt es leider keinen GPS-Tracker und auch keine verbindliche Lieferzeit. Je mehr du aber anfängst, dich mit dem Ergebnis zu beschäftigen als mit dem Prozess, desto leichter kommst du in die entsprechende Frequenz, und das beschleunigt ganz automatisch die Lieferung. Vor allem aber lässt es dich nicht ständig suchen. Du badest in deinem Ergebnis und bist deshalb nicht ständig damit beschäftigt, nach deinem Traumpartner Ausschau zu halten. So geht effektives Nichtsuchen. So geht Finden oder noch besser Findenlassen.

Frage dich bei der Partnersuche (oder besser Partnerfinde) gerne mal, ob es deinen Partner da draußen schon gibt? Der Partner, den du suchst, wird wohl bereits geboren sein, und es gibt ihn demzufolge auch irgendwo da draußen. Dieser Mensch ist nicht nur ein Hirngespinst in deinem Kopf oder eine Traumvorstellung von dir, sondern es ist ein realer Mensch, der in diesem Moment irgendwo auf dieser Welt rumläuft. Nun fragen sich die meisten Menschen, wie sie diese eine Person (wenn man daran glaubt, dass es nur eine passende Person gibt) jemals finden sollen. Doch das ist gar nicht deine Aufgabe. Du könntest dich allerdings damit beschäftigen, schon mal eine Verbindung mit dieser Person aufzubauen. Was macht dieser Mensch jetzt gerade? In diesem Moment, in dem du diese Zeilen hier liest, was macht da wohl dein zukünftiger Partner? Sitzt er auch gerade zu Hause oder ist er um diese Uhrzeit wohl unterwegs? Trifft er sich mit Freunden oder träumt er gerade von seiner zukünftigen Partnerin?

Jetzt fragst du vielleicht: »Woher soll ich das denn wissen? Wenn ich wüsste, wo er ist oder was er macht, würde ich ja sofort da hingehen.« Es geht nicht darum, exakt zu wissen, was der andere gerade macht, oder zu orakeln, wo er sich wohl gerade aufhält. Wir wollen ja nicht zu durchgedrehten Stalkern werden, die unvermittelt wildfremde Männer bei Starbucks anquatschen: »Du musst mein Traummann sein: Ich bin mir sicher, der holt sich hier jeden Morgen um acht Uhr zwanzig einen Kaffee. Wollen wir heiraten?« Es geht erst mal schlicht und ergreifend darum, in deiner Vorstellung nicht immer von einer Fantasieperson zu träumen, die dir unendlich weit weg erscheint, sondern dir bewusst zu machen, dass dein zukünftiger Partner eine sehr reale Person ist, die da draußen gerade mit irgendwas beschäftigt ist. So kannst du außerdem schon eine Verbindung zu dieser Person aufnehmen, ohne sie jemals getroffen zu haben. Das hilft, um dich dem Partner näher zu fühlen und dir klarzumachen: Du bist nicht allein. Da draußen ist jemand, der sich genauso danach sehnt, dich kennenzulernen, wie du dich darauf freust, ihn kennenzulernen.

Ich habe mich damals schon mit Johann verbunden. Ich wusste für mich: Der Mann, den ich suche, der ist auch gerade auf der Suche nach etwas Festem. Der will sich binden und möchte die Frau fürs Leben kennenlernen. Immer, wenn ich mich einsam gefühlt habe, bin ich in die Verbindung zu ihm gegangen und habe mir vorgestellt, was er gerade macht. Ich habe schon mit ihm gesprochen und ich fühlte mich ihm ganz nah. Für mich war klar: Wir sind gerade auf derselben Frequenz. Und jetzt bin ich mal gespannt, wie das Universum uns zusammenbringt. In Gedanken war ich schon mit ihm zusammen. Wir waren im Grunde schon ein Paar, bevor wir uns kennengelernt haben.

So geht's nicht

Es gibt drei Sachen, die du beim Partnerfinden unbedingt vermeiden solltest. Und jetzt kommen keine Dating-Tipps, dazu kommen wir gleich noch in diesem Kapitel. Nein, es geht um die Dinge, die deiner Manifestation im Weg stehen. Das können natürlich etliche Kleinigkeiten sein, aber ich möchte mit dir einmal die drei wichtigsten Punkte durchgehen, die vielen meiner Kundinnen und auch mir selber im Weg standen.

1. Das WIE wissen wollen

Darauf sind wir eben schon eingegangen. Die meisten Menschen konzentrieren sich viel zu sehr darauf, wie etwas zu ihnen gelangen soll oder wie sie etwas erreichen, dabei liegt das ja ganz oft nicht in unserer Hand. Vor allem bei der Partnersuche wird das deutlich, denn damit hat auch eine zweite Person zu tun, und schon haben wir es vermeintlich nicht mehr komplett selbst in der Hand. Es geht also darum, das WIE nicht beeinflussen zu wollen. Das schaffst du, indem du dich gedanklich viel mehr mit dem Endergebnis beschäftigst.

2. Druck

Druck erzeugt in allen von uns ein ungutes Gefühl. Und du hast ja schon gelernt, dass Gefühle das Entscheidende bei einer Manifestation sind. Deshalb kannst du dir in etwa ausmalen, was du manifestierst, wenn du Druck empfindest. Ein besonders fieses Gefühl entsteht durch Zeitdruck. Immer, wenn wir unsere Manifestation in einer bestimmten Zeitspanne haben wollen, macht das schnell ungute Gefühle. Denn wenn du bestellst, dass dein Partner Heiligabend schon mit dir unter dem Tannenbaum sitzen soll, wirst du unweigerlich ständig abgleichen, ob er schon da ist. Je näher der 24. Dezember rückt, desto ungeduldiger wirst du. Du hast dir selbst diese Deadline gesetzt und kannst dann meist nicht mehr entspannt sein, wenn der finale Zeitpunkt naht und deine Manifestation noch nicht in Sicht ist.

Manchmal ist der Zeitdruck aber gar nicht selbst gemacht, sondern von außen. Was sagt man zum Beispiel einer Vierzigjährigen, die noch Mutter werden will und ihre biologische Uhr so laut ticken hört wie ein Orchester direkt im Wohnzimmer? Erst mal geht es auch hier darum, sich zu entspannen. Denn aktuell ist die Situation so, wie sie ist. Wenn du diese Zeilen gerade liest und Single bist, dann ist das aktuell so. Das ändert sich vermutlich auch in den nächsten fünf Sekunden erst mal nicht. Und das macht nichts. Die Situation ist so, wie sie ist, ob du dich nun gestresst fühlst und unter Druck gesetzt oder nicht, das ändert nichts an der Situation.

Wenn du weißt, wie viel mehr du in dein Leben ziehen kannst, je entspannter du bist, dann kannst du doch am besten auch gleich entspannt sein. Der Zeitdruck passiert vor allem in deinem Kopf. Denn auch wenn die Wahrscheinlichkeit groß ist, dass du in den nächsten fünf Sekunden weiterhin Single bist, muss das nicht in den nächsten fünf Stunden, fünf Tagen oder fünf Monaten so bleiben. Der beste Weg, um dem Zeitdruck zu entgehen, ist tatsächlich Entspannung. Und ganz oft hilft es, dem Gehirn andere Botschaften zu senden.

Was passiert denn in deinem Kopf, wenn du dir für fünf Wochen mal verbietest, jemanden kennenzulernen? Du könntest dir sagen, fünf Wochen mehr oder weniger machen den Kohl jetzt auch nicht fett und ändern auch nicht erheblich etwas an dem Frischegrad deiner Eizellen. Also probiere es doch mal für fünf Wochen aus. Du machst quasi eine Pause von dem, was du gerade so unbedingt in deinem Leben haben willst. Eine Zeitspanne, die du dir selbst setzt und in der du zu diesem Thema einfach mal entspannt sein kannst. Einmal keine Dates, kein Tinder, kein Ausschauhalten. Nichts in diese Richtung. Du machst in dieser Zeit einfach Pause. Und dann beobachtest du dich mal, wie viel entspannter du in dieser Zeit bist. Du kannst dein Gehirn immer damit beruhigen, dass es nach den fünf Wochen (oder wie lange auch immer du möchtest, fang sonst erst mal mit einer Woche an) munter weitersuchen kann. Aber für diese Zeit ist es verboten, jemanden kennenzulernen.

Lustigerweise hat mein Mann mich genau in so einer Phase getroffen. Er hat sich selbst auferlegt, mal ein Jahr lang Single zu sein, da er zuvor immer von einer Beziehung in die nächste gesprungen ist. Er hat elf Monate lang tatsächlich keine Beziehung geführt und auch nicht aktiv nach einer Partnerin gesucht. Und dann hat er mich getroffen.

Du siehst an unserer Kennenlerngeschichte schon, dass wir uns nicht im Mangel angezogen haben, dass keiner von uns den anderen brauchte, um eine Lücke zu füllen. Das ist entscheidend, wenn deine Beziehung auch erfüllt sein soll und du die gleichen Themen, die du als Single hast, nicht mit in die Beziehung nehmen willst. Denn, wenn du dich als Single immer sehr allein fühlst und in so einer Energie einen Partner in dein Leben ziehst, ist die Wahrscheinlichkeit hoch, dass du dich auch in der Beziehung noch allein fühlen wirst. Vielleicht hat dein Partner dann nicht so oft Zeit für dich, wie du es gerne hättest oder lässt dich nicht so an seinem Leben teilhaben. Auf dieses Thema kommen wir noch ausführlicher in einem späteren Kapitel. Jetzt geht es erst mal darum, möglichst viel Entspannung in deine aktuelle Situation zu bringen.

3. Ungeduld

Dieser Punkt ähnelt ein wenig Punkt 2. Es ist dieses ständige Ausschauhalten, die ständige Suche:»Könnte das mein Partner sein?«

Dabei schwingt die Angst mit, du könntest ihn verpassen, wenn du einmal nicht richtig hinguckst. Diese Ungeduld kannst du mit anderen Manifestationen schon mal testen und versuchen, anders damit umzugehen. Ich mache das immer mal wieder, um meinem Unterbewusstsein zu erklären, wie das mit dem Entspanntsein funktioniert. Zum Beispiel manifestiere ich mir manchmal Autos in bestimmten Farben. Einmal sollte es ein pinkes sein, denn die sehe ich nicht so oft. Und nun passierte genau das, was bei den meisten auch bei der Partnermanifestation passiert. Ich fuhr auf die Autobahn und hielt Ausschau. Wo war das pinke Auto? Auf meiner Spur? Oder vielleicht doch auf der Gegenfahrbahn? Ich fuhr und redete mir ein:»Ach das wird schon kommen. Ich bin ganz entspannt.« Und dennoch guckte ich ständig hektisch nach rechts und links. Immer, wenn mir ein Auto entgegenkam, das auch nur entfernt nach pink aussah, schaute ich noch genauer. Ich war sehr aufmerksam, denn ich wollte das pinke Auto nicht verpassen. Diese Einstellung ist nur leider das genaue Gegenteil von Entspannung. Lass uns doch mal überlegen, was ich in dem Moment für eine Frequenz ans Universum gesendet habe. Anspannung, Aufmerksamkeit und immer wieder ein Gefühl von Ungeduld oder von»Ach Mist, das war jetzt doch nicht pink«. Wovon bekomme ich also mehr? Genau, von Anspannung und Ungeduld.

Wir können uns an dieser Stelle ein einfaches Prinzip zunutze machen, nämlich, dass in deinem Körper nicht zwei Gefühle gleichzeitig sein können.

Du kannst nicht ungeduldig sein, wenn du gleichzeitig Freude fühlst oder Dankbarkeit.

Es ist immer nur ein Gefühl zur gleichen Zeit da. Deshalb stell dir in den Momenten, in denen du ungeduldig bist, vor, dass du dich auf einer Reise befindest und es nicht darum geht, möglichst schnell ans Ziel zu kommen, sondern eine möglichst schöne Zeit auf der Reise zu haben. Beschäftige dich gedanklich mit anderen Dingen, die dir Freude machen. Ich habe in dem Beispiel mit dem pinken Auto erst mal die Musik laut aufgedreht und die Fahrt genossen, ich habe mir bewusst gemacht, wofür ich gerade dankbar bin, und mich gedanklich mit anderen Dingen beschäftigt. Auf der Rückfahrt hatte ich meine Manifestation schon vergessen, weil ich sie nicht permanent im Kopf hatte. Und was soll ich sagen. Plötzlich stand ein knallpinkes Auto auf einem Parkplatz, das ich nicht übersehen konnte.

Das Universum liefert immer dann, wenn du gerade auf der Frequenz von Freude, von Entspannung und einem guten Gefühl bist. Denn das ist ja genau das Gefühl, das auch die Manifestation in dir auslösen soll. Ich habe mich gefreut, das pinke Auto zu sehen, weil es mir beweist, dass manifestieren funktioniert. Wie aber soll ich diese Frequenz von Freude anziehen, wenn ich gedanklich im Stress bin, wenn ich ungeduldig bin oder gereizt? Dann kann mir das Universum nur Dinge schicken, die genau auf der gleichen Frequenz liegen.

Das Gefühl dahinter

Du darfst dir eine entscheidende Frage stellen, wenn du auf der Suche nach einer Beziehung bist: Was ist das Gefühl, das du dir von dieser Partnerschaft erhoffst? Wir suchen bestimmte Gefühle in unserem Leben. Was ist das erste Gefühl, das dir in den Sinn kommt, wenn du an eine Beziehung denkst? Oder auch, was ist das erste Gefühl, an das du denkst, das du in deiner bestehenden Beziehung gerne intensivieren würdest? Mach das gerne mal so konkret wie möglich. Schau gerne auch mal auf deine Liste aus dem vorherigen Kapitel, welches Gefühl dir bestimmte Eigenschaften deines Partners geben sollen. Vielleicht ist es »geliebt werden«, »ganz ich selbst sein können«, vielleicht ist es »Leidenschaft« oder »Vertrauen«. Nimm das Gefühl, das dir als Erstes einfällt. Nach diesem Gefühl hast du wahrscheinlich schon dein Leben lang gestrebt. Vielleicht hast du es in den letzten Beziehungen vermisst oder wünschst es dir auch in anderen Lebensbereichen oder von Freunden.

Dieses Gefühl ist dein Schlüssel zu einer glücklichen und erfüllten Beziehung. Du darfst anfangen, dir dieses Gefühl als allererstes selbst zu geben.

Nehmen wir zum Beispiel mal das Gefühl geliebt zu werden, was bei vielen sicher das Hauptgefühl einer Beziehung ist. Wir erwarten, dass unser Partner uns das Gefühl gibt, geliebt zu sein. Und, ja, sicher wäre es in einer Beziehung von Vorteil, wenn der Partner uns nicht das Gefühl gibt, als wären wir der letzte Dreck. Aber in so einem Fall solltest du dem Partner eh schleunigst den Weg nach draußen zeigen. Wir gehen also mal davon aus, dass dein Partner dich gut behandelt. Genauso wie du ihn auch. Dann kennst du sicher auch so Momente, wo dein Partner dir zeigen will, wie toll du bist, aber es kommt bei dir einfach nicht an. Du fühlst es nicht. Vielleicht kritisierst du dich selbst für irgendein Verhalten, das du an dir nicht magst, und dein Partner versucht, dir zu verstehen zu geben, dass du großartig bist, egal was passiert ist. Nur, wenn du es selbst nicht spürst, kann dein Partner sagen und machen was er will, du wirst es nicht genauso fühlen können wie der andere.

Uns wirklich geliebt fühlen können wir nur, wenn wir uns auch selbst lieben.

Wenn du dich nicht selbst liebst, wird ein Teil von dir immer darauf warten, dass diese Liebe vom Partner kommt. Doch wenn der dann mal einen Tag schlecht auf dich zu sprechen ist, zweifelst du gleich an der ganzen Beziehung. Das heißt, dieses Gefühl, das du in einer Partnerschaft spüren willst, das erschaffst du zunächst in dir selbst. Dann kann ein Partner es noch verstärken. Wenn du dich selbst liebst und dein Partner dir zeigt und sagt, dass er dich auch liebt, dann wirst du dieses Gefühl annehmen können. Denn es ist ja schon in dir. Wir dürfen nicht vergessen, dass wir alle Gefühle immer in uns selbst kreieren. Da klettert niemand in dich hinein, wirft ein Gefühl in dich, ohne dass du dich dagegen wehren kannst und dem du hilflos ausgeliefert bist. Gefühle entstehen immer in dir selbst, und deshalb kannst du sie auch beeinflussen.

So, Amen, schöne Worte zum Sonntag. Nun geht es nur noch um die Umsetzung. Also, wie gibst du dir jetzt selbst das Gefühl von »geliebt sein«?

Da gibt es mehrere Wege. Du kannst dich zum einen mal fragen, wo dieses Gefühl in deinem Körper auftaucht? Wo spürst du dieses Gefühl? Woher weißt du, dass du dich geliebt fühlst? Wenn dich jemand liebt und du an diese Person (oder auch ein Tier) denkst und an ihre Liebe zu dir, in welchem Körperbereich merkst du das? Mach mal kurz die Augen zu und denke an einen Moment, wo du dich so richtig geliebt gefühlt hast. Sieh die Person vor dir, die in dieser Situation bei dir war, hör die Worte, falls es welche gab, und tauche in dieses Gefühl von »geliebt sein« komplett ein. Lies bitte nicht eher weiter, bis du dich kurz darauf besonnen hast, wo dieses Gefühl in dir sitzt.

Jeder Mensch ist anders, aber vielleicht ist es ein warmes Gefühl in der Herzgegend oder ein Kribbeln im Bauch? Wenn du lokalisiert hast, wo sich dieses Gefühl in deinem Körper befindet, kannst du überprüfen, wohin sich das Gefühl bewegt, wenn es mehr wird. Dehnt es sich aus? Oder steigt es nach oben? Fließt es nach unten? Überprüfe wieder, am besten mit geschlossenen Augen.

Wenn du auch das jetzt weißt, dann kannst du dieses Wissen nutzen. Du hast das Gefühl gerade in dir erzeugt, sonst wüsstest du jetzt nicht, wo es sich befindet und wie es sich bewegt. Vielleicht war es noch nicht so intensiv, wie es dann in »echt« ist, aber du hast es gespürt. Mit etwas Bewusstsein und Energie kannst du das Gefühl in dir abrufen, indem du dich auf den Ort in deinem Körper konzentrierst, in dem das Gefühl »wohnt«. Zusätzlich hilft es, wenn du das Gefühl in deinen Gedanken wachsen lässt und dir bildlich die Bewegung vorstellst.

Das Gefühl von »geliebt sein« sitzt bei mir zum Beispiel in der Herzgegend, und wenn ich daran denke, dass ich von jemandem geliebt werde und das Gefühl intensiviere, dann weitet es sich nach oben hin aus. Wie gesagt, da ist jeder Mensch anders, deshalb gibt es hier kein Richtig oder Falsch.

Ich kann also mit meiner bewussten Wahrnehmung ein Gefühl von »geliebt sein« in mir erzeugen. Das ist doch genial, oder?

Gib es dir selbst

Darüber hinaus kannst du dich immer fragen, welche Dinge dir ein Gefühl von »geliebt sein« geben? Woran würdest du bei einem Partner merken, dass er dich liebt? Vielleicht kommen dir da Dinge in den Sinn wie »Er sagt mir, dass er mich liebt« oder »Er nimmt mich lange und intensiv in den Arm« oder »Er blickt mir tief in die Augen, und ich spüre es einfach«. Vielleicht sind es auch banale Kleinigkeiten, zum Beispiel, dass dein Partner dir dein Lieblingsrührei am Wochenende macht oder dir zum Frühstück immer deinen geliebten Kaffeebecher hinstellt. Was auch immer es ist, fange an, diese Dinge für dich selbst zu tun.

Sei gut zu dir, und behandle dich selbst so, wie dich eine Person behandeln würde, die dich liebt.

Mach dir dein Lieblingsessen, sprich liebevoll mit dir, nimm dich selbst in den Arm und schaue dir im Spiegel mal tief in die Augen. Das sind alles Dinge, die sich garantiert zunächst komisch anfühlen werden. Aber du bist mit dir selbst noch dein ganzes Leben lang in einer Beziehung. Ob du das willst oder nicht. Warum dann nicht gleich anfangen, diese Beziehung so schön wie möglich zu gestalten?

Für die Fortgeschrittenen gibt es dann die Übung, dir beim Blick in den Spiegel zu sagen, dass du dich liebst. Ja, das kann extrem ungewohnt sein. Das hast du vielleicht bisher noch nicht so oft gemacht. Such dir aus, mit welcher Formulierung du dich am besten fühlst. Vielleicht sagst du »Ich liebe mich« oder du sagst dir »Ich liebe dich«. Was immer sich besser anfühlt. Und dann schaust du mal, was passiert. Mit jedem Tag, den du das übst, wird es einfacher.

Lass uns dazu noch eine kleine Übung machen. Denk mal an eine Person, die du richtig gerne hast, jemanden, den du liebst. Das kann eine Freundin sein, Eltern, Geschwister oder der Partner oder sonst jemand, der dir nahesteht. Auf einer Skala von 0 bis 10: Wie sehr liebst du diese Person? 0 ist gar nicht, 10 ist absolut. Was würdest du sagen, wie sehr liebst du diese Person? Die meisten sagen hier 10 (oder 12). Klar, wir lieben diesen Menschen ja auch absolut. Das ist übrigens wundervoll, so einen Menschen in deinem Leben zu haben. Dafür könnte man glatt mal kurz eine Extraportion Dankbarkeit einschieben. Okay, nun zurück zu dir. Was würdest du sagen, wie sehr liebst du dich selbst auf einer Skala von 0 bis 10? Sei bitte ganz ehrlich zu dir, denn du machst das hier nur für dich. Wenn du deinen Wert für dich ermittelt hast, kannst du dir das auch gerne notieren.

Ich habe diese Übung oft in meinen Seminaren gemacht, und die wenigsten Menschen waren bei der Selbstliebe auf einer 10. Das ist also völlig normal. Es heißt aber nicht, dass wir das nicht ändern wollen. Ich möchte jetzt gerne, dass du dich selbst einmal fragst, warum du dir keine 10 gegeben hast? Was fehlt zu einer 10? Was fehlt, dass du dich absolut liebst?

Schreib dir deine Gründe gerne mal auf. Die meisten Teilnehmer in meinen Seminaren sagen so Dinge wie »Ich bin eben nicht perfekt«, »Ich mag die und die Eigenschaft an mir nicht«, »Ich bin zu ungeduldig, zu langsam, zu dick, zu unmotiviert, zu unsportlich« und so weiter und so weiter. Die meisten lieben sich also nicht, weil noch irgendwas fehlt. Eigenschaften, Äußerlichkeiten, es fehlt noch etwas zur 10.

Nun möchte ich, dass du noch einmal zu der Person zurückkehrst, die du absolut liebst, der du vorhin eine 10 gegeben hast. Und ich möchte, dass du ehrlich die folgenden Fragen beantwortest: Ist diese Person perfekt? Hat diese Person keinerlei Eigenschaften, die du nicht magst? Hat diese Person irgendwelche Äußerlichkeiten, die du nicht so gerne magst? Gibt es Verhaltensweisen an dieser Person, die dich manchmal nerven?

Hast du eine oder mehrere Fragen mit Ja beantwortet? Dann ist die Person nicht besser oder perfekter als du. Der einzige Unterschied ist, dass du die andere Person bedingungslos liebst. Dass du sie liebst *trotz* ihrer Schwächen und manchmal gerade deswegen. Die Liebe, die du für diese Person empfindest, ändert sich nicht, nur weil sie sich mal einen Tag nicht tadellos verhält. Jeder, der Kinder hat, und sicher auch jeder, der schon mal in einer Partnerschaft war, wird mir das unterschreiben. Es gibt Tage, da willst du den anderen an die Wand klatschen, es gibt Tage, da regt dich dieser Mensch fürchterlich auf, es gibt Tage, da siehst du all das, was du an dem anderen nicht so gerne magst. Und du liebst diesen Menschen trotzdem. Dein Herz geht auf, wenn dieser Mensch lächelt. Er braucht nicht perfekt sein, er ist einfach so in deinem Herzen.

Diese gleiche bedingungslose Liebe wünsche ich mir für dich selbst. Dass du dich genauso betrachten kannst. Denn sich selbst lieben die meisten Menschen nicht bedingungslos. Sondern leider immer nur voller Bedingungen. Nur, wenn ich mich an mein Sportprogramm gehalten habe, lobe ich mich. Nur, wenn ich mich anständig zurechtgemacht habe, schaue ich mich liebevoll im Spiegel an. Nur wenn ich das geleistet habe, was ich mir vorgenommen habe, darf ich nett zu mir sein.

Warum können wir uns selbst nicht mit den gleichen Augen sehen wie die Menschen, die uns bedingungslos lieben?

Liebevoll zu uns sein, obwohl wir heute nichts geschafft haben? Uns loben, obwohl der Körper von perfekt noch ganz schön weit entfernt ist? Uns im Spiegel anschauen und uns sagen »Ich liebe mich trotzdem«?

Wenn dir das mehr und mehr gelingt (und wir kommen da Schritt für Schritt hin), dann spürst du bedingungslose Liebe zu einem Menschen, der einfach immer an deiner Seite ist. Nämlich du selbst. Kann es was Schöneres geben?

Was wäre anders?

Du darfst jetzt also anfangen, dir selbst das zu geben, was du dir in einer Partnerschaft wünschst. Das gilt für alle Bereiche deines Lebens. Was wäre denn heute in deinem Leben anders, wenn du einen Partner hättest? Und falls du schon einen hast, was würdest du dir wünschen, was könnte anders sein? Vielleicht sagst du jetzt, dass du mit einem Partner in den Urlaub fahren würdest, allein aber lieber zu Hause bleibst? Dass du mit einem Partner häufiger ins Restaurant gehen würdest, was du aber allein unangenehm findest? Vielleicht wärst du zu Hause nicht mehr so oft allein oder neben dir im Bett wäre der Platz belegt? Sammle für dich gerne mal all die Dinge, die anders wären, sobald du in einer Partnerschaft bist. Du wirst vielleicht erstaunliche Dinge feststellen, die du heute schon ändern kannst.

Eine meiner Kundinnen erzählte sich schon sehr lange die Geschichte, dass sie allein nicht in den Urlaub fahren könne. Was sollten denn die anderen Leute denken, und würde sie sich nicht total doof vorkommen, so ganz allein? Doch als sie damit anfing, sich selbst wie ihre beste Freundin zu behandeln, genoss sie die Zeit mit sich mehr und mehr. Und so konnte sie auch irgendwann die Entscheidung treffen, ganz allein in den Urlaub zu fahren und es komplett zu genießen. Sie erzählte, dass es einer der schönsten Urlaube war, den sie jemals gemacht hat.

Hör auf, dir zu erzählen, dass du erst noch warten musst, bis der Partner da ist, um endlich dies oder das zu machen. Fange an, deine Wünsche heute schon umzusetzen, und dann wird er von ganz allein auftauchen. Ich kenne auch Frauen, die sich selbst ein Einfamilienhaus zugelegt haben. Wenn das dein Wunsch ist, dann verschiebe ihn nicht weiter. Wenn du jetzt allerdings merkst, es geht gar nicht so sehr um das Haus an sich, sondern um das Gefühl, das du damit verbindest, dann fang an, dir das Gefühl heute schon zu geben.

Manchmal sind es auch die berühmten Kleinigkeiten, die eine Menge verändern können. Eine Kundin von mir hat bei dieser Liste mit Erschrecken festgestellt, dass sie allein immer auf dem Sofa isst. Sie fand es überflüssig, nur für sich einen Tisch zu decken. Mit einem Partner würde sie das allerdings liebend gerne tun. Also fing sie an, ab jetzt auch für sich allein den Tisch zu decken, eine Kerze hinzustellen, teilweise sogar einen zweiten Teller hinzustellen, einfach weil ihr das ein Gefühl von Partnerschaft gab.

Für mich persönlich waren es damals das zweite Paar Bettwäsche und die passenden Bezüge. Ich hatte als Single immer nur eine Bettwäsche und entsprechend auch nur jeweils einen Bezug. Wenn da aber ein Partner wäre, hätte ich auf jeden Fall zwei Bettwäschen gehabt und natürlich auch zueinander passende. Also kaufte ich mir ein Paar, und es hat mir beim Anschauen jedes Mal ein gutes Gefühl gegeben.

Ich habe diese Tipps schon häufiger in meinen Programmen geteilt und bekam dann einmal die Frage einer Teilnehmerin, ob sie jetzt umziehen müsse. Sie wohne allein in einer kleinen Wohnung, und da sei kein Platz für einen Mann. Sie war deshalb etwas verwirrt von meinen Tipps und wusste nicht, wie sie das konkret umsetzen sollte. Du musst natürlich nicht sofort umziehen, nur weil du einen Partner in dein Leben ziehen willst. Genauso wenig, wie du deine ungeborenen Kinder schon in der Kita anmelden oder Eheringe kaufen solltest, damit du die schon mal parat hast. (Ringe gucken ist dagegen immer eine schöne Beschäftigung, finde ich.) Es geht wie immer um das Gefühl. Mach die Sachen, die dir ein gutes Gefühl geben, und vor allem, mach die Sachen, die dir ein Gefühl von Partnerschaft geben. Es geht darum, sich gedanklich und »gefühlig« (warum ist das eigentlich kein Wort?) eine Partnerschaft zu kreieren. Du darfst also die Gedanken denken und die Gefühle fühlen, die dir helfen, vor deinem inneren Auge eine Partnerschaft zu erschaffen.

Datingdschungel

Wenn du all das gemacht hast und nun einfach mal einen Abend unterwegs bist oder über eine App jemanden kennengelernt hast, dann geht der Dating-Wahnsinn los. Das kann mitunter echt wild sein. Ich erinnere mich an meine Erfahrungen vor etlichen Jahren, als ich noch in München wohnte.

Ich hatte mich bei Parship angemeldet (damals gab es noch kein Tinder). Und, hey, wenn sich da alle elf Minuten ein Single verliebt, warum sollte der nächste nicht ich sein? Es sei mal dahingestellt, dass diese statistische Berechnung totaler Quatsch ist. Ich wollte es einfach mal ausprobieren. Und wurde auch recht schnell fündig. Ein Mann, ebenfalls aus München, etwas älter als ich und ein wenig größer, der auf den Fotos echt toll aussah, schrieb mir. Und alles, was in seinem Profil stand, passte richtig gut. Er hatte die »richtigen« Hobbys und Interessen. Und offenbar Interesse an mir. Also schrieben wir uns. Und ich witterte sogleich die große Liebe. Unsere Nachrichten waren schön und vertraut, und ich wurde immer aufgeregter, als er nach kurzer Zeit vorschlug, dass wir uns persönlich kennenlernen sollten. Wir trafen uns auf dem Tollwood-Winter-Festival in München und wollten dann noch was essen und ins Kino. Das volle Programm. Heute würde ich nicht mehr ganz so lange Zeitspannen mit einem Menschen planen, den ich noch nie zuvor gesehen habe. Denn es lief leider nicht so, wie ich mir das vorgestellt hatte. Manchmal sind es die berühmten Kleinigkeiten, die das ganze Hirngespinst zusammenbrechen lassen. In meinem Kopf waren wir ja schon halb verheiratet.

Doch dann stand ich im eisigen Münchner Schneetreiben, und da kam er auf mich zu. Optisch entsprach er ziemlich genau seinen Fotos, obgleich sein Auftreten und seine Körperhaltung nicht so sehr ausstrahlten »Hey, ich bin selbstsicher und total gelassen«, sondern eher »Oh Gott, da ist eine Frau, muss ich jetzt was sagen?«. Das hätte ich noch verschmerzen können, aber dann öffnete er den Mund. Und ich hatte Schwierigkeiten, überhaupt zu verstehen, was da rauskam. Mir war es vorher noch nie klar gewesen, aber in dem Moment wurde mir schmerzhaft bewusst, wie unsexy der fränkische Dialekt bei Männern sein kann. Sorry an dieser Stelle an alle Franken. Aber das ging gar nicht. »Hi, schee dass mer uns kenna lerna.«

Noch dazu konnte er meinen norddeutschen, doch recht trockenen Humor gar nicht verstehen. Ich machte beim Essen einen Witz, und weil ich immer recht laut lache, schob ich hinterher:»Nicht, dass die uns gleich hier rausschmeißen.«

Und er:»Ich glaab net, dass des a Broblem is.«

Alles, was ich sagte, nahm er wortwörtlich. Er hörte gar keine Zwischentöne raus. Mein Date mit ihm war deshalb gefühlt nach zwei Minuten vorbei. Seins mit mir ging ein wenig länger. Aber nach dem Kino konnte ich dann auch ihm endlich begreifbar machen, dass wir uns wohl nicht wiedersehen würden. So schnell ging meine geplante Hochzeit noch vor dem richtigen Kennenlernen den Bach runter. Schade.

Dates per Tinder, Parship und Co haben also so ihre Tücken, aber ich kenne genug Leute, die auch darüber ihre große Liebe gefunden haben. Was ich bei meinen wenigen Dating-Erfahrungen allerdings noch nie verstanden habe, sind die ganzen Datingregeln. Was es da alles für ungeschriebene Gesetze und Vorschriften gibt, die man als Single angeblich zu beachten hat. Ich habe damals von etlichen Freundinnen und Bekannten gehört, wie lange ich warten soll, bis ich mich melde, dass ich besser nicht sofort antworte und welche Themen bei einem ersten Date gar nicht gehen. Ich habe mir in Vorbereitung auf das Buch dann mal die Mühe gemacht und im Internet recherchiert, und tatsächlich gibt es da draußen ganze Ratgeber zum Thema Dating. Also, du darfst dich erst drei Tage nach einem Date melden, er muss natürlich die Rechnung im Restaurant bezahlen, ein One-Night-Stand beim ersten Treffen geht gar nicht und führt auf keinen Fall zu einer langfristigen Beziehung, du solltest dich spannend halten und nicht alles über dich erzählen, und die Themen Ex-Freund und Kinderwunsch sind beim ersten Date absolut tabu.

Okay, als ich das so gelesen habe, habe ich festgestellt, dass ich bestimmt achtzig Prozent dieser Regeln bei meinen ersten Dates gebrochen habe. Auch bei dem ersten Date, mit dem ich heute verheiratet bin. Tatsächlich habe ich gerade erst ein altes Dankbarkeitstagebuch von mir wiedergefunden, in das ich reingeschrieben habe, dass wir uns nach drei Wochen schon ernsthaft über Kinder und Heiraten unterhalten haben. Ich habe also alles falsch gemacht, was man angeblich machen soll. Und es hat trotzdem geklappt. Deswegen halte ich all diese Regeln für absoluten Bullshit.

Für mich gibt es beim Kennenlernen nur eine einzige Regel, und die heißt: Sei du selbst! Du willst doch, dass der Mann sich in dich als Mensch verliebt. Was bringt es dir dann, wenn du anfangs so tust, als seist du total fußballbegeistert, nur um dann in eurer Beziehung gelangweilt auf der Couch zu sitzen, weil er sich schon wieder mit dir gemeinsam den Bundesliga-Spieltag anschauen will? Wenn sich der andere in eine Version von dir verliebt, die du gar nicht in Wahrheit bist, hast du spätestens nach ein paar Wochen ein fettes Problem.

Wie soll ich ihn treffen?

Blind Dates sind übrigens nicht die einzige Möglichkeit, jemanden kennenzulernen. Es gibt eine Welt außerhalb von Tinder und Social Media. In meinen Coachings empfehle ich den Frauen immer, sich eine Liste zu machen, wie sie jemanden kennenlernen können. Dein Gehirn beschränkt sich meist auf die gängigsten Wege und denkt dann, du kannst einen Mann nur über die App, in einer Bar oder über gemeinsame Freunde kennenlernen. Dann setzt du alle Hoffnungen in den Samstagabend, bist dann aber verkrampft und am Ende enttäuscht, wenn keiner für dich dabei war. Ich glaube wir alle kennen solche Abende, wo wir beim Nachhausekommen denken, dass wir uns das auch hätten schenken können. Doch um deine Fantasie ein wenig anzuregen und dich damit auch vom WIE zu lösen, hilft es, sich eine Liste zu machen mit allen verrückten Varianten, wie man die Liebe des Lebens treffen könnte. Da kann dann alles drauf, was du mal in einem Film gesehen, von Freunden gehört oder dir einfach selbst ausgedacht hast. Vielleicht bleibst du mit dem Auto liegen, und er fährt den Abschleppwagen. Da bekommt der Satz »Ich habe dich abgeschleppt« doch eine ganz neue Bedeutung. Vielleicht fährst du auch mit ihm bei einer Mitfahrgelegenheit mit, ihr trefft euch an einer roten Ampel oder im Wartezimmer eines Arztes oder er ist dein Nachbar, für den du ein Paket annimmst. Es gibt unzählige Möglichkeiten, und du kannst gerne, auch mithilfe von Freunden, mal kreative Ideen sammeln.

Christine, eine Teilnehmerin aus meinem Onlinekurs »Glücksmagnet«, hat sich während des Kurses einen liebevollen Partner manifestiert. Damit sie sich besser glauben konnte, dass er quasi überall sein kann, hatte sie sich einige Wochen zuvor nach einer Podcastfolge von mir genau so eine Liste gemacht mit Wegen, wie sie ihn kennenlernen kann.

Auf dieser Liste stand zum Beispiel, dass er seinen entlaufenen Hund sucht und sie um Hilfe bittet, dass er sich verwählt und bei ihr anruft, dass er sie mit seinem Einkaufswagen umfährt und auch, dass sie seinen verlorenen Geldbeutel findet. Beim Aufschreiben dieser Sachen musste Christine jedes Mal schmunzeln. Zwei Wochen später ging sie einkaufen. Auf dem Weg zum Eingang lag auf dem Parkplatz plötzlich ein Geldbeutel. Sie war erst mal wie elektrisiert. Sie hob ihn auf und guckte hinein. Das Erste, was ihr ins Auge sprang, war der Ausweis mit Foto – und sie bekam ein Kribbeln am ganzen Körper. Christine ging in den Laden, wo sie den Unbekannten schon an der Kasse stehen und hektisch seinen Geldbeutel suchen sah. Sie ging zu ihm und gab ihm das Portemonnaie. Er bedankte sich zwar freundlich, nahm sie aber gar nicht richtig wahr in seiner Hektik. Christine ging dann erst mal entspannt einkaufen, weil sie wusste, dass er ihr Mann ist und dass das Universum sie schon zusammenbringen würde. Das nenne ich mal Vertrauen. Und dann kam es genau so. Als sie aus dem Laden wieder raus war, wartete er schon vor der Tür, bedankte sich überschwänglich und lud sie zum Essen ein. Am nächsten Tag hatten sie ihr erstes Date, und innerlich konnte Christine ihre Bestellung wahr werden sehen. Nach zwei weiteren Treffen wurden die beiden ein Paar.

Ist das nicht eine total verrückte und wunderschöne Story? Die besten Geschichten schreibt halt immer noch das Leben. Ich könnte mir sowas gar nicht ausdenken.

Auch Dani, eine andere Kundin von mir, hat eine tolle Kennenlerngeschichte, die ähnlich verrückt klingt. Sie kam eines Nachmittags nach Hause, und ihr Fernseher funktionierte nicht. Irgendwas an der Telekom-Box wollte nicht so, wie sie wollte. Also rief sie bei der Hotline an, um den Fehler beheben zu lassen. Der Mitarbeiter konnte ihr kompetent weiterhelfen, aber irgendwie ging das Telefonat ein wenig länger, denn während er die Leitung testete, kamen die beiden über andere Sachen ins Gespräch. Am nächsten Tag rief er sie noch einmal an, ob das Problem wieder aufgetaucht sei. Und auch dieses Gespräch war so vertraut, als wenn sich die beiden schon ewig kennen würden. Und so kam es dann zum Austausch von privaten Nummern und weiterem Kontakt. Auch wenn schlussendlich kein Paar aus den beiden geworden ist, ist die Geschichte eine Erwähnung wert. Wer hätte gedacht, dass der potenzielle Partner ein

Mitarbeiter in der Service-Hotline sein kann? Es ist wie so oft: Er kann überall sein. Wirklich überall. Wenn du all das, was in diesem Kapitel steht, anwendest, dann wirst du nicht mehr ständig auf der Suche sein. So fällt es dir wahrscheinlich leichter, die Kontrolle abzugeben und dich einfach finden zu lassen. Deine Amazon-Bestellung ist auch nicht schneller da, wenn du hektisch den Lieferwagen abpasst und in den Kartons nach deiner Lieferung suchst. Und es geht auch nicht schneller, wenn du überall Schilder aufstellst oder vorsorglich allen Nachbarn Bescheid gibst, damit sie dich alarmieren können, falls dein Paket bei ihnen landet.

Das Beste, was du tun kannst, ist, dich entspannt zurückzulehnen und abzuwarten. Und in der Zeit etwas tun, was dir Spaß macht und was dem Gefühl entspricht, das du haben wirst, wenn die Bestellung angekommen ist.

Ich stell mir das manchmal so vor: Wenn du hektisch suchst und wie ein angestochenes Schweinchen unterwegs bist, dann trifft der Amazon-Bote dich nicht an und dreht einfach wieder um. Wenn du dich entspannst, kann er einfach bei dir klingeln und deine Bestellung liefern. Das heißt nicht, nie irgendetwas zu tun oder nie das Haus zu verlassen, das heißt einfach nur, in einer entspannten Laune zu sein und dich viel mehr gedanklich mit dem Wunsch zu beschäftigen, als immerzu hektisch betriebsam dem Wunsch hinterherzurennen.

Das Wichtigste in Kürze

- Du darfst lernen, wie »Nichtsuchen« geht.
- Je entspannter du bist, desto leichter findest du deinen Partner.
- Deine Gedanken bestimmen deine Gefühle.
- Deine Sprache formt deine Realität, die richtigen Sätze können dir also helfen, dich zu entspannen und dich finden zu lassen.
- Du hast es selbst in der Hand, weil du einfach nur Gefühle bestellst.
- Senke deine Ansprüche nicht. Du musst dich nicht zufriedengeben, da draußen ist der passende Deckel.
- Konzentriere dich mehr auf das Endergebnis, anstatt auf den Prozess.
- Gibt es deinen zukünftigen Partner da draußen? Was macht er gerade?
- Die Don'ts beim Partner finden: 1. Das WIE wissen wollen, 2. Druck, 3. Ungeduld.
- Es können nicht zwei Gefühle gleichzeitig da sein.
- Was ist das Gefühl, das du dir von einer Partnerschaft erhoffst? Gib dir dieses Gefühl ab jetzt selbst.
- Knüpfe die Liebe zu dir selbst nicht an Bedingungen, das machst du bei anderen Menschen auch nicht.
- Was wäre im Alltag anders, wenn du in einer Beziehung bist? Was davon kannst du heute schon umsetzen?
- Ignoriere alle Datingregeln. Sei einfach du selbst!
- Du kannst deinen Partner überall finden.

Kapitel 4: Ich bin ein Wok ohne Deckel

Ich erinnere mich an eine Kundin von mir im »Liebesmagnet«, die Single war, aber unbedingt noch Kinder haben wollte. Das war einer ihrer größten Wünsche. Allerdings fand sie es total unangenehm, wenn Menschen sie, zum Beispiel bei Familienfeiern, fragten, wie es denn bei ihr so mit Kindern aussehen würde. Die anderen Frauen im Coaching nickten wohlwissend. Scheinbar hatten das schon viele so erlebt.

»Was antwortest du denn auf so eine Frage?«, wollte ich wissen.

»Na ja meist sage ich, dass da eben noch etwas Entscheidendes zu fehlt, weil ich ja keinen Partner habe. Ich sage dann meist, dass ich schon gerne Kinder und auch einen Partner hätte, aber dass es jetzt auch nicht so schlimm ist, wenn es nicht klappt.«

Okay, das kann man schon so machen, aber wirklich sinnvoll ist das nicht. Wir kommen gleich dazu, warum nicht.

Wie sprichst du denn grundsätzlich über Beziehungen? Was sagst du, wenn du über deinen Singlezustand redest oder über Männer im Allgemeinen? Was sagst du über deine Ex-Freunde? Viele Singles, die unglücklich sind, sprechen leider sehr negativ über andere Beziehungen.

Kennst du das, wenn man als Single oder unglücklich in einer Beziehung ein Pärchen sieht, und die zwei total verliebt miteinander tuscheln und knutschen? Da gibt es im Grunde zwei Reaktionen. Die einen, die neidisch darauf gucken und sich wünschen, dass sie selbst so verliebt wären, und das auch genau so kommunizieren. In einer Beziehung wird dann oft dem anderen vorgeworfen: »Warum knutschen wir eigentlich nicht mehr so verliebt rum? Warum bringst du mir eigentlich keine Blumen mehr mit oder kleine Geschenke?« Als Single sagt man dann vielleicht der besten Freundin: »Oh, ich will das auch, wann treffe ich denn endlich mal einen Mann, der mich so verliebt anguckt?«

Die zweite mögliche Reaktion, die ich selbst auch schon bei mir und bei vielen anderen beobachtet habe, ist, dass sofort die Spekulationen losgehen: »Die machen das bestimmt nur in der Öffentlichkeit so. Wetten, die haben sich gerade daheim gezofft?« oder »Oh, wieder so ein Insta-Poser-Pärchen. Haben die kein Zuhause?«. Im Grunde steckt dahinter das Gleiche: Wir sind neidisch und wollen selbst gerade das, was die anderen haben. Aber anstatt es den anderen zu gönnen, fangen wir an, es schlechtzureden. Weil es sich dann ein wenig besser aushalten lässt. Das machen wir Menschen nicht absichtlich, es ist ein Mechanismus unseres Unterbewusstseins. Wir schauen schnell mal, wo es bei den anderen nicht so gut läuft, damit wir uns nicht ganz so schlecht fühlen müssen.

Wie sprichst du also über die Liebe, wenn sie gerade eher vorbeigeht und winkt, anstatt es sich bei dir im Wohnzimmer gemütlich zu machen? Bei vielen Singles kommen dann so Sätze dabei heraus wie eingangs bei meiner Kundin. Sie sagt: »Ach, es ist auch nicht so schlimm, wenn es nicht klappt.« Natürlich sagt sie das, um sich selbst zu schützen, um ihre Erwartungen nicht zu hoch zu hängen und dann am Ende enttäuscht zu sein. Also redet sie sich, zumindest in der Öffentlichkeit, ein, dass es nicht schlimm wäre, falls es nicht klappen sollte. Aber was manifestiert denn so ein Satz und die Energie dahinter?

Schlimmer noch sind so Sätze wie: »Ach, ich sehe mich hier schon mit fünfzig rumsitzen als alte Jungfer, die keiner mehr will.« Wie im letzten Kapitel schon erwähnt, formt Sprache deine Realität. Egal, ob du andere gerade abwertest oder versuchst, dich mit deinen Worten vor deinen eigenen Erwartungen zu beschützen, du sendest damit eine bestimmte Energie ins Universum. In dem Fall eine Energie, von der du bestimmt nicht noch mehr möchtest.

Die Wahrheit ist, solche Sätze schützen dich nicht vor deinen Erwartungen. Denn die Erwartungen hast du sowieso. In deinem Unterbewusstsein. Und es stimmt auch nicht, dass es weniger wehtut, wenn man sich vorab schon mal mit dem Worst-Case-Szenario beschäftigt. Es tut dann nur einfach vorab schon weh. Bevor es überhaupt eintrifft.

Fang also an, so über eine Beziehung zu sprechen, wie du sie haben willst.

Neben dem, was du sagst, ist auch wichtig, was du denkst. Was denkst du über Beziehungen grundsätzlich? Beobachte doch mal, was du für wahr hältst.

Wenn du ein Pärchen siehst, das sich ständig streitet, bist du dann überrascht oder sagt deine innere Stimme »Na, das ist ja auch logisch. Streit gehört dazu. Beziehungen sind eben Arbeit«? Genauso, wenn du sehr glückliche Paare siehst. Denkst du, das ist eine Ausnahme, oder hältst du das für ganz normal? Wenn ein Paar nach zehn oder zwanzig Jahren noch knutschend und Händchen haltend rumläuft, ist dein erster Impuls »Wow, schön, so was will ich auch« oder eher »Das wirkt aber aufgesetzt, so verliebt kann man nach so langer Zeit ja nicht mehr sein«?

Spannend ist auch, wie du reagierst, wenn dir eine Freundin von den nervigen Eigenheiten ihres Partners erzählt. Sagst du dann »Typisch Mann« oder »So sind Männer eben«? Es geht nicht darum, dass du nie mehr über solche Dinge reden darfst, es geht nur darum, mal wahrzunehmen, welche Schubladen du aufmachst oder was du als typisch in einer Beziehung wahrnimmst.

Du kannst auch einfach mal folgende Sätze für dich weiterführen mit den allerersten Gedanken, die dir dazu in den Sinn kommen:

- Liebe ist …
- Beziehung ist …
- Eine Partnerschaft bedeutet …
- Eine langjährige Partnerschaft ist …
- Ehe ist …
- Männer sind …
- Wenn ich in einer Beziehung bin, dann …

Wenn du sie spontan beantwortest mit den ersten Gedanken, die dir einfallen, dann zeigt dir das, was du tief in deinem Unterbewusstsein zu diesem Thema verankert hast. Diese unterbewussten Meinungen und Bewertungen verraten dir ganz viel über deine Glaubenssätze zum Thema Beziehung. Deine Glaubenssätze sind, wie der Name schon verrät, die Sätze, die du glaubst. Das bedeutet nicht, dass diese Sätze immer automatisch die Wahrheit sind. Für dich fühlen sie sich aber so an. Es sind Überzeugungen, die du aufgrund deiner Erlebnisse und deines Weltbilds gesammelt hast und die du nun für wahr hältst. Wir sagen über unsere Glaubenssätze oft »Das ist nun mal so« oder »Das ist eben die Realität«. Dabei muss dein Glaubenssatz nicht für alle anderen Menschen gelten. Nur weil du zum Beispiel denkst »Beziehungen sind harte Arbeit«, muss das ja nicht jeder Mensch denken.

Sammle doch mal deine Glaubenssätze zum Thema Beziehung. Was sind Aussagen, die du unterbewusst für Tatsachen hältst und nicht unbedingt hinterfragen würdest? Es ist hilfreich, seine eigenen Glaubenssätze zu kennen. Denn nur wenn du sie kennst, kannst du sie auch verändern. Wenn dir also bestimmte Glaubenssätze auffallen, dann kannst du sie gerne notieren. Frage dich: »Ist das wirklich immer so? Kann ich mit hundertprozentiger Sicherheit sagen, dass dies bei allen Menschen der Fall ist?« Falls du merkst, dass der Glaubenssatz nicht so allgemeingültig ist, dann bedeutet das, dass auch du ihn verändern kannst, wenn du möchtest. Du kannst dich also fragen, ob dir der Glaubenssatz dient, ob er dich weiterbringt oder ob er dir das Leben eher schwer macht.

Sätze wie »Männer sind eh alle Schweine«, »Keiner liebt mich« oder »Die Ehe ist eine gefährliche Angelegenheit« sind definitiv nicht hilfreich. Du kannst also beschließen, dass du diese Glaubenssätze nicht mehr glauben willst, und stattdessen neue Sätze finden, die dir besser gefallen und helfen.

Es geht in erster Linie darum, ein Bewusstsein dafür zu entwickeln, was du für wahr hältst. Damit holst du deine Glaubenssätze aus den Tiefen des Unterbewusstseins in dein Bewusstsein. Und damit hast du nun die Möglichkeit, diese Überzeugungen im Bewusstsein zu verändern.

Du findest dann neue Glaubenssätze, die du von nun an glauben möchtest. Du kannst dir diese neuen Sätze auf Post-its schreiben und im ganzen Haus verteilen. Denn wenn du diesen neuen Satz oft genug siehst, hörst und denkst, wirst du ihn mehr und mehr glauben. Genauso sind auch die alten Glaubenssätze in dein Unterbewusstsein gekommen. Wahrscheinlich haben diese Überzeugungen Menschen gesagt, denen du vertraust, oder du hast selbst Erfahrungen gemacht, die zu den Sätzen geführt haben. Über die regelmäßige Wiederholung kannst du nun neue Glaubenssätze in deinem Bewusstsein (und später dann im Unterbewusstsein) installieren. Die alten Glaubenssätze sind ab jetzt tabu. Du wiederholst sie nicht mehr und nimmst bewusst wahr, wenn andere Menschen diese Sätze sagen. Wenn du also jemand anderen sagen hörst »Männer sind eh alle Schweine«, und du hast dich gerade dazu entschlossen, dass du diesen Glaubenssatz loswerden willst, dann nimm bewusst wahr, dass dies nur ein Glaubenssatz ist, und formuliere innerlich um: »Das will ich nicht mehr glauben. Ich glaube stattdessen, dass es wundervolle Männer da draußen gibt, die Frauen toll behandeln.« Nach und nach wird sich so dein alter Glaubenssatz auflösen, und deine neue Überzeugung wird das, was du von nun an für wahr hältst.

Wann kommt er denn endlich?

Du glaubst jetzt also vielleicht schon, dass es gute Männer da draußen gibt. Doch die entscheidende Frage für viele ist: »Wann treffe ich denn so einen?« Die viel bessere Frage ist aber: Bist du wirklich schon bereit?

In meinen Coachings haben die Frauen durch die Bank weg immer gesagt: »Na logo, der soll mal kommen jetzt. Ich bin bereit.«

Dann habe ich nachgefragt: »Wann lernt ihr euch denn kennen? Heute noch?«

Daraufhin kam von allen meist: »Ne, das glaube ich nicht.«

Aha, warum denn nicht? Das kann doch sein. Ihr könnt euch doch heute oder gleich morgen begegnen. Was würde passieren, wenn du wüsstest, dass du noch heute deinem zukünftigen Partner begegnest? Einige haben dann erst mal hektisch ihre Frisur zurechtgezuppelt. Und von einigen kam eine ehrliche Antwort wie zum Beispiel: »Das wäre krass. Vielleicht lieber in zwei Wochen. Dann kann ich noch die letzten zwei Kilo abnehmen, die ich runterhaben will.«

Frag dich mal, was passieren würde, wenn du ihn heute noch triffst? Fühlst du dich wirklich schon bereit? Und wenn deine erste Antwort ist, dass du nicht glauben kannst, dass ihr euch heute noch trefft, dann spüre mal rein, was du dir glauben kannst. Das ist eine super Sache, um herauszubekommen, wie dein Zeithorizont für eine Beziehung ist und welche Glaubenssätze du dazu vielleicht noch hast. Glaubst du dir, dass ihr euch heute trefft? Morgen? In einer Woche oder in vier Wochen? Oder in ein paar Monaten? Für viele Partnersuchende, die vielleicht auch schon etwas länger Single sind, ist die Vorstellung, heute oder morgen jemanden kennenzulernen, total unrealistisch. Sie gehen gar nicht davon aus. Das heißt, das mögliche Treffen des Partners liegt immer in der entfernten Zukunft. Und das bleibt natürlich so. Wenn das bei dir der Fall ist, frag dich mal, warum es unrealistischer ist, heute oder morgen jemanden zu treffen als in ein paar Wochen oder Monaten? Dahinter liegen oft Glaubenssätze wie »Ich treffe ja eh kaum Männer«, »Ich weiß nicht, wo ich überhaupt jemanden kennenlernen soll«, »Gute Männer sind rar« oder auch »Ich bin noch nicht hübsch genug, schlank genug, habe noch nicht x oder y erreicht.«

Mach dir diese Glaubenssätze mal bewusst. Schreib sie auf, und frage dich, ob sie wirklich wahr sind. Kannst du mit hundertprozentiger Sicherheit sagen, dass sie wahr sind? Ist das wirklich immer so? Und falls nicht, dann kannst du anfangen, sie zu verändern. Schreibe dir den Glaubenssatz Stück für Stück um, sodass du einen neuen formulieren kannst. Wenn du bislang die Erfahrung gemacht hast, dass du keine Männer kennenlernst, dann ist das lediglich die Erfahrung in deiner Vergangenheit. Das heißt nicht, dass du diese Erfahrung auch in der Zukunft machen musst. Du kannst dich deshalb heute entscheiden stattdessen zu glauben: »Ich lerne den richtigen Mann genau zur richtigen Zeit kennen.«

Mir hat es auch sehr geholfen, von dem Gedanken loszukommen, ich müsste auf Teufel komm raus mehr Männer kennenlernen. Muss ich doch gar nicht. Es reicht ja genau der eine. Ich muss nur den einen kennenlernen, den ich bestellt habe, die anderen sind mir doch egal.

Wenn du bislang noch glaubst, dass du zwei Kilo weniger wiegen müsstest, dann entscheide dich doch lieber, ab heute zu glauben: »Ich bin zu jeder Zeit genau richtig so wie ich bin. Und so wie ich bin, lerne ich genau den richtigen Mann für mich kennen.« Auch hier kannst du deinem Gehirn gerne Geschichten erzählen, damit es den neuen Glaubenssatz leichter glauben kann. Sagen wir, du fühlst dich unwohl und willst noch zwei oder fünf oder zehn Kilo abnehmen, bevor du jemanden kennenlernst. Anstatt das Kennenlernen an diese Bedingung zu koppeln und damit immer weiter von dir wegzuschieben, stell dir lieber vor, dass dein zukünftiger Partner auch gerade noch zwei oder fünf oder zehn Kilo abnehmen will. Dann lernt ihr euch einfach schon kennen und verliert die Pfunde gemeinsam. So eine Vorstellung macht doch mehr Spaß, als weiter zu warten. Das Gleiche gilt natürlich für »Ich muss erst noch dies und das fertig machen oder mein Leben auf die Reihe kriegen, umziehen oder in meinem Job erfolgreich sein«. Denk daran, dass du deine Geschichten in deinem Kopf kreierst und dass du der Regisseur bist, der jeden Plot-Twist und jede Überraschung in der Storyline selbst einbauen kann. Es ist dein Film.

Wenn du gerade schon dabei bist, einen großartigen Film für dich zu erschaffen, dann vergiss den Part nicht, wo du ihn kennenlernst und einfach alles passt. Dann solltest du deiner Protagonistin auf jeden Fall ins Drehbuch schreiben, dass sie das annehmen und genießen kann. Denn wenn Mr. Dreamboy vor der Tür steht, wäre es von Vorteil, wenn du nicht gleich denkst:»Das ist doch zu schön, um wahr zu sein.« Hey, wir reden hier immerhin von deiner Bestellung! Na logo wird die mega werden. Und dann darfst du das einfach annehmen und nicht gleich denken, dass da irgendwo ein Haken sein muss. Orientier dich bloß nicht an dem Spruch»If it seems too good to be true, it probably is« (Wenn es zu schön erscheint, um wahr zu sein, dann wahrscheinlich, weil es das auch ist), sondern lieber an:

*»If it seems too good to be true, it probably is …
what you manifested.«
Wenn es zu schön erscheint, um wahr zu sein,
dann wahrscheinlich, weil du es manifestiert hast.*

Gefällt mir persönlich tausendmal besser.

Ich will aber genau den

»Claudia, ich weiß doch schon, wer es sein soll. Ich kenne den Mann schon. Jetzt muss ich mir nur noch manifestieren, dass er mich genauso gut findet und dass wir zusammenkommen.« Wenn du sowas in der Art denkst, dann ist der nächste Absatz hier für dich. Denn ich bekomme diese Frage immer wieder gestellt:»Kann ich mir einen bestimmten Mann manifestieren?« Vielleicht bist du heimlich verknallt, nur er weiß noch nichts davon. Oder du willst deinen Ex zurück oder jemanden, den du aktuell nicht haben kannst. Es gibt tausend Gründe. Das Ding ist, dass jeder Mensch für sich selbst manifestiert. Du kannst niemanden dazu bringen, sich in dich zu verlieben, nur weil du das manifestiert hast. Sonst hätte ich schon vor fünfzehn Jahren George Clooney geheiratet. Und neben mir wahrscheinlich noch 13.477 andere Frauen.

Doch was steckt denn hinter dem Wunsch, diesen einen bestimmten Menschen manifestieren zu wollen? Es ist unsere Vorstellung davon, dass nur der uns glücklich machen kann. Dass er es ist, der in uns bestimmte Gefühle auslösen kann. Dass dies der Weg sein muss, um eine glückliche Beziehung zu bekommen. Aber was weißt du schon? Ich stelle mir diese Frage tatsächlich häufiger mal:»Was weiß ich schon, im Gegensatz zum Universum?«

Ich kann immer nur auf meine begrenzten, vergangenen Erfahrungen zurückgreifen. Ich kann von dem ausgehen, was ich bis heute erlebt habe und was ich denke, was mir in Zukunft die gewünschten Gefühle bringt. An der Stelle waren wir schon. Anstatt auf bestimmte Gefühle zu warten, kannst du heute schon anfangen, durch die entsprechenden Gedanken, diese Gefühle in dir abzurufen. Wenn du glaubst, dass du nur mit diesem einen Mann das Gefühl von absoluter Liebe bekommst, dann konzentriere dich darauf, dir immer wieder dieses Gefühl zu bestellen. Das muss nicht zwangsläufig mit diesem Mann geliefert werden. Um mal wieder in der Amazon-Analogie zu bleiben: Ob dein Paket in dem roten oder gelben Lieferwagen geliefert wird, macht keinen Unterschied. Du gehst vielleicht davon aus, dass du es nur mit dem roten Wagen bekommst. Weil es bislang immer mit dem roten Wagen geliefert wurde, weil dir der rote Wagen mehr gefällt, oder weil du davon ausgehst, dass dein Paket nur in den roten Wagen reinpasst. Doch vielleicht kommt dein Paket in dem gelben Wagen viel schneller und entspannter zu dir, und wenn du es erst mal aufmachst, gefällt es dir sogar viel besser. Ich weiß, der Vergleich ist ein wenig plump, aber manchmal hilft sowas, um zu verstehen, worum es hier geht.

Du bestellst immer Gefühle.

Auf welchem Weg die zu dir kommen, das lass mal das Universum regeln. Es spiegelt dir die Gefühle, die du aussendest. Es sendet dir nicht einen bestimmten Mann, von dem du glaubst, nur er würde zu dir passen. Es sendet genauso wenig einen bestimmten Mann, einfach nur, weil du jetzt häufig an ihn denkst. Da machen sich nämlich auch viele Frauen Gedanken, wie eine Kundin neulich, die mir etwas erschreckt erzählte, sie habe von einem Kollegen geträumt und sich immer mal wieder vorgestellt, wie sie ihn küsst. Aber sie wolle auf gar keinen Fall eine Beziehung, er sei einfach nur ein sehr netter Kerl, und so ein Gesicht habe ihr in der Vorstellung dabei geholfen, ihren Film lebendiger werden zu lassen. Sie hatte aber nun Angst, dass sie sich damit genau diesen Kollegen manifestiert hat. Bei sowas muss ich immer ein wenig schmunzeln. Das ist genauso, wie wenn Frauen mich fragen, ob das Universum nicht das falsche Signal bekommt, wenn man sich selbst mit sich so wohl fühlt. Nicht, dass das Universum dann einfach keinen Mann mehr schickt, weil man mit sich selbst schon glücklich ist.

Das Universum ist keine Person. Da sitzt niemand da oben auf einer Wolke und denkt sich »Ach, die hat aber jetzt schon ein ganz glückliches Leben und macht es sich allein nett, dann braucht die keinen Partner mehr« oder »Oh, sie hat an ihren Kollegen gedacht, dann fädeln wir das mal geschickt ein, dass die beiden sich ineinander verlieben«. Das Universum bewertet nicht oder fällt ein Urteil darüber, was du brauchst oder nicht. Das läuft viel stumpfer ab, als mancher sich das vorstellt. Du hast ein Gefühl, und das Universum spiegelt das. Weil du eine bestimmte Energie ausstrahlst und auf dieser Frequenz empfängst. Manchmal helfe ich mir oder meinen Kundinnen mit dem Bild eines Spiegels. Stell dir einfach vor, das Universum wäre ein riesiger Spiegel und spiegelt dir einfach all die Gefühle, die du gerade in dir hast. Da, wo viel Energie drauf ist, kommt auch viel Spiegelung. Da, wo weniger Energie drauf ist, weniger Spiegelung.

Du darfst dich darum kümmern, die Gefühle, von denen du mehr haben willst, häufiger zu fühlen.

That's it. Dann sendet das Universum dir mehr von diesem Gefühl, zum Beispiel in Form von einem Mann, der genau zu dir passt. Das WIE und WER darfst du einfach abgeben. Das wird schon passen.

Manchmal ist es genau richtig, so wie es ist

Meine ehemalige Kundin Biggi hat eine wundervolle Manifestationsgeschichte zu ihrer Beziehung, die sehr schön zeigt, was passiert, wenn man sich zunächst einmal nur den Gefühlen widmet. Damals war sie noch bei mir im Coaching, heute ist sie selbst Coach, unter anderem, weil diese Geschichte sie absolut vom Gesetz der Anziehung überzeugt hat.

Sie kam in mein Coaching und war in einer Partnerschaft, in der es nicht so gut lief. Wir stellten damals ihr Leben ordentlich auf den Kopf. Sie lernte, sich selbst zu lieben und sich, unabhängig von dem Mann in ihrem Leben, gut zu fühlen. Sie wollte die Beziehung damals unbedingt retten. Ich gab ihr die Aufgabe, sich immer nur wieder vorzustellen, wie sie sich in einer wunderbaren Partnerschaft fühlt. Unabhängig davon, ob sich ihre Beziehung zum Positiven verbessern wird (was auch schon häufig nach meinen Coachings passiert ist) oder nicht. Sie sollte das Gefühl, was sie dann fühlen würde, schon heute spüren. Und das tat sie. Ich konnte sehen, wie sie von Woche zu Woche aufblühte und anfing, mehr und mehr zu strahlen. Sie genoss die Zeit mit sich selbst, fokussierte sich auf all das Schöne, das in ihrem Leben war, und spürte tiefe Liebe in sich.

Plötzlich erzählte sie im Coaching, dass ihr Freund sich soeben von ihr getrennt habe. Und auch diese Gefühle, die Trauer und die Wut, durften alle da sein und gespürt werden. Wichtig ist, dann nicht zu denken, dass das alles nicht funktioniert. Denn in dem Fall sollte es genauso sein. Schon nach erstaunlich kurzer Zeit ging es ihr wieder besser, sie erzählte, dass sie ihr Leben einfach gerade so feiere und sich mit sich selbst so wohl fühle, wie noch nie zuvor. Ihr Interesse, nach einer neuen Beziehung zu suchen, ging gegen null. Als wir im Coaching an die Stelle kamen, wo sie ihre Bestellung schriftlich formulieren sollte, schrieb sie im Grunde nur einen Satz auf: »Ich lebe in einer glücklichen und harmonischen Beziehung.«

Kurze Zeit später sprach sie mit einer Freundin über eine Party, die schon sieben Jahre her war und bei der sie einen Mann kennengelernt hatte. Er hatte damals großes Interesse an ihr gezeigt, sie aber war an dem Abend nicht wirklich interessiert gewesen, und so hatte sich der Kontakt verlaufen. Nach dem Gespräch über diese Party schrieb Biggi den Mann von damals einfach so auf Instagram an. Sie konnte nicht sagen, warum, aber es war ein Impuls, dem sie folgte. Sie schrieb dann später im Coaching noch eine ganz ausführliche Bestellung für ihren Traummann, die knapp acht Seiten lang war. Ich erinnere mich noch, dass ich diese Bestellung gelesen habe und selbst ganz gerührt war. Das schrieb ich Biggi dann auch in einer Nachricht. Wenn ich es schon spürte, dann musste ihr Gefühl bei der Bestellung wahnsinnig intensiv sein. Und so war es auch, denn das Universum ließ sich nicht lange bitten.

Einen Tag nach der Bestellung hat er auf ihre Nachricht geantwortet, und sie fingen an, sich zu schreiben. Wenige Tage später gab es dann das erste Date, und dieser Mann übte vom ersten Augenblick an eine Faszination auf Biggi aus. Alles, was sie in ihrer achtseitigen Bestellung aufgeschrieben hatte, konnte sie innerlich abhaken. Es war fast schon unheimlich. Sie wurden dann sehr schnell ein Paar und müssen bis heute über diese unfassbare Manifestationsgeschichte staunen.

Das Gesetz der Anziehung wirkt immer. Und auch wenn deine Bestellung bislang noch nicht so rasant geliefert wurde wie die von Biggi, du ziehst immer das in dein Leben, worauf du deine Aufmerksamkeit richtest und was du fühlst.

Da ist halt niemand

Let's face it: Aktuell bist du vielleicht noch allein. Du träumst von so einer Geschichte wie Biggis, aber versuchst Tag für Tag damit zurechtzukommen, dass eben jetzt gerade noch niemand an deiner Seite ist. Du fühlst dich oft allein, und vielleicht merkst du jetzt, dass du durch dieses Gefühl nur noch mehr Einsamkeit in dein Leben ziehst, was du sicher nicht willst.

Das Gefühl von Einsamkeit ist erst mal unabhängig davon, ob du aktuell in einer Beziehung bist oder nicht. Ich glaube, da draußen gibt es sicher genauso viele Frauen und Männer, die sich trotz Partner an ihrer Seite einsam fühlen. Vielleicht weil der andere wenig Zeit hat oder weil man sich im Laufe der Zeit voneinander entfremdet hat. Auch wenn man als Single immer denkt, dass einem selbst sowas nicht passieren würde. Da denkt man, wenn der Partner kommt, ist alles gut, und das Gefühl von Einsamkeit taucht nie mehr auf. Das ist meist nicht der Fall. Deswegen lass uns erst mal festhalten, dass es egal ist, ob du dich gerade vergeben einsam fühlst oder als Single.

Ich denke, jeder kennt das Gefühl von Einsamkeit. Besonders in der Corona-Zeit musste sich zwangsläufig fast jeder Mensch mit diesem Gefühl auseinandersetzen. Klar, wenn wir abgelenkt sind, ist das kein Thema. Das ist der Grund, warum bei mir früher permanent Musik oder Radio lief. Ich wollte nicht mit meinen Gedanken allein sein. Und das kennen sicher auch viele. Du funktionierst tagsüber halt, machst deinen Job, bist permanent unter Strom und hast wichtige Dinge zu tun. Und abends, wenn du mal Zeit hättest, flüchtest du dich in Social Media, deinen Sport oder triffst dich mit Freunden. Alles, um nicht zu fühlen, was hochkommt, wenn du allein bist. Heutzutage sind die wenigsten Menschen überhaupt noch mit sich allein. Versuch mal, das nicht zu vermeiden, sondern bewusst Zeit mit dir allein zu suchen. Mach die Beschallungen aus, leg das Handy weg und schau mal nur aus dem Fenster. Und nimm wahr, was hochkommt, nimm wahr, was du fühlst.

Ich habe das vor Kurzem erst wieder gemacht, dass ich weder meditiert noch irgendetwas gehört habe, sondern dass ich mich einfach mal hingesetzt und in die Gegend geschaut habe. Da saß ich und spürte. Und mit einem Mal merkte ich, dass da eine tiefe Traurigkeit in mir ist. Die schon ein paar Wochen lang gefühlt werden wollte. Der ich aber keinen Raum und keine Zeit gegeben hatte. Aber erst, wenn ich ein Gefühl wahrnehme und dann spüre, was die Hintergründe sind, kann ich etwas daran verändern. Ich muss das Gefühl aber doch erst mal spüren und es zulassen. Nur: Das wollen wir alle nicht. Stattdessen bauen wir lieber Mauern auf, die uns beschützen. Damit wir die blöden Gefühle nicht fühlen müssen. Das Dumme ist, die Gefühle gehen davon nicht weg. Sie türmen sich nur auf. Und müssen dann irgendwann in einem ganzen Schwall raus. Sorg lieber mal für ein bisschen Durchzug in deinem Gefühlsraum und lüfte regelmäßig. Lass die alten Gefühle raus und frische Luft rein.

Bei akuter Einsamkeit brauchen wir ein Gefühl von Verbindung, damit wir uns nicht mehr allein fühlen. Ich habe in einem vorherigen Kapitel schon davon gesprochen, dass du dich fragen kannst, was dein Partner gerade macht, um so eine Verbindung zu ihm zu spüren. Wenn du in einer Beziehung bist, dann hockt ihr ja auch nicht 24 Stunden aufeinander, sondern macht durchaus mal getrennt etwas. Stell dir einfach vor, dein Partner ist grad auf der Arbeit. Wieso fühlst du dich dann nicht einsam? Wahrscheinlich, weil du eine Verbindung spürst, die bestehen bleibt, obwohl ihr körperlich voneinander getrennt seid. Das Gefühl ist also in dir, ohne dass dein Partner anwesend ist oder irgendetwas macht oder sagt.

Wenn das Gefühl einzig und allein in dir ist,
dann kannst du es auch jetzt schon abrufen.

Dein Gehirn spult gerade das Programm »Alleinsein« ab. Und dieses Programm funktioniert nach einem ganz bestimmten Schema. Du kannst dir das Programm vorstellen wie einen Filter, den dein Unterbewusstsein auf deine Erfahrungen legt. Dieses Programm kann von Mensch zu Mensch verschieden sein, aber wenn dein System einmal das Programm installiert hat, wird es immer wieder auf dieselbe Art und Weise abgerufen. Der Filter funktioniert also immer nach dem gleichen Prinzip.

Dazu gehören bestimmte Bilder, die du dir machst. Achte mal darauf, ob die Bilder, wenn du dich allein fühlst, anders aussehen als sonst. Haben sie weniger Farbe, sind sie vielleicht sogar schwarzweiß? Was für Töne hörst du? Ein typisches Programm für Einsamkeit bedient sich der Stille. Das heißt, auf der Audiospur ist einfach gar nichts, wenn du dich einsam fühlst. Dein innerer Film ist also ein Stummfilm. Das Programm besteht auch aus bestimmten Gefühlen, die in bestimmten Körperregionen herrschen. Vielleicht eine Schwere im Magen oder ein Gefühl von Enge, das dir die Brust oder den Hals schwer macht. Und vielleicht besteht dein Programm auch aus bestimmten Gerüchen oder Geschmäckern?

Um herauszufinden, wie das Programm genau funktioniert, hilft die Frage: »Was müsste jemand anderer machen, um sich exakt so zu fühlen wie du?« Du willst quasi die Anleitung herausfinden, um dieses Gefühl abzurufen. Dazu darfst du dich selbst fragen, wie du das machst. Denn wenn du weißt, wie du dieses »Alleinsein« genau abrufst in deinem Körper, dann hast du das Bewusstsein dafür. Dann ist es nicht mehr länger ein unterbewusstes Muster, das dein Körper quasi automatisiert abspult. Dann hast du es dir bewusst gemacht und kannst es deshalb auch bewusst verändern. Du kannst hier und da mal einen Programmierungsbefehl verändern oder es mit neuen

Daten füttern. Ich bin ja nun gar kein Experte in der IT, aber um Programme im Körper umzuschreiben, brauchst du nur die richtigen Befehle – wie in der klassischen Programmiersprache offenbar auch. Du könntest deinem System zum Beispiel den neuen Befehl erteilen, die Bilder wieder farbig zu machen oder eine schwungvolle Musik unter die Bilder zu legen. Dein Bewusstsein kann das jetzt sofort ausführen. Und wenn du das immer und immer wieder machst, dann macht dein Unterbewusstsein da ein neues Programm draus. Wenn mein Unterbewusstsein das Programm »Alleinsein« abspult, dann sind die Bilder in meinem Kopf trostlos und meist schwarzweiß. Ich höre fast ausschließlich Stille, und in meinem Bauch fühlt es sich an, als ob ein Stein darin läge. Dieses Programm macht natürlich total schlechte Gefühle. Wenn ich diesen Filter auf andere, schöne Erfahrungen in meinem Kopf lege, dann würden die sich auch schlechter anfühlen. Das liegt daran, dass dieser Filter einfach alles »einsamer« erscheinen lässt.

Das Unterbewusstsein liebt Automationen, und wenn du einen Befehl immer und immer wieder gibst, geht es hin und schreibt dir quasi ein neues Programm. Dazu muss es natürlich das alte löschen, denn zwei Programme gleichzeitig können nicht laufen. Die meisten Menschen wissen nur nicht, dass sie die Programme nicht ihr Leben lang auf Werkseinstellung lassen müssen, sondern dass sie frei programmieren können, was ihnen Spaß macht. Wenn du einmal raushast, wie du das machst, wirst du das ab heute immer einfacher und besser anwenden können.

Programmiere also gerne mal dein »Einsamkeitsprogramm« um, mach es farbiger, bunter und lauter, und du kannst dir dabei zusehen, wie sich parallel deine Gefühle verändern. Das Programm entscheidet, wie du dich fühlst. Und da das Programm irgendwann einmal von dir installiert wurde (unterbewusst), kannst du es auch wieder umprogrammieren (bewusst). Mit den Befehlen, die dir ein besseres Gefühl geben.

So einen finde ich nie wieder

Schauen wir uns nun noch das Thema Liebeskummer an. Denn wir haben ja vorhin darüber gesprochen, dass es entscheidend ist, welche Gefühle du heute schon fühlst, und da sind nun mal Einsamkeit und Liebeskummer nicht sonderlich hilfreich. Du willst schließlich nicht noch mehr Einsamkeit oder Liebeskummer bestellen. Trotzdem ist es nicht empfehlenswert zu versuchen, diese Gefühle wegzudrücken. Das kannst du vielleicht bewusst machen, aber unbewusst wirst du immer noch verletzt sein oder trauern. Es geht also nicht darum, den Grinseknopf anzuschalten und so zu tun, als sei alles gut. Nur um keinen Mist beim Universum zu bestellen. Denn das, was du unterbewusst fühlst, bestellt genauso beim Universum wie alles, was dir bewusst ist. Deswegen lass die Gefühle lieber zu, dann ist dir wenigstens klar, was in dir vorgeht, und du kannst es beeinflussen. Wenn du hingegen alles wegdrückst, lodert es in deinem Unterbewusstsein nur noch stärker auf, mit dem Unterschied, dass du es gar nicht richtig mitbekommst. Es geht also im ersten Step darum, vorhandenen Gefühlen Raum zu geben. Wenn du dich traurig fühlst, weine. Wenn du wütend bist, lass es raus, schrei oder hau in ein Kissen. Alles, was du an Gefühlen hast, ist okay.

Du bist okay und deine Gefühle sind okay.

Rede dir nicht ein, dass irgendetwas nicht da sein darf, dass er es eh nicht wert ist oder dass du nicht wütend sein darfst. Alles, was wir unterdrücken, wird mehr. Weil da eine Menge Energie drauf ist. Das macht nach dem Gesetz der Anziehung durchaus Sinn. Ein unterdrücktes Gefühl bestellt noch viel mehr von diesem Gefühl. Also lass es lieber zu.

Unverständnis, es nicht wahrhaben wollen, Trauer, Wut oder Akzeptanz, es ist egal, in welchem Stadium des Liebeskummers du gerade bist. Die meisten dieser Gefühle sind unangenehm und wir wollen sie so schnell wie möglich weghaben und nicht mehr spüren. Je mehr du dagegen kämpfst, desto stärker wird das Gefühl allerdings. Wenn du versuchst, nicht zu weinen, weil du gerade in der Öffentlichkeit bist und dir das unangenehm ist, dann wird der Drang danach meist noch viel größer. Wenn du es hingegen zulässt, dann hören die Tränen irgendwann auch wieder auf. Übrigens enthalten Tränen Endorphine, die schmerzlindernd sind. Von daher ist es ganz praktisch, wenn du den Tränen hin und wieder mal erlaubst, Freigang zu haben.

Auch wenn es in dem akuten Moment des Liebeskummers nahezu unmöglich erscheint: Ich fand es immer sehr hilfreich, die Möglichkeit in Betracht zu ziehen, dass dieses Scheißgefühl für irgendwas gut ist. Ich habe mich immer daran festgehalten, dass ich das hier aktuell nicht erlebe, weil es das Schicksal so böse mit mir meint oder weil Amor einfach keinen Plan hat oder mich persönlich nicht leiden kann. Für mich hatte der Liebeskummer einen Grund, auch wenn ich im Moment nicht wusste, welchen. Aber ich wusste: Irgendwann würde ich wissen, wofür das alles gut war.

Nachdem meine erste richtig lange Beziehung vorbei war, tat es richtig weh. Ich war traurig, ich war verdammt wütend, und ich habe mich wieder und wieder gefragt, warum ich so viel Zeit mit diesem Mann vergeudet habe, warum ich das so lange mitgemacht habe, warum die Umstände immer gegen uns waren und warum die Liebe zwischen uns einfach nicht genug war, um eine schöne Beziehung zu führen. Diese ganzen Fragen haben mir leider ganz und gar nicht geholfen. Erst viel später konnte ich sehen, warum es mit uns so gekommen ist. Ich konnte verstehen, warum es für mein Wachstum wichtig war, all diese Erfahrungen zu machen. Heute kann ich es komplett nachvollziehen. Und ich bin sogar dankbar dafür. Ja, ich bin sogar dankbar dafür, dass er mich betrogen hat. Ich bin dankbar, dass ich all das erlebt habe. Denn sonst wäre ich nicht die Person, die ich heute bin. Ehrlicherweise gäbe es meine ganze Arbeit, den Podcast und die Bücher nicht, wenn ich das nicht erlebt hätte. Denn nach dieser Trennung ging es mir so schlecht, dass ich dadurch angefangen habe, mich mit persönlicher Weiterentwicklung zu beschäftigen. Wir können also alle dankbar sein, dass das mit mir und meinem Ex damals so gelaufen ist.

Jedes Gefühl, das du hast, ist nicht ewig in dir. Sogar nur ziemlich kurz, nämlich neunzig Sekunden. So lange dauert es, bis das Gefühl einmal durch dich durchgegangen ist. Nach diesen neunzig Sekunden füttert dich dein Unterbewusstsein einfach weiter mit ähnlichen Gedanken, die zu den gleichen Gefühlen führen. Das eigentliche Gefühl ist also schon vorbei, doch es reihen sich einfach weitere, ähnliche dazu. Deshalb fühlt es sich bei akutem Liebeskummer so an, als ob wir gar nicht mehr aus der Trauer oder Wut herauskommen. Wir sind in dieser Emotion gefangen. Denn eine Emotion und ein Gefühl sind nicht das gleiche. Das Gefühl ist lediglich die Trauer oder Wut selbst, eine Emotion dagegen besteht aus dem Gefühl plus der körperlichen Reaktion (z.B. Weinen oder Lachen) und einem Denkprozess (z.B. vergleichen oder bewerten).

An der Stelle kannst du das System deines Unterbewusstseins aber auch wieder für dich nutzen. Konzentriere dich auf die kleinen, tröstlichen Momente, in denen zum Beispiel deine Freunde für dich da waren oder du einen kurzen Moment der inneren Ruhe hattest. Sobald du diese Momente wieder bewusst wahrnimmst, wird dein Unterbewusstsein dir von diesen Momenten mehr schicken, weil es auch hier versucht, gleiche Gefühle zu senden.

Du solltest wissen, dass du dein Gehirn immer mal wieder überlisten darfst. Denn es ist, vor allem bei Liebeskummer, aber auch sonst ziemlich häufig im Alltag, damit beschäftigt, dir einen Worst Case auszumalen. Was könnte alles schiefgehen? Bei Liebeskummer bringt das Unterbewusstsein ständig so hilfreiche Sätze hoch wie »So einen finde ich nie wieder«, »Ich weiß nicht, ob ich mich jemals wieder so verlieben/auf jemanden einlassen kann«. Das fällt mal locker unter die Kategorie Worst Case. Und das kann dein Gehirn ganz gut allein. Wobei es allerdings etwas Nachhilfe braucht, ist Best Case. Deswegen darfst du dich damit vermehrt beschäftigen.

Hast du dir grundsätzlich zum Thema Beziehungen schon mal ausgemalt, wie du es haben willst und was das Beste wäre, was dir passieren könnte? Vielleicht sind all die Streitpunkte, die dich bei deinen vorherigen Beziehungen genervt haben, gar kein Thema mehr? Was ist, wenn du jemanden findest, der noch besser zu dir passt? Der genauso tickt wie du, der dich versteht wie bislang noch niemand? Geh doch mal in die Vorstellung und halte es einfach nur für möglich, dass bei der Fülle an Menschen da draußen auch welche dabei sind, die einfach megagut zu dir passen.

Da draußen ist jemand, mit dem du tiefe Liebe erleben wirst. Die Liebe als Gefühl geht nicht mit deinem Ex-Partner verloren.

Vielleicht geht die Liebe zu ihm irgendwann, aber das Gefühl Liebe kommt immer wieder zu dir zurück.

Du bist wie magnetisch für die Liebe, sie kann gar nicht anders, als immer wieder zu dir zu kommen.

Vor allem, je mehr du dich selbst liebst, denn dann ist das Gefühl sowieso schon da und kann sich durch eine partnerschaftliche Beziehung verstärken.

Mein letzter und vielleicht effektivster Tipp, wie du bei Liebeskummer deine Gefühle drehen kannst, ist ein einfacher Zeitsprung. Wann immer du dich schlecht fühlst, sei das jetzt wegen einer zerbrochenen Beziehung oder wegen irgendetwas anderem, frage dich:»Wo stehe ich heute in zwei oder fünf Jahren?« Wie wird es dir bezüglich dieses Gefühls dann gehen? Wann immer ich mir diese Frage stelle, kann ich spüren, dass ich dann nicht mehr hier sitzen und weinen werde. Ich weiß, dann werde ich damit umgehen können, vielleicht habe ich es bis dahin sogar schon vergessen. Es wird auf jeden Fall nicht mehr so dramatisch oder akut sein, wie es mir heute erscheint. Spring ein paar Jahre weiter in deine eigene Zukunft und bade ausgiebig in deinem Best Case. Wie willst du dich dann fühlen? Und du kannst deinen eigenen Zukunftsfilm mal wieder so gestalten, wie es sich für dich gut anfühlt. Tauche in den akuten Momenten völlig ab in deinen Film, denn er wird dir dabei helfen, dass du Gefühle abrufst, die du sonst in der aktuellen Situation gar nicht richtig fühlen kannst. Wann immer es mir schlecht geht, springe ich in Gedanken in meine Zukunft, und dann weiß ich und spüre auch, wie ich mich fühlen werde. Und wie ich irgendwann zurückblicke auf die herausfordernde Zeit und mit einem milden Lächeln sagen werde: Und das habe ich auch überstanden.

Wenn er endlich da ist

Lass uns zum Schluss noch mal die letzten Kapitel kurz zusammenfassen. Dafür möchte ich dir die Geschichte von Laura erzählen. Sie war eine meiner ersten Kundinnen 2018. Sie kam in das Coaching, um in Bezug auf Partnerschaften entspannter zu werden, sie wollte aufhören zu suchen und sich einfach wohlfühlen. Sie hatte einen großen Kinderwunsch, konnte sich aber einfach nicht vorstellen, wie und wo sie einen Mann kennenlernen sollte, da sie von zu Hause aus arbeitete und ansonsten nur im Yogastudio unterwegs war, wo sie von Frauen umgeben war. Wir sind dann gemeinsam ziemlich genau die Schritte durchgegangen, die ich in den letzten Kapiteln erwähnt habe.

Sie fing an, sich eine klare Vorstellung davon zu machen, wie die Beziehung sein soll, die sie sich wünscht, und wie sie sich fühlen will. Wir haben es gemeinsam geschafft, ihren Fokus auf all das Schöne, was schon in ihrem Leben war, zu richten, sodass sie diese Gefühle der Dankbarkeit und Freude wieder viel häufiger spürte. Sie ließ ihren Ex in Frieden los und machte damit quasi Platz im Gefühlskleiderschrank. Gemeinsam in der Gruppe suchten wir anschließend nach Möglichkeiten und Wegen, wie man jemanden kennenlernen kann, um damit ihre Glaubenssätze (»Wo soll ich den schon treffen?«) zu entkräften. Damit wich der Druck aus ihrem Leben und die Leichtigkeit hielt Einzug.

Laura las ihre Bestellung immer wieder, um sie ganz stark zu fühlen. Es dauerte nur wenige Wochen, all das zu drehen, weil Laura mit Feuereifer bei der Sache war und jede Aufgabe sofort umsetzte. Und plötzlich erzählte sie uns in einem Call, dass sie von einer Freundin verkuppelt worden war und ein Date hatte. Das Grinsen in ihrem Gesicht sprach Bände. Er war es, und nach nur einer Woche Dating waren sich beide so sicher, dass sie bereits ihren Umzug ans andere Ende von Deutschland plante. Zu ihm und ihrer gemeinsamen Zukunft. Heute sind die beiden verheiratet und haben zwei Kinder. Und jedes Mal, wenn ich ein Bild von ihnen bekomme, habe ich Tränen in den Augen.

Es zeigt, wie es gehen kann. Wie schnell sich dein Leben von einem auf den anderen Tag verändern kann. In dem Fall hatte ich das Glück, das live im Coaching miterleben zu dürfen und somit auch direkt zu erfahren, was sich in kurzer Zeit verändern kann. Es brauchte »nur« einen anderen Fokus, damit die nötige Gelassenheit da war. In dem Moment, in dem Laura ihren Traummann getroffen hat (und es war bei all den anderen Kundinnen genauso, dir mir später von ihrem Kennenlernen berichteten), war sie auch ohne Mann schon entspannt mit ihrem Leben. Sie hatte Frieden geschlossen mit ihrem Ex und allen Gefühlen, die sie mit ihm verband. Sie feierte ihr Leben, so wie es war, und sah die zahlreichen wunderschönen Momente am Tag. Sie war glücklich mit sich und konnte ihre Bestellung schon fühlen und erleben, noch bevor sie Realität wurde.

Du erdenkst und erfühlst dir genau die Realität, die du haben willst. Lange bevor sie in deinem Leben zur Realität wird. Das ist das Geheimnis der Manifestation.

Das Wichtigste in Kürze

- Welche Gedanken hast du grundsätzlich zu Beziehungen?
- Mach dir deine Glaubenssätze bewusst.
- Ist das wirklich wahr? Ist das wirklich immer so?
- Formuliere deine Glaubenssätze um und erschaffe so neue.
- Es ist möglich, heute noch deinen Traumpartner zu treffen.
- Du bestellst immer ein bestimmtes Gefühl, nicht einen bestimmten Mann.
- Das Universum ist wie ein riesiger Spiegel und spiegelt deine Gefühle.
- Verbring Zeit mit dir allein und nimm deine Emotionen wahr.
- Wie funktioniert dein Programm »einsam sein«? Verändere es.
- Alle Gefühle sind okay und dürfen da sein.
- Geh in den Best Case: Was könnte bestenfalls passieren?
- Springe zeitlich fünf Jahre weiter. Besteht das Problem dann noch?

Kapitel 5: Und wenn sie nicht gestorben sind – ja was dann?

Johann und ich haben anfangs eine Fernbeziehung geführt. Wir lernten uns in Kiel kennen, ich wohnte aber zu der Zeit noch in München und war gerade dabei, nach Köln zu ziehen. Als nach unserer Kennenlernzeit in Kiel klar wurde, dass wir ab jetzt Seite an Seite durchs Leben gehen, war ich erst mal alles andere als begeistert über den Fakt, dass uns erst mal 900 und kurz darauf immer noch knapp 500 Kilometer trennen sollten. Ich konnte mich zwar zu der Zeit schon als Fernbeziehungsprofi betiteln, weil mein Ex ganze 4.000 Kilometer entfernt gelebt hatte, aber dementsprechend genervt war ich auch davon. Auch wenn die Distanz zwischen Kiel und Köln mit dem Auto am Wochenende machbar war, hatte ich gar keine Lust, meinen Freund nicht regelmäßig zu sehen. Leider hatte er einen Bürojob, und sein Chef war nicht bereit, ihn im Homeoffice arbeiten zu lassen. So arrangierten wir uns fürs Erste mit der Situation. Johann kam mich oft besuchen und blieb dann ein paar Tage, und am Wochenende fuhr ich so häufig wie möglich zu ihm. Manchmal fuhr ich direkt freitagmorgens, sobald ich aus der Nachtschicht bei RTL kam, nach Kiel und erst am Sonntag pünktlich zum Schichtbeginn um 18 Uhr wieder zurück. Ich frage mich heute, wie ich das überhaupt überlebt habe.

Wenige Wochen, nachdem unsere Beziehung begonnen hatte, kam Johann mal wieder ganz spontan vorbei. Ich war total überrascht, als er mit einer kleinen Reisetasche plötzlich vor meiner Tür stand, und fragte ihn: »Wie lange bleibst du denn?«

Gewohnt unaufgeregt und mit einem leichten Lächeln sagte er: »Für immer erst mal.«

Aus diesem »Für immer erst mal« sind mittlerweile immerhin elf Jahre geworden. Doch wie war das möglich? Hatte er seinen Job gekündigt?

Nein, er hatte einfach volles Vertrauen und ist seiner Intuition gefolgt, als er seinem Chef sagte, er solle es entweder möglich machen, dass er von Köln aus arbeiten kann, oder er müsse den Job leider aufgeben. Und plötzlich war Homeoffice gar kein Problem mehr. Wir hatten uns zuvor gar nicht darüber unterhalten, wie wir das Problem Fernbeziehung langfristig lösen wollten. Wir haben es einfach genossen, zusammen zu sein, und irgendwann ist Johann seinem Bauchgefühl gefolgt, und wir waren ab da jeden Tag zusammen.

Das wäre jetzt in Hollywood der Moment, an dem der Film zu Ende ist. Das Pärchen hat sich endlich gefunden, nachdem es die gesamten letzten neunzig Minute ein Hin und Her war. Man hat mit den Darstellern mitgefühlt und gehofft und nun ist endlich alles gut. Doch in der Realität hört der Film hier nicht auf. Im Gegenteil, er fängt gerade erst richtig an. Die ganzen Hollywood-Romanzen und Disney-Filme haben uns eine ganz verzerrte Wahrnehmung von Liebe vermittelt. Hauptsache, wir finden eine Beziehung, denn dann, endlich, wenn wir am Ende des Films den ersehnten Kuss bekommen, dann ist doch die Welt in Ordnung.

Ist sie auch. Für ein paar Wochen oder vielleicht Monate. Das ist die berühmte erste Verliebtheitsphase. Doch dann beginnt der Alltag. Und der ist zu zweit nicht immer leichter, als er allein schon war. Manchmal verliert man dann das Happy End, das man doch beim Zusammenkommen eigentlich erlebt hatte, etwas aus den Augen. Denn nun beginnen die Diskussionen um die wirklich wichtigen Dinge. Wer hat die Spülmaschine ausgeräumt? Wer hat die Wasserflecken auf dem Holztisch nicht weggewischt? Wer geht am Wochenende lieber feiern, während der andere zu Hause sitzt? Wer ist sich nicht so sicher, ob er wirklich Kinder will? Wer bezahlt eigentlich die Hochzeit? Wer tritt im Job kürzer, um die Kids zu versorgen? Wer findet die Schwiegermutter anstrengend und geht trotzdem zu jedem Geburtstag mit? Wer sorgt immer dafür, dass die Kleinen genügend passende Anziehsachen im Schrank haben? Wer findet den anderen auch nach Jahren noch sexy und anziehend? Wer erinnert sich an jeden Jahrestag? Und wer bringt eigentlich jeden Tag den Müll raus?

Vielleicht sind das doofe Fragen. Aber es sind genau die Fragen, die in den meisten Langzeitbeziehungen im Vordergrund stehen. Es sind Fragen, die Beziehungen zum Kippen bringen. Die Paare, die sich mit dieser Art von Fragen auseinandersetzen können, können überhaupt langfristig bestehen. Alle anderen trennen sich leider schon, sobald sie überhaupt erst auftauchen.

Lass uns deshalb mal kurz ein paar grundsätzliche Statistiken zu Partnerschaften zur Kenntnis nehmen.

Zahlen, Daten, Fakten

Wie lange halten eigentlich Beziehungen? Während es über Ehen sehr verlässliche statistische Werte gibt (dazu kommen wir gleich), ist das bei Beziehungen ohne Trauschein nicht ganz so einfach. Es gibt verschiedene statistische Auswertungen. Die eine sagt, die meisten Beziehungen zerbrechen tatsächlich schon im ersten Jahr[1], die andere sagt, die durchschnittliche Beziehung hält knapp vier Jahre.[2] Sicher sagen lässt sich wohl, dass die Wahrscheinlichkeit einer Trennung in den ersten sieben Jahren am höchsten ist. Laut einer Studie der Uni München hatten sich rund 17 Prozent der Paare bis spätestens zum verflixten siebten Jahr getrennt. Danach wird es entspannter. Knapp 65 Prozent der beobachteten Partnerschaften trennten sich nicht.[3]

Viele verheiratete Paare trennen sich nach einer ähnlichen Dauer, nach rund fünf bis sieben Jahren. Allerdings wurden die meisten Scheidungen im Jahr 2020 von Paaren vollzogen, die über 26 Jahre miteinander verheiratet waren. Das hätte ich persönlich gar nicht gedacht. In meiner Vorstellung ist nach so einer langen Zeit irgendwann klar, ob es langfristig passt oder nicht. Aber Beziehungen werden eben von Menschen geführt, und wir alle entwickeln uns ständig weiter. Bei einigen geht die Beziehung verloren, sobald Kinder kommen, und bei vielen wird das erst deutlich, wenn die Kinder schon wieder ausgezogen sind. Bei manchen Trennungen spielen die Kinder auch gar keine Rolle. Es scheint also kein Patentrezept zu geben. (Wer hätte das vermutet?)

Eine durchschnittliche Ehe hält aktuell 14,8 Ehejahre.[4] Das ist ja schon ein ganz schön stattlicher Wert. Die Scheidungsrate betrug 2020 in Deutschland rund 38 Prozent. Rechnerisch kommt also auf drei Eheschließungen ungefähr eine Scheidung. Die meisten Eheschließungen enden also wirklich mit dem Tod eines Partners.

Was ich besonders spannend finde, ist, wie sich das Thema Scheidung im Laufe der Jahrzehnte gewandelt hat. 1960 ließen sich nur rund zehn Prozent der verheirateten Paare scheiden, 2005 waren es dann tatsächlich über 50 Prozent, danach hat die Zahl wieder abgenommen.[5] Das liegt sicher daran, dass Scheidungen früher absolut verpönt waren und viele deshalb unglücklich in ihrer Ehe ausgeharrt haben. Heute scheint es aber so, als sei die Wahrscheinlichkeit, dass eine Ehe hält, aktuell zumindest höher, als dass sie zerbricht. Aber lass uns doch mal darauf schauen, was uns am Partner überhaupt anzieht, weshalb wir also überhaupt eine Beziehung eingehen. Denn auch dazu habe ich eine Studie gefunden. In einem Forschungsprojekt an der Uni München wurden 440 zufällig ausgewählte Erwachsene anonym befragt, welche Eigenschaften für eine langfristige Partnerschaft wichtig seien.[6] Und diese drei häufigsten Eigenschaften nannten sowohl die Frauen als auch die Männer in gleicher Reihenfolge:

1. Verlässlichkeit

2. Gemeinsame Werte und Einstellungen

3. Sicherheit und Geborgenheit

Die Studie hat sich zudem genauer angeschaut, wer da so in einer Beziehung zusammenkommt. Tatsächlich besteht eine Beziehung häufig aus Partnern, die einen ähnlichen BMI, ein ähnliches Alter, einen ähnlichen Schulabschluss und ähnliche Wertvorstellungen haben. An dem Spruch »Gleich und gleich gesellt sich gern« scheint also durchaus etwas Wahres dran zu sein.

Streitthema Nummer 1

Die ersten zwei Jahre in einer Partnerschaft bilden die klassische Honeymoon-Phase. Wenn wir den geliebten Menschen vor uns sehen, dann schüttet das Gehirn eine Menge Dopamin aus. Das führt zu rauschähnlicher Euphorie. Gleichzeitig, und das ist das Fiese, werden die Gehirnareale heruntergefahren, die für rationale Einschätzungen verantwortlich sind. Das Gehirn von Frischverliebten ist also, mit Verlaub gesagt, nicht ganz so zurechnungsfähig wie normalerweise. Der Partner wird idealisiert. Nach den ersten Jahren lässt das allerdings nach, und die Partner sehen sich gegenseitig als normale Menschen mit Stärken und Schwächen. Dann übernimmt das Hormon Oxytocin, das gerne auch Kuschelhormon genannt wird und Bindungen verstärkt.[7]

Was ist es aber genau, das zu Streit oder gegebenenfalls zu Trennungen führt? Sind es tatsächlich die Diskussionen darüber, wer den Müll rausbringt oder die Zahnpastatube nicht zugeschraubt hat? Oder sind das Klischees, die in der Realität gar keine Rolle spielen?

Laut einer Statistik aus dem Jahr 2019, in denen knapp 4.000 Personen zwischen 18 und 69 zu den häufigsten Streitgründen befragt wurden, liegt in der Tat Ordnung/Unordentlichkeit ganz vorne.[8] Und das sowohl bei den Paaren, die erst kurz zusammen sind, als auch bei den langfristigen Partnerschaften. Knapp 30 Prozent der Paare, die ein Jahr oder weniger zusammen waren, gaben an, sich über dieses Thema am häufigsten zu streiten. Bei den Paaren, die fünf bis zehn Jahre zusammen waren, sind es sogar über 50 Prozent. Nicht ausgeräumte Spülmaschinen und aufgeklappte Klodeckel sind also offenbar tatsächlich Alltagsprobleme, die häufig zu Streit führen.

Bei Menschen, die erst wenige Monate bis ein Jahr in einer Beziehung waren, waren die hauptsächlichen Streitgründe: zu viel Zeit am Smartphone und Eifersucht. Das Thema Eifersucht scheint aber mit der Dauer der Beziehung immer mehr an Bedeutung zu verlieren. Schon bei Paaren mit einer Beziehungsdauer von ein bis drei Jahren fällt es auf Platz sieben der Streitgründe, bei Paaren, die drei bis fünf Jahre zusammen sind, sogar auf Platz 16. Bei Paaren die mehr als 20 Jahre zusammen sind, liegt es auf dem letzten Platz von 18 genannten Aspekten. Eifersucht ist also offenbar eher am Anfang einer Beziehung ein häufiger Streitgrund.

Es gibt verschiedene wissenschaftliche Ansätze, um herauszufinden, was genau eine Partnerschaft zum Scheitern bringt. Aber natürlich kann man so etwas nicht in ein Modell gießen. Was aber viele der Studien zeigen, ist, dass Beziehungen, die anfangs schon mit Problemen gestartet sind, es schwer haben zu bestehen. Denn typischerweise wird es in einer Beziehung nicht unbedingt leichter. Wenn erst mal die Honeymoon-Phase vorbei ist und der Alltag in den Vordergrund tritt, gibt es noch genug Grund zu streiten, um es mal salopp zu sagen. Deshalb nimmt die Beziehungszufriedenheit mit der Zeit durchschnittlich eher ab.[9] [10]

Häufige Kritik am Partner, Respektlosigkeit, Schuldzuweisungen und die Tendenz zum emotionalen Rückzug sind besonders schädliche Verhaltensweisen in einer Beziehung.[11]

Glückssache

Aber ist eine funktionierende Partnerschaft dann am Ende einfach Glückssache? Spielt der Zufall manchen Menschen in die Hände, und sie treffen einen Partner, der einfach besser passt als bei anderen? Wie viel kann ich eigentlich selbst beeinflussen?

Lass uns dazu gerne mal genauer schauen, was Glück eigentlich ist. Im Deutschen haben wir nur ein Wort für verschiedene

Bedeutungen. Im deutschen Wörterbuch steht: »Glück. 1. Etwas, was Ergebnis des Zusammentreffens besonders günstiger Umstände ist; besonders günstiger Zufall, günstige Fügung des Schicksals«; oder auch »2. angenehme und freudige Gemütsverfassung, in der man sich befindet, wenn man in den Besitz oder Genuss von etwas kommt, was man sich gewünscht hat; Zustand der inneren Befriedigung und Hochstimmung«.[12]

Du siehst anhand der Definitionen, dass Glück zum einen ein Ergebnis von günstigen Umständen und zum anderen eine Gemütsverfassung sein kann. Im Englischen sind diese beiden Bedeutungen viel leichter voneinander zu unterscheiden, weil es zwei verschiedene Worte für Glück gibt. »Luck« beschreibt die erste Bedeutungsebene, wenn uns etwas Positives »zufällig« in den Schoß fällt. »Happiness« dagegen ist ein Gemütszustand, eine Lebenseinstellung, wenn man so will.

Glück haben und glücklich sein ist ein meilenweiter Unterschied.

Man kann sehr leicht unglücklich sein, aber Glück haben. Da wir in unserem Sprachgebrauch aber ein und dasselbe Wort für zwei unterschiedliche Sachverhalte benutzen, werden diese beiden Konzepte miteinander verwoben. Das führt meiner Meinung nach zu Verwirrung. Natürlich nicht im direkten Sprachgebrauch, jeder wird wohl unterscheiden können, ob ich glücklich bin, wenn ich gerade von »Glück« spreche, oder ob ich mich auf eine glückliche Fügung beziehe, also im Sinne von »Glück gehabt«.

Das Problem liegt tiefer. Im wahrsten Sinne des Wortes. Denn unser Unterbewusstsein verknüpft die gleichen Worte automatisch miteinander und will uns dann weismachen, dass glücklich sein etwas mit »Glück haben« zu tun hat. Wenn du also Glück hast, bist du glücklich. Macht total Sinn, oder? Für unser Gehirn schon, in Wirklichkeit nicht. Das eine hat nämlich mit dem anderen nicht viel zu tun.

Deshalb sagen viele Menschen in Bezug auf Partnerschaft: »Da hast du ja Glück gehabt mit deinem Mann.« Auch in vielen anderen Lebensbereichen wird immer davon gesprochen, dass Menschen einfach Glück haben, wenn sie etwas Schönes erleben. Ich glaube nicht, dass es »Glück« im Sinne von »Luck« ist. Das würde bedeuten, einige hätten im Leben einfach eine wahre Glückssträhne (vielleicht sollten die mal Lotto spielen) und bei anderen will der Zufall so gar nicht helfen. Ich denke, es geht bei Glück vielmehr um die »angenehme und freudige Gemütsverfassung«, denn die kann jeder selbst beeinflussen. Und zwar von innen heraus, unabhängig von den äußeren Umständen.

Ich habe meinen Partner ganz bewusst in mein Leben gezogen (in den meisten Fällen passiert das natürlich unbewusst und funktioniert genauso gut). Ich habe mich auf das Gesetz der Anziehung verlassen, um mir mein Glück selbst zu erschaffen. Und mehr noch, ich habe mein Glück gar nicht von meinem Partner abhängig gemacht. Ich war davor schon glücklich mit mir und meinem Leben.

Ich habe mir das Glück erschaffen, ohne vom »Zufallsglück« abhängig zu sein.

Und das empfehle ich jedem. Du kannst alles in deinem Leben selbst erschaffen, bewusst oder unbewusst, damit du Glück empfindest. Du musst aber nicht darauf warten, bis du »Glück hast« oder Amor mit seinen Pfeilen um die Ecke geschossen kommt. Du hast dein Glück selbst in der Hand, und das gibt dir die Macht und die Freiheit, dein Leben nach deinen Wünschen zu gestalten.

Wenn du (noch) nicht bewusst das manifestierst, was du möchtest, dann manifestierst du aktuell (wie der Großteil der Bevölkerung) unbewusst.

Alles, was du in deinem Unterbewusstsein als Denkmuster, Glaubenssätze und Automationen laufen hast, zeigt sich in deinem Leben. Wenn dir das nicht gefällt, darfst du dir die unbewussten Manifestationen bewusst machen oder gleich deine Programme nach und nach ändern.

Mittlerweile bestelle ich viel von dem, was ich so erlebe, unbewusst. Ich habe über Jahre hinweg meinem Unterbewusstsein viele neue Programme auf die Festplatte gespielt, und ich muss die auch regelmäßig updaten. An den Ergebnissen in meinem Leben sehe ich immer, was ich gerade unterbewusst so denke und fühle. Habe ich seit Jahren einfach nur Glück, weil es mir gut geht? Nein, ich erschaffe mein Leben und mein Glück. Ich erschaffe meine Beziehung (und mein Mann auch), und ich erschaffe sie nicht nur einmal, sondern jeden Tag neu.

Jeder erschafft sein Leben durch seine Gedanken und Gefühle. Ganz wichtig dabei ist: Nicht jeder tut das bewusst. Du kannst bewusst darauf Einfluss nehmen, aber das, was du unbewusst denkst und fühlst, wird sich immer auch im Außen zeigen. Es geht hier auch nicht um Schuld, so nach dem Motto: Dann hast du falsch gedacht. Nein. Ein Teil von dir (unterbewusst) hat sich für eine Erfahrung entschieden, die für dich bewusst keinen Sinn ergibt. Auch in Sachen Beziehung passiert das ständig. Deswegen ist es ja so interessant, sich selbst und sein Unterbewusstsein immer mehr zu verstehen (und somit auch beeinflussen zu können). Es gibt da draußen keine höhere Macht, die entscheidet, wer Glück hat und wer nicht. Vielleicht gibt es sowas wie einen Seelenplan, bei dem du im Vorleben entschieden hast, unter welchen Bedingungen du hier auf diese Erde kommst und was du hier alles erleben willst, aber das wäre jetzt Stoff für ein weiteres (Eso-)Buch. Und vielleicht sollten wir auch aufhören zu kategorisieren, was Glück ist und was nicht. Ist eine Trennung ein Unglück? Oder eine nicht funktionierende Beziehung? So etwas kann auch ein großes Glück sein. Es kommt, wie so oft, auf den Blickwinkel an.

Wenn du in einer Beziehung bist, dann kreierst du diese Beziehung Tag für Tag. Was willst du denken und fühlen und machen, damit die Beziehung wunderschön ist oder täglich schöner wird? Das machst du ständig bewusst oder unbewusst. Und übrigens nicht nur mit der Beziehung, sondern mit jedem Lebensbereich. Du bist ein ständiger Erschaffer (um jetzt mal nicht den ausgeleierten Begriff »Schöpfer« zu benutzen).

Wenn du eine wunderschöne Beziehung führen willst, wenn du dieses Ergebnis ernten willst, dann darfst du über eine längere Zeit hinweg andere Gedanken und Gefühle säen. Vergleiche es mit deinem Körper. Wenn du den über längere Zeit nur mit Pommes und Cola fütterst, wirst du irgendwann das Ergebnis sehen. Und das wird höchstwahrscheinlich in Form von engeren Hosen, Müdigkeit und Pickeln im Gesicht geliefert werden. Wenn du einen vitalen, sportlichen Körper willst, darfst du deinem Körper die entsprechende Nahrung (in Form von Essen, Trinken, Sport und Gedanken) zuführen. Genauso ist es bei Beziehungen.

Wenn du im Frühling keine Körner ins Feld schmeißt,
musst du dich nicht wundern, wenn im Sommer
nichts wächst.

Doch wie viele von uns stehen vor ihren gescheiterten Beziehungen oder beschweren sich über ihr Singledasein? Dabei haben sie über längere Zeit nur negative Gedanken über Beziehungen gehegt, haben sich gefürchtet davor, verletzt zu werden, haben missgünstig auf andere geschaut, haben im Scherz immer wieder gesagt, dass sie allein enden werden. Sie sind im Frühling zum Feld gegangen, haben draufgeschaut, gemeckert und sind dann wieder weggegangen. Und nun stehen sie da im Sommer und wollen ernten und wundern sich, wieso da außer Unkraut nichts wächst. So funktioniert das nicht. Und ich kann da gut mitreden, weil ich jahrelang auf dieses Feld gegangen bin und mich immer und immer wieder gewundert habe, wieso da nichts ist. Na logo war da nichts, bei dem was ich im übertragenen Sinne gepflanzt habe. Ich habe zögerlich ein Körnchen aufs Feld geschmissen, meine Angst ist schön hinterher und hat das wieder ausgebuddelt. Dann noch die Wut auf den Ex, die Unabhängigkeit, die ich nicht verlieren wollte, die Überzeugung, dass ich auch gut allein zurechtkomme, die Angst nie wieder so zu lieben, meine Gedanken, ich sei zu anspruchsvoll, meine Ungeduld, mein innerer Druck, mein Perfektionsdenken, meine Opferhaltung und, und, und. Da stand eine ganze Armee, die dieses Körnchen schnellstmöglich wieder aus dem Feld geklaubt hat. Wenn das bei dir auch der Fall ist, dann mach dich dafür nicht fertig.

Mach dir einfach nur klar, dass du es selbst in der Hand hast. Dass du dein Glück kreieren kannst, indem du heute etwas anderes pflanzt. Andere Gedanken und damit endlich auch andere Gefühle.

Bleib nicht da, wo du bist, und verlass dich nicht nur aufs »Luck«, nimm deine »Happiness« selbst in die Hand, und mit etwas Geduld wirst du die reichste Ernte einfahren, die du dir hättest vorstellen können.

Und das bedeutet nicht, dass diese Ernte immer eine wunderschöne Beziehung sein muss. Trennungen oder Einsamkeit kommen schließlich nicht nur bei Menschen vor, die schlecht über Beziehungen reden oder denken. Und es geht auch gar nicht darum, die »richtigen« Gedanken zu säen, sondern vor allem darum, hilfreiche Gedanken zu säen. Gedanken, mit denen du dir dein eigenes Glück (im Sinne von »Happiness«) erschaffen kannst. Mit diesem Saatgut wirst du auch in den einsamen Stunden etwas Wertvolles erkennen, wirst auch an einer Trennung die positiven Aspekte sehen können. Du wirst deine Lebensumstände anders bewerten und dich damit nicht mehr ausgeliefert oder hilflos fühlen.

Eifersucht

Wenn wir schon von Ernte sprechen, dann lass uns mal einen Blick auf etwas werfen, was dir jedes zarte Pflänzchen in rasender Geschwindigkeit kaputtmachen kann. Die Eifersucht. Was ist das mit der Eifersucht, und warum spielt sie in einigen Partnerschaften die tragende Hauptrolle, während sie in anderen gerade mal als kaum beachtete Statistin gebucht wird? Gerade in frischen Beziehungen scheint sie häufig Thema zu sein, wie wir vorhin gelernt haben.

Ich kenne beides in Beziehungen. Ich war jahrelang in einer, in der beide Seiten richtig eifersüchtig waren. Ich war es, wenn er allein unterwegs war, und er war es eigentlich immer, wenn ich mich mit anderen Männern unterhalten habe. Eifersucht war ein häufiges Streitthema mit meinem Ex – allerdings spielt sie in meiner jetzigen Ehe überhaupt keine Rolle. Viele sagen, Eifersucht gehöre auch ein Stück weit dazu. Wenn es dem anderen total egal sei, was man macht, sei das ja auch kein gutes Gefühl.

Da ist meiner Meinung nach die Preisfrage: Welches Gefühl gibt dir die Eifersucht? Wichtig zu sein, geliebt zu werden, anziehend zu sein? Aber wenn du all das von Grund auf spüren würdest, braucht es dann die Eifersucht überhaupt noch? Wenn dein Partner dir das Gefühl gibt, er hat nur Augen für dich und findet dich begehrenswert, ist es dann nicht eher ein gutes Zeichen, wenn er nicht eifersüchtig ist, wenn du dich zum Beispiel mit anderen Männern unterhältst? Oder wenn du weißt, du liebst deinen Partner absolut und er dich, und ihr habt eine magische Anziehungskraft, freut es dich dann nicht eher, wenn er sich vielleicht mit anderen unterhält, weil du immer weißt, dass du diejenige bist, mit der er nach Hause geht?

Eifersucht taucht immer dann auf, wenn (noch) nicht genügend Vertrauen da ist. Wenn ich meinem Partner 100 Prozent vertraue, habe ich ja keinerlei Grund eifersüchtig zu sein. Und hier kommen wir schon zu dem ersten Problem, denn viele denken, Vertrauen sei etwas, das man sich in einer Partnerschaft erarbeiten oder verdienen müsste. Besonders, wenn es in einer Beziehung schon mal einen Vertrauensbruch gab, dann kennen wir alle die Ausdrucksweise, dass der andere sich das Vertrauen erst wieder verdienen muss. Dem Partner vertrauen wäre demnach ein Prozess, der am Anfang einer Beziehung oder nach einem Vertrauensbruch eine Zeit dauert.

Nur, wie lange dauert denn so ein Prozess? Du kommst mit jemandem zusammen und dann? Sagst du dann nach einem Jahr: »Hey cool, jetzt hast du mich ein Jahr lang nicht beschissen, jetzt vertraue ich dir?« Du legst doch selbst fest, wie lange es dauert, bis Vertrauen da ist.

In gesunden Beziehungen ist das Vertrauen von Anfang an da. Du hast deinen Eltern vertraut, sobald du auf die Welt gekommen bist. Du vertraust deinen eigenen Kindern, wenn du welche hast. Und zwar von Anfang an, so lange, bis dieses Vertrauen missbraucht wird. Dann kann es sein, dass du nicht mehr vertraust, aber zu Beginn vertraust du den Menschen, die dir nah sind.

Vertrauen ist eine Entscheidung.

Du darfst dich am Anfang einer Beziehung entscheiden, deinem Partner voll und ganz zu vertrauen. Das ist nichts anderes als eine Entscheidung. Klar, du kennst diese Person zu dem Zeitpunkt noch nicht gut, aber dieser Vertrauensvorsprung ist etwas, das du ihm von Anfang an geben darfst, damit die Beziehung eine Chance hat, dir zu zeigen, dass das eine gute Idee war. Bestenfalls machen das beide Partner.

Es ist entweder Vertrauen da oder Eifersucht. Es geht nicht beides gleichzeitig. Du kannst nicht sagen, du vertraust und bist trotzdem eifersüchtig. Das würde bedeuten, du vertraust eben nicht ganz. Und bei Beziehungen helfen uns keine 70 oder 80 Prozent Vertrauen, denn wer entscheidet, wann du vertraust und wann nicht? Genau, das machst du selbst. Deswegen bin ich an der Stelle simpel gestrickt: entweder 100 Prozent oder null Prozent. Dazwischen gibt es nicht viel, denn 80 Prozent sind im Grunde auch null Prozent, weil du ja immer selbst entscheiden kannst, ob du gerade vertraust oder nicht.

Wenn du eine Beziehung eingehst, legst du dein Herz bloß. Du machst dich verletzlich und gehst das Risiko ein, dass der andere auf deinem Herz herumtrampelt. Dieses Risiko nimmst du in Kauf. Du entscheidest, dass du dich auf die Beziehung einlässt, und damit entscheidest du auch von Anfang an, dass du komplett vertraust. Damit machst du dich natürlich verletzlich. Nur, du machst dich schon verletzlich, wenn du mit Menschen in irgendeiner Form in Kontakt trittst. Das Beste, um nicht verletzt zu werden, ist, keinerlei zwischenmenschliche Beziehungen einzugehen.

Das Schiff ist am sichersten im Hafen.
Aber dafür wurde es nicht gebaut.[13]

Du bist dafür gemacht, mit anderen Menschen zu interagieren, in Beziehung zu treten. Und das funktioniert am besten, je mehr du dich öffnest. Wenn du das bislang eher vermieden hast, dann hast du jetzt die Chance, dich neu zu entscheiden. Du kannst dir zum Beispiel einmal die Frage stellen, wie die Version von dir reagieren würde, die zu 100 Prozent vertraut? Was würde sie anders machen? Vielleicht würde sie weniger kontrollieren, wo und mit wem dein Partner zusammen war? Vielleicht würde sie Zeit allein anders genießen? Dem Partner mehr gönnen und entspannt bleiben dabei?

Im allerersten Schritt ist Vertrauen eine Entscheidung, die du heute fällen kannst. Zusätzlich ist es hilfreich, wenn du weißt, wie dein Gehirn überhaupt Vertrauen herstellt. Denn das sind ganz simple Mechanismen. Und wenn du die kennst, kannst du sie verändern und damit noch leichter vertrauen.

Im kostenfreien Onlinebereich zu diesem Buch findest du ein Video, in dem ich dir diese Mechanismen detailliert erkläre.

Dazu gehe einfach auf claudiaengel.de/amor.

Rosarote Wolke

So, nachdem wir nun all das wissen, dürfte jedem klar sein, dass eine Partnerschaft nicht automatisch bedeutet, immer nur auf Wolke sieben zu schweben. Was nicht heißt, dass man seine Beziehung nicht für ein paar Monate oder auch Jahre komplett genießen sollte. Doch das Problem fängt dann an, wenn man immer wieder auf der Suche nach genau diesem Gefühl vom ersten Verliebtsein ist. Denn das hält nun mal nicht ewig. Das wäre auch unlogisch. Denn das, was dieses Gefühl des frisch Verliebtseins so besonders macht, ist der Reiz des Neuen. Da ist etwas Unbekanntes, das du langsam erst erforschst, da ist jemand, der dir immer wieder neue Seiten von sich zeigt, und du darfst im Entdeckermodus jede dieser Seiten kennenlernen.

Wenn du einen neuen Job hast, ist zuerst auch alles neu und aufregend. Wenn du dann irgendeine der neuen Aufgaben das erste Mal allein schaffst, bist du unfassbar stolz. Vermutlich stellt sich nicht das gleiche Gefühl ein, wenn du genau diese Aufgabe nach zehn Jahren in der Firma immer noch machst. Im Gegenteil, du wirst wahrscheinlich gelangweilt sein, weil dein Gehirn nach neuen Herausforderungen sucht.

Wenn du als auszubildende Friseurin zum ersten Mal schneiden darfst, ist das doch ein anderes Gefühl als beim 728. Haarschnitt, den du sogar nachts mit verbundenen Augen hinkriegen würdest. Die erste fertige Wand eines Malers – etwas völlig anderes, als den Pinsel nach 20 Jahren täglich in die Hand zu nehmen. Meine erste Coachingkundin, wow. Was war das für ein Gefühl, als sie ihr Leben verändert hat! Ich war high vor lauter Glück. Und, ja, natürlich freue ich mich auch heute noch über jeden Coachingerfolg. Aber ich wette, die Friseurin erinnert sich noch exakt an den Schnitt des ersten Kunden, der Maler erinnert sich an die Farbe der ersten Wand, und ich erinnere mich natürlich an den Namen und die Themen meiner ersten Kundin. Das ist heute nicht mehr so. Und das bedeutet nicht, dass es weniger gut ist.

Genau dieser Effekt tritt auch in Beziehungen irgendwann ein. Nur weil du keine Schmetterlinge mehr im Bauch hast, wenn du den anderen anguckst, heißt es noch lange nicht, dass da was verkehrt ist bei euch. Das bedeutet einfach nur, dass dein System den anderen nicht mehr als neu und aufregend einordnet. Und jetzt kann die Verliebtheit der Anfangsphase Platz machen für tiefe Liebe. Das fühlt sich anders an, ist aber nicht weniger gut.

Klar kommt es dann vielleicht häufiger wegen vermeintlich banaler Kleinigkeiten zu Streit. Weil jeder die Dinge anders sieht. Vermutlich würde keiner beim ersten Treffen in die Wohnung des Angebeteten gehen und sich aufregen, warum die Zahnpastatube nicht zu ist oder der Müll nicht runtergebracht wurde. Nach ein paar Monaten sieht das anders aus. Selbst wenn ein Paar nicht zusammenwohnt, ist das Thema Ordnung, wie wir ja vorhin gelernt haben, das größte Streitthema in Beziehungen. Vielleicht würde der ordentlichere Part von beiden dann nicht mehr so gerne Zeit beim anderen verbringen oder den anderen bitten, vorher mal aufzuräumen. Aber bei den ersten Dates sehen wir über sowas hinweg. Da finden wir die Geräusche, die der andere beim Essen macht, süß, während sie uns zwei Jahre später wahnsinnig machen. Am Anfang würden wir den Partner noch im Kartoffelsack sexy finden, und zehn Jahre später gibt es als dezenten Hinweis einen Rasierer oder ein neues Sportoutfit zum Geburtstag.

Es geht in einer Partnerschaft nicht darum, den Zustand vom Anfang wiederherzustellen, sondern vor allem, seinen Fokus immer wieder auf die Dinge zu lenken, die man am anderen liebt, und darum, die Dinge, die man jetzt nicht so optimal findet, nicht zu sehr in den Fokus zu rücken. Denk mal an andere Personen, die du liebst. Eltern, Großeltern, Geschwister, Freunde, Kinder. Ich denke, da ist kaum jemand dabei, der nicht irgendwelche Eigenheiten hat, die du vielleicht nicht ganz so gerne hast. Wie machst du es in einer solchen Beziehung? Du konzentrierst dich nicht darauf. Du machst dir immer wieder klar, was die positiven Aspekte dieser Person und eurer Verbindung sind. Genauso geht es beim Partner auch. Wir schauen uns in den nächsten vier Kapiteln mal genauer an, wie du das am besten machst.

Das Wichtigste in Kürze

- Nach dem Happy End kommt der ganz normale Alltag.
- Das Trennungsrisiko ist in den ersten sieben Jahren am größten.
- Auf drei Ehen kommt eine Scheidung.
- Gleich und gleich gesellt sich gern in Bezug auf Alter, BMI, Schulabschluss und Werte.
- Die Honeymoon-Phase hält circa zwei Jahre (viel Euphorie, wenig kritischer Verstand).
- Glück ist ein Gemütszustand, »Glück haben« ein vorübergehender Zustand.
- Du erschaffst deine Beziehung jeden Tag.
- Für eine gute Ernte darfst du zuvor hilfreiche Gedanken säen.
- Vertrauen ist eine Entscheidung, die du komplett selbst fällen darfst.
- Fokussiere dich auf das, was du am anderen liebst.

Kapitel 6: Es wäre so einfach, wenn er nur anders wäre

»Hi Paul.«

»Hi mein Schatz, na wie geht's dir?

»Oh, der Herr meldet sich auch mal.«

»Lisa, ist irgendwas?«

»Ne, ist nichts.«

»Okay … Also, ich wollte nur Bescheid geben, dass alles okay ist. Mein Chef hat uns gestern Abend alle noch zum Essen eingeladen. Morgen Meeting den ganzen Tag. Und am Freitag komm ich dann ja wieder zurück.«

»Ja. Dann hör ich wohl morgen auch nichts von dir.«

»Was soll das denn heißen, Lisa?«

»Na, Paul, ich hätte mich gefreut, wenn du wenigstens mal angerufen hättest gestern.«

»Ich hab doch grad gesagt, dass wir gestern noch essen waren. Außerdem hab ich dir doch geschrieben.«

»Eine WhatsApp: Ich bin da, alles fein. Tolle Nachricht. Schreibt man sowas seiner Freundin?«

»Mann, sorry, hier war halt viel zu tun, ich hatte keine Zeit. Warum musst du denn immer gleich meckern?«

»ICH meckere? DU könntest dich einfach mal direkt melden, wenn du ankommst. Und nicht erst Stunden später mit einer blöden WhatsApp.«

»So hab ich gar keinen Bock, mich überhaupt zu melden.«

Lisa und Paul sind seit drei Jahren zusammen. Und ein Paradebeispiel für »Wenn er doch nur ein wenig anders wäre«. Die Beziehung läuft super. Wenn es da nicht diese eine Sache gäbe. Paul meldet sich wenig, wenn er allein unterwegs ist. Und Lisa wünscht sich, er würde einfach häufiger anrufen. Davon ist Paul wiederum genervt und meldet sich noch weniger, weil er keinen Bock hat, jedes Mal einen Anpfiff zu bekommen, wenn die beiden telefonieren. Er wünscht sich, sie würde weniger meckern und das Ganze mal gelassener sehen. Und so beginnt eine Negativspirale, die jedes Mal in Streit endet. Lisa denkt sich: Das alles würde nicht passieren, wenn er sich mehr melden würde. Er ist wirklich ein toller Mann, wenn er sich doch nur mehr melden würde. Die Beziehung läuft ansonsten super, wenn er sich doch nur mehr melden würde.

Ich würde behaupten in fast jeder Beziehung gibt es so ein »Wenn er/sie doch nur …«.

»Wenn er doch nur mehr im Haushalt helfen würde. Ich mache immer alles allein.«

»Wenn er doch nur auch mal an die ganzen Pflichten mit den Kindern denken würde. Ich bin die Einzige, die hier dafür sorgt, dass jeder passende Socken anhat.«

»Wenn er doch nur weniger am Handy rumdaddeln würde. Er unterhält sich gar nicht mehr mit mir.«

»Wenn sie doch nur ein wenig entspannter wäre. Immer regt sie sich über jede Kleinigkeit auf.«

»Wenn sie doch nur ein wenig mehr Sexdrive hätte. Nie hat sie Lust.«

»Wenn sie doch nur weniger kritisieren würde. Egal, was ich mache, ich mache es offenbar immer falsch.«

Der andere ist schon ein dufter Typ, aber er hat ein paar Eigenheiten, die den Partner in den Wahnsinn treiben. Am Ende geht es immer um die gleiche Frage:

Wie ändere ich das Verhalten von meinem Partner?
Und die Antwort kannst du dir denken: gar nicht.

Punkt.

Das ist wohl das Schwierigste in einer Partnerschaft. Denn Lisa denkt, alles wäre leichter, wenn Paul sich mehr melden würde. So wie jeder von uns das wohl von den Eigenarten seines Partners auch denken würde. Aber wäre das wirklich der Fall? Wenn Paul sich gemeldet hätte, sobald er auf seiner Geschäftsreise angekommen ist, dann hätte das Gespräch so klingen können:

»Hi Schatz, ich bin jetzt angekommen.«

»Okay, schön dass du Bescheid sagst. Geht's dir gut?«

»Alles fein. Etwas im Stress.«

»So klingst du auch.« (längere Pause)

»Ja Lisa, was soll ich machen? Du hast gesagt, ich soll mich melden, und das habe ich hiermit getan.«

»Ich will aber nicht, dass du dich nur meldest, weil ich das gesagt habe. Du sollst das schon von dir aus wollen.«

»Was soll das denn jetzt wieder heißen? Also, ich bin jetzt hier.«

»Also, wenn du dann so genervt bist, können wir das Telefonieren auch gleich lassen.«

»Also soll ich dich nur anrufen, wenn ich Zeit habe?«

»Ja, und wenn du auch Lust hast, mit mir zu sprechen.«

»Ich habe aber gerade keine Zeit, Lisa. Ich bin auf einer Geschäftsreise. Meine Kollegen warten schon.«

»Weißt du was, Paul, dann ruf mich einfach nicht an, wenn du so gestresst bist.«

»Hab ich ja gesagt.« (Paul verdreht die Augen) Kennst du das? So oder so ähnlich? Thematisch kann man das natürlich in alle Richtungen ausweiten.

»Ich will dir aber auch nicht immer sagen müssen, dass du die Spülmaschine ausräumen musst. Ich würde mir wünschen, dass du es selbst siehst.«

Der Wunsch hinter dem Wunsch

Lisa geht es eigentlich nicht primär darum, dass Paul sich mehr meldet. Sie möchte mehr von Paul gesehen werden. Deswegen wünscht sie sich, dass er sich Zeit nimmt für sie, dass er sie mehr an seinem Leben teilhaben lässt. Es geht nicht um den Anruf an sich, es geht um das, was er ihr mit diesem Anruf vermittelt. Nämlich bestenfalls: Ich denke an dich, auch wenn ich auf Geschäftsreise unterwegs bin. Du bist mir wichtig und bist in meinem Herzen immer präsent.

Lisa wünscht sich, gesehen zu werden. Sie wünscht sich eine Verbindung mit Paul. Sie wünscht sich, geliebt zu werden. Und das Gefühl bekommt sie nicht, wenn Paul nur aus Pflichtgefühl anruft. Dann ist die Botschaft nämlich eine andere: Ich rufe dich an, weil du es so willst, und nicht, weil ich an dich gedacht habe.

Es gibt immer einen Wunsch hinter dem Wunsch.

In diesem Fall steckt hinter dem Wunsch, angerufen zu werden, höchstwahrscheinlich der Wunsch, gesehen zu werden, Teil seines Lebens zu sein, und wenn man jetzt noch tiefer gehen möchte, steckt dahinter natürlich der Wunsch, geliebt zu werden. Am Ende des Tages wünscht sich das jeder, wir zeigen es nur auf unterschiedliche Weise.

Auch Paul hat einen Wunsch, nämlich dass Lisa entspannter ist und Verständnis für seine Geschäftsreisen hat, weil er sich dann eben nicht so viel melden kann. Dahinter steckt wahrscheinlich der Wunsch, dass Lisa sieht, wie wichtig seine Arbeit für ihn ist, und dass sie das anerkennt. Vielleicht wünscht er sich Akzeptanz und Freiraum, wenn er geschäftlich unterwegs ist, und das ist sein Weg, die Liebe für den Partner auszudrücken. Sein Wunsch ist also im Grunde auch der Wunsch nach Liebe und Akzeptanz. Lisa und Paul haben in dieser Hinsicht nicht die gleichen Ausdrucksformen für Liebe. Für Lisa bedeutet Liebe eng verbunden sein und viel mit dem anderen Partner teilen, für Paul bedeutet Liebe Freiraum geben. Es gibt hier auch kein Richtig und Falsch, es geht nur darum zu erkennen, was der eigentliche Wunsch des Partners ist. Denn dann können Paare aufhören, über den vergessenen Anruf, die offene Zahnpastatube oder die nicht ausgeräumte Spülmaschine zu streiten.

Grundsätzlich ist es von Vorteil, wenn man den Partner versteht und in etwa gleiche Werte und Vorstellungen von Beziehung hat. Wenn der eine sich nie melden will und am liebsten zwei Wochen ohne Telefon allein auf Wanderschaft geht, während der andere am liebsten 24 Stunden am Tag gemeinsam verbringt, dann wird es schwierig, eine für beide Seiten erfüllende Partnerschaft zu führen. Doch ganz oft sind es nur Kleinigkeiten, die den Partnern im Weg stehen. Und dann geht es darum, den Wunsch hinter dem Wunsch zu erkennen und direkt darüber zu reden, anstatt sich mit der Oberfläche des Problems zu beschäftigen.

Lisa und Paul könnten sich in einem ruhigen Moment zusammensetzen und darüber sprechen, was die Bedürfnisse des anderen sind.

Eine Lösung könnte zum Beispiel darin bestehen, dass sie die Sprache der Liebe des anderen besser verstehen (mehr dazu ausführlich im nächsten Kapitel). Paul könnte Lisa zudem im Alltag mehr Aufmerksamkeit, Nähe und Verbundenheit schenken, und sie könnte ihm mehr Freiraum gewähren. Denn oft kommt es zu solchen Problemen, wie dem von Lisa und Paul, erst, wenn die Liebestanks leer sind. Dann geht es darum, sie in ganz anderen Situationen wieder aufzutanken.

Die Liebestanks

Die Liebestanks sind ein schönes Konzept, um die Streitigkeiten in Beziehungen zu verstehen. Jeder Mensch hat bestimmte Bedürfnisse in Beziehungen. Am Ende des Tages wollen wir alle geliebt werden, aber jeder drückt das auf verschiedene Weise aus. Lisa sind Nähe und Kommunikation offenbar sehr wichtig, das könnten also zwei ihrer Liebestanks sein. Paul hingegen hat andere Liebestanks, ihm sind Akzeptanz und Freiraum wichtiger.

Die Liebestanks kannst du mit dem Tank im Auto vergleichen. Einige Autos brauchen Diesel, andere Benzin und andere Super plus. Und jeder Wagen fährt nicht besonders gut, wenn der Tank leer ist. Das heißt, du musst den Tank regelmäßig füllen. Manchmal ist es ganz einfach aufzutanken, weil du eh grad an der Tankstelle vorbeifährst und die Spritpreise niedrig sind. An anderen Tagen ist es etwas schwieriger, weil dir eine Tankfüllung gefühlt ein Loch in die Brieftasche brennen würde und du aus Versehen die Abfahrt zur Tankstelle verpasst hast.

In unseren Beziehungen dürfen wir immer mal wieder checken, wie viel in unseren Tanks noch drin ist und ob sie nachgefüllt werden müssen. Wenn die Tanks gut gefüllt sind, dann können wir auch eine Weile ohne Tankstelle zurechtkommen, wenn sie hingegen leer sind, dann gibt es keine Reserve mehr, auf die wir zurückgreifen können.

Lisa hat also einen Liebestank zum Thema Nähe und einen für Kommunikation. Paul könnte regelmäßig diese Tanks befüllen, indem er ihr zum Beispiel im Alltag immer mal wieder sagt, was er gerade so macht, oder sie zärtlich in den Arm nimmt, wenn er nach Hause kommt. Paul hingegen hat einen Liebestank zum Thema Freiheit. Dieser kann gut gefüllt werden, indem Lisa ihm Raum lässt, um sich mit seinen Freunden zu treffen, ohne dass er sich dann melden muss oder sie nachfragt. Das ist seine Zeit ganz für ihn. Das sind jetzt nur Beispiele, jedes Paar kann natürlich selbst entscheiden, wie sich der Tank am besten auffüllen lässt. Wichtig ist, dass er zunächst nicht in der typischen Problemsituation aufgefüllt werden sollte. Die Situationen, in denen Paare häufig streiten, sind so spannungsgeladen wie ein Baum beim Blitzeinschlag, deshalb ist es viel einfacher, sich zunächst einmal um ganz andere Alltagssituationen zu kümmern.

Natürlich kann man selbst für seine Tanks sorgen – und das sollte man auch. Paul kann sich selbst seine Zeit für Freiraum nehmen und aktiv danach fragen. Lisa hingegen kann bewusst Zeit für Nähe und Zweisamkeit planen. Ganz oft reichen da schon ein paar Minuten am Tag oder ein kleines Ritual. Vielleicht möchte er gerne zehn Minuten Ruhe, wenn er nach Hause kommt, und sie möchte beim Abendessen über den Tag sprechen. Wenn jeder seine Bedürfnisse kennt und ernst nimmt und das Gleiche auch vom Partner zurückbekommt, dann fällt es viel leichter, aufeinander zuzugehen. Deshalb ist es vielleicht keine schlechte Idee, deine Liebestanks einmal für dich zu entdecken und dich dann regelmäßig zu fragen:

Was brauche ich, damit die Tanks gut gefüllt sind?

Es wird immer mal Zeiten geben, in denen Paul Lisa vielleicht nicht die Nähe geben kann, die sie gerne hätte. Vor allem, wenn er viel unterwegs ist. Und vielleicht kann Lisa ihm auch nicht immer den Freiraum gewähren, den er sich wünscht, weil ihr Bedürfnis nach Nähe stärker ist. Doch solche Zeiten lassen sich gut überbrücken, wenn der Tank grundsätzlich gut gefüllt ist. Du fährst auch viel leichter eine lange Strecke, wenn du vorher noch an der Tankstelle hältst. In einer Beziehung führt so eine Durststrecke zu Streit, und wenn sich das immer und immer wiederholt, kann es zu Entfremdung oder gar Trennung führen. Weil kein Tank gut gefüllt ist und immer wieder in den Reservebereich absinkt.

Wenn du die Tankanzeigen hingegen im Alltag im Blick behältst, kommt es gar nicht erst zu kritischen Situationen.

Vielleicht liest du das jetzt und denkst dir: »Super Idee, Claudia, aber ich habe nicht den Hauch einer Ahnung, was mein Liebestank ist, geschweige denn, welchen mein Partner hat.« Wie kommst du dahinter, was dein Liebestank ist?

Stelle dir einmal folgende Fragen:

1. Was nervt dich an deinem Partner besonders?

2. Welche Konsequenzen hat sein Verhalten für dich?
   Wie fühlst du dich?

3. Was wünschst du dir stattdessen? Und welches
   Gefühl hättest du dann, wenn das eintritt?

4. Benenne nun aus diesen drei Fragen deinen Liebestank.

Ich bringe hier nochmal ein paar Beispiele, um die ganze Sache etwas anschaulicher zu machen:

Vielleicht ist dein Partner sehr unordentlich, und das macht dich wahnsinnig. Welche Konsequenzen hat seine Unordnung für dich, und wie fühlst du dich, wenn er dieses Verhalten zeigt? Vielleicht musst du immer alleine aufräumen, bist verärgert und fühlst dich im Stich gelassen. Vielleicht geht es dir aber gar nicht primär darum, dass er mit anfasst, sondern dass er in erster Linie mal sieht, was du den ganzen Tag im Haushalt machst. Wenn das der Fall ist, dann würdest du dich bei seinem Verhalten wahrscheinlich wenig wertgeschätzt und übersehen fühlen.

Wichtig ist bei diesem zweiten Schritt, dass du mal in dich reinfühlst, was sein Verhalten mit dir macht. Die ersten Worte, die dir dabei in den Sinn kommen, kannst du aufschreiben.

Nun kommt Frage drei: Was wünschst du dir stattdessen, und wie würdest du dich dann fühlen? Wenn du dich durch seine Unordnung im Stich gelassen fühlst, dann wünschst du dir, dass er mit anfasst und sieht, was zu tun ist. Du wünschst dir Hilfe und Unterstützung und dass ihr gemeinsam als Team an einem Strang zieht. Dein Liebestank ist also Unterstützung, denn das ist dir wichtig in einer Partnerschaft.

Wenn du dich hingegen nicht gesehen fühlst durch seine Unordnung, dann wäre dein Wunsch vielleicht, dass er sieht, was du im Haushalt machst und dich dafür lobt und anerkennt. Dadurch würdest du dich wertgeschätzt und anerkannt fühlen. Der Liebestank wäre dann genau das: Wertschätzung und Anerkennung. Du hast sehr wahrscheinlich viele verschiedene Liebestanks. Besonders wichtig ist es, sich um jene zu kümmern, die schon längere Zeit leer sind.

Noch ein Beispiel, um es greifbar zu machen: Dein Partner kommt immer zu spät. Für dich bedeutet das, dass du häufig warten musst. Dadurch fühlst du dich hilflos und handlungsunfähig, weil du nichts tun kannst. Du wünschst dir stattdessen Verlässlichkeit, und dass dein Partner zu der verabredeten Zeit kommt. Denn dann könntest du dich auf ihn verlassen und würdest dich sicher fühlen. Dein Liebestank ist also Zuverlässigkeit und Sicherheit.

Stell dir vor, dein Partner guckt sich immer nach anderen Frauen um, was dich wahnsinnig stört. Für dich bedeutet das, dass du immer blöd danebenstehst und dich dabei überflüssig fühlst und so, als seist du nicht hübsch genug. Du fühlst dich dadurch minderwertig und nicht wertgeschätzt. Stattdessen würdest du dir wünschen, dass dein Partner nur Augen für dich hat. Das würde dir das Gefühl geben, dass du gut genug bist und er deinen Wert anerkennt. Dein Liebestank ist also Wertschätzung und Bestätigung.

Du kannst über diese Fragen deine ganz persönlichen Liebestanks finden. Davon kann es ein paar geben. Vielleicht merkst du aber auch, dass verschiedene Verhaltensweisen deines Partners immer mit dem gleichen Liebestank zusammenhängen, zum Beispiel mit Wertschätzung/Anerkennung.

Eine wichtige Frage, die sich jetzt noch anschließt, ist: Was hilft dir, diesen Tank zu füllen? Was kann der andere tun und noch viel wichtiger: Was kannst du selbst tun? Wie kannst du regelmäßig dafür sorgen, dass dieser Tank wieder voll wird? Welche kleinen Dinge des Alltags geben dir das Gefühl, anerkannt zu sein oder wertgeschätzt? Was kann der Partner, und was kannst du selbst tun, um Zuverlässigkeit oder Sicherheit auszustrahlen?

Die Sache mit dem Arschengel

Partnerschaft hat eine fiese Komponente: In all deinen Beziehungen, die du bislang hattest, ist eine Person immer die gleiche gewesen. Und das bist du.

Du nimmst dich in jede Beziehung mit. Und nicht nur dich, sondern im Gepäck hast du auch all deine Themen. Alle Glaubenssätze, alle Verhaltensmuster, alle Denkmuster, die dir vielleicht an der einen oder anderen Stelle im Weg stehen. Und deswegen gilt auch bei den Liebestanks: Du bist die erste Person, die diese Tanks füllen kann. Ja, es ist leichter, wenn der Partner das macht. Ja, es ist bequemer, ihm die Schuld in die Schuhe zu schieben. Er hat sich ja nicht gemeldet. Er lässt ja alles stehen und liegen. Er geht Konflikten ja aus dem Weg.

Die unbequeme Frage, und ich hasse sie selbst, wenn ich sie mir stelle, ist: Was machst du, damit deine Bedürfnisse erfüllt werden? Wenn du dir Wertschätzung wünschst oder Unterstützung, wenn du dir Bestätigung wünschst oder Anerkennung, Nähe oder Kommunikation: Was machst du, um dir diese Bedürfnisse zu erfüllen? Wie sehr wertschätzt du dich selbst? Wie sehr sorgst du für Unterstützung und fragst nach Hilfe, nicht nur von deinem Partner, sondern allgemein? Wie sehr gibst du dir selbst die Bestätigung und Anerkennung für alles, was du leistest und machst? Wie nah bist du dir selbst? Und wie sehr kommunizierst du deine Wünsche und gehst in der Kommunikation auch auf deinen Partner ein?

Deine Beziehung, genau wie deine Elternschaft, falls du Kinder hast, hat einen ganz entscheidenden Zweck: Dein Partner ist dein Arschengel. Ich kann mich gar nicht genau erinnern, wo und von wem ich diesen Begriff das erste Mal gehört habe, aber ich finde ihn unglaublich passend. Oft wird er für Menschen genutzt, die einfach bestimmte Knöpfe bei dir drücken und die du vielleicht nicht besonders leiden kannst. Ich gehe jetzt mal davon aus, dass dein Partner auf deiner Beliebtheitsskala ein wenig weiter oben steht als so jemand, aber es ist dennoch genau das gleiche Prinzip. Jemand drückt deine Knöpfe oder, wie wir Coaches in Cool-Denglisch sagen, »triggert« dich. Sein Verhalten löst eine bestimmte emotionale Reaktion bei dir aus.

Partner tun das die ganze Zeit miteinander. Doch das passiert nicht aus Boshaftigkeit. Diese Menschen sind Arschengel, denn dieser »Trigger« hat für dich ein riesiges Potenzial, etwas zu lernen und für dich persönlich besser zu sorgen. Deshalb sind die Menschen, die eine heftige Reaktion in uns auslösen, in gewisser Hinsicht eben auch Engel, denn ohne sie wären wir unseren Bedürfnissen vielleicht nicht so auf die Spur gekommen. Und könnten vor allem nicht lernen, wie wir sie uns besser erfüllen.

Menschen, die sich Wertschätzung vom Partner erhoffen, schaffen es oft noch nicht, sich selbst so zu wertschätzen, wie es gut für sie wäre.

Menschen, die nach Anerkennung und Bestätigung im Außen durch den Partner suchen, geben sich oft selbst nicht die Anerkennung, die angebracht wäre.

Menschen, die sich Unterstützung wünschen, haben häufig ein Problem damit, sich helfen zu lassen.

Ich kann aus eigener Erfahrung bestätigen: Ich wünsche mir oft Unterstützung und das Gefühl, nicht alles allein machen zu müssen. Übrigens nicht nur von meinem Partner, auch von den Kindern, im Beruf von den Mitarbeitern, in Freundschaften. Dieses Gefühl zieht sich durch verschiedene Lebensbereiche. Und warum? Weil ich es bislang noch nicht so gut gelernt habe, nach Hilfe zu fragen. Ich erschaffe ständig (unbewusst) Situationen, in denen ich Dinge am Ende allein machen muss. Ein Teil von mir sucht offenbar immer diese Herausforderung, um beweisen zu können, dass ich alles allein kann. Mir einzugestehen, dass ich nicht alles allein machen will und sicher auch nicht alles allein machen kann, war einer der größten Durchbrüche für mich in den letzten Jahren.

Mein Partner ist an dieser Stelle also mein Arschengel, der dieses Thema für mich immer wieder sichtbar macht. Das Muster habe ich sowieso, nur durch ihn wird es für mich im Alltag immer wieder erkennbar. Und jetzt kann ich es verändern.

Achtung! Eine Sache ist mir an dieser Stelle sehr wichtig. Es geht nicht darum, bei jeder Verhaltensweise des Partners nur bei sich selbst zu suchen. Wenn der Partner regelmäßig Stunden später als abgemacht nach Hause kommt oder ständig wild mit anderen Frauen flirtet, dann kann er nicht einfach sagen: »Wenn es dich stört, dann hat es was mit dir zu tun. Da würde ich an deiner Stelle mal draufgucken. Ich bin ja nur dein Arschengel, ich kann da nichts für.« Nein! Absolut Nein. Das ist kein Freifahrtschein. Wir sind alle nicht perfekt, und wir haben alle (und werden auch, solange wir leben) unsere jeweiligen Themen haben. Es geht lediglich darum, an der einen oder anderen Stelle mal genauer hinzuschauen. Und trotzdem darf jeder seine Grenze ziehen, wo er sie für angemessen hält.

Wenn dein Partner dir nie Wertschätzung entgegenbringt und dich nur niedermacht, dann ist es nicht deine Aufgabe, dich immer wieder zu fragen, warum dich das triggert, sondern dann darfst du auch irgendwann eine Grenze setzen und dich gegebenenfalls trennen. Natürlich ist es nie verkehrt, in so einer Situation zu lernen, sich selbst wertzuschätzen. Doch deine Grenzen ziehst du bitte dort, wo sie sich für dich richtig anfühlen.

Ich bin mit Leib und Seele Coach, und ich liebe es, mich zu hinterfragen, aber manchmal habe auch ich keine Lust mehr, den »Trigger« bei mir zu suchen. Manchmal darf ich auch einfach klipp und klar kommunizieren, was meine Dos und Don'ts sind. Und danach handeln. In dieser Szene der Persönlichkeitsentwicklung geht es nämlich schnell in die Richtung, nur noch bei sich selbst zu schauen. Und, ja, das finde ich, wie in den letzten Absätzen beschrieben, meist sinnvoll. Aber es ist eben kein Schwarz-Weiß. Manchmal darf ich Sachen auch einfach doof finden. Wenn mich Leute respektlos behandeln, muss ich mich nicht fragen, warum mich das triggert, da darf ich mal eine Ansage machen. Und wenn ich in einer Partnerschaft oder Freundschaft ständig und fortwährend meinen Liebestank selbst füllen muss, dann darf ich auch mal sagen: Das funktioniert so nicht.

So, das musste mal gesagt werden. Amen.

Nicht brauchen, aber wollen

Du weißt also jetzt, dass du dich um deine Liebestanks kümmern darfst. Ob mit Partner oder auch ohne, es ist immer gut zu wissen, was dir guttut und wie du dafür im Alltag Platz schaffst. Kümmere dich um deine Wertschätzung für dich selbst oder um deine Fähigkeiten, für Unterstützung zu sorgen. Und zwar bei jeder Kleinigkeit. Je kleiner die Kleinigkeit, desto besser. Denn so lernt dein Unterbewusstsein in Minihappen. Und das mag es am liebsten. Nehmen wir nochmal mein eigenes Beispiel vom Hilfeannehmen. Während ich diese Zeilen schreibe, befinde ich mich in einem wunderschönen Hotel. Ein paar Tage habe ich mir eine Auszeit von meiner Familie genommen, um mich ganz dem Schreiben widmen zu können. Das ist schon der erste Erfolg, weil ich es endlich geschafft habe, diese Schreibauszeit auch wirklich zu machen. Bislang war es halt immer »unpassend«, wie mein Gehirn mir sehr plausibel zu verstehen gegeben hat. Die Kinder brauchen mich, wir finden uns gerade in einem neuen Land zurecht, wir schauen uns regelmäßig Häuser an, mein Mann ist gerade nicht da. Und so weiter und so fort. Alles sehr plausible Erklärungen, die auch wirklich nachvollziehbar sind, nur leider gehen sie alle in die gleiche Richtung: »Jetzt gerade kannst du nicht nach Hilfe fragen. Das machst du dann aber sofort, wenn es irgendwie wieder möglich ist.« Leider erzählt mein Gehirn mir das seit Jahren: »Ich habe kein Problem damit, nach Hilfe zu fragen. Nur jetzt gerade ist es echt schwierig.« Das Fiese bei den Geschichten unseres Gehirns ist eben, dass wir sie glauben.

Ich habe also den ersten Erfolg verbucht, als ich es endlich geschafft habe, mir die Tage freizuschaufeln und meinen Mann mit den Kindern ohne schlechtes Gewissen allein zu lassen. Und jetzt bieten sich mir täglich Gelegenheiten, mein neues Verhalten von »Hilfeannehmen« zu üben. Heute morgen beim Frühstück zum Beispiel. Ich liebe frühstücken, und zwar so sehr, dass beim Kampf Magengröße gegen Appetit oft Letzterer gewinnt. Dann finde ich mich plötzlich mit drei Getränken (Orangensaft, Wasser und einem

Latte Macchiato), einem großen Avocadotoast mit pochiertem Ei, Croissants mit Marmelade und einem Fruchtsalat vor mir auf dem Tisch wieder. Da ich mir in letzter Zeit angewöhnt habe, nicht alles aufzuessen, nur weil ich es bestellt habe, obwohl mein Magen schon die Größe und das Gewicht einer Wassermelone hat, habe ich reichlich übrig gelassen. Und hatte die super Idee, die Reste mit auf mein Zimmer zu nehmen, wo ich den Vormittag über an meinem Manuskript weitergeschrieben habe. Normalerweise hätte ich die Schale Obstsalat irgendwie auf den Teller mit dem Croissant gestapelt und die kleinen Marmeladengläser noch an die Seite gequetscht. Diese wackelige Konstruktion hätte ich dann in der einen Hand gehalten, während ich in der anderen Hand die Wasserflasche und das Glas balanciert hätte. Ich habe so etwas schon zu oft versucht und hatte heute morgen daher eine Vorahnung, wie es enden würde. Höchst unwahrscheinlich mit dem Essen auf meinem Zimmer und sehr wahrscheinlich mit vielen Scherben.

Heute kam die Bedienung und fragte mich freundlich, ob sie mein Essen aufs Zimmer bringen solle. Mir lag der Satz »Kein Problem, das geht so« schon auf den Lippen, dann habe ich ihn galant runtergeschluckt und ihr Angebot dankend angenommen. Check. Hilfe annehmen klappt immer besser, und ich übe es im Alltag ständig. Das kannst du auch, egal wann und wo.

Du wirst bemerken, wenn du anfängst, dafür zu sorgen, dass deine Bedürfnisse erfüllt werden, dann passiert etwas Magisches. Da wird keine Lücke mehr sein, die der Partner gefälligst füllen soll. Er ist nicht der Einzige, der dafür zuständig ist, dass du Unterstützung oder Wertschätzung bekommst. Du fängst an, selbst aktiv zu werden. Und jetzt wirst du genau das im Außen immer mehr und mehr bekommen. Plötzlich sind da überall Menschen, die ihre Hilfe anbieten. Plötzlich sind da überall Freunde, die dir sagen und zeigen, wie sehr sie dich schätzen und mögen. Warum ist das so? Ganz einfach: Das ist das Gesetz der Anziehung. Ich war heute morgen wahnsinnig dankbar, dass mich die Kellnerin so lieb unterstützt hat, und noch viel wichtiger, ich konnte es annehmen. Damit sende ich eine Frequenz von »Hilfeannehmen« ins Universum, und was werde ich noch mehr bekommen? Genau, Situationen, in denen ich dankbar Hilfe annehmen kann.

Du bist nicht davon abhängig, dass du ein bestimmtes Gefühl ausschließlich über den Partner bekommst. Wenn du dich zum Beispiel selbst wertschätzt, dann brauchst du es nicht mehr zwingend vom Partner. Nicht falsch verstehen: Wertschätzung vom Partner ist immer noch wunderschön und in gewissen Anteilen auch nötig. Und laut Gesetz der Anziehung wird das nun auch häufiger genau so sein, weil die Energie sich verändert hat. Weg von »unbedingt brauchen« hin zu »gerne wollen«.

Wenn du dich selbst wertschätzt, dann bekommst du immer noch mehr Wertschätzung.

Aber dein Partner ist nicht dafür verantwortlich (und das ist der entscheidende Unterschied), dass du dich wertgeschätzt fühlst. Du fühlst dich von dir selbst schon wertgeschätzt. Das Gefühl ist bereits in dir, und jetzt kann der Partner das noch positiv unterstützen.

Wenn er das nie tut, obwohl du das Gefühl in dir regelmäßig abrufst (hier darfst du auch ganz ehrlich zu dir selbst sein), dann sind wir wieder bei der Stelle von vorhin, dass du deine Grenzen ziehen darfst.

In Kapitel 9 gehe ich noch genauer darauf ein, was du machen kannst, wenn das Thema Trennung im Raum steht. Doch zunächst geht es erst mal darum, dir bewusst zu werden, was du eigentlich brauchst, um dich rundum wohlzufühlen, und dann dafür zu sorgen, dass du das auch bekommst. Wir hatten das schon: Scheiß auf Amor, denn der kann auch keine Gefühle in dich hineinzaubern. Nur du kannst das, und das ist etwas Wundervolles, das du ab heute wieder jeden Tag tun darfst.

Das Geheimnis von langen Beziehungen

Deine Aufgabe ist es also, vor allem deinen Liebestank gut aufzufüllen und deinem Partner gerne auch dabei zu helfen, das Gleiche mit seinem Tank zu tun. Was ist sonst noch zu tun in einer Beziehung? Das ist eine superspannende Frage, denn ganz oft sprechen wir davon, dass Beziehungen Arbeit sind und dass wir regelmäßig etwas dafür tun müssen, damit eine Beziehung gelingt.

John Gottman, Professor für Psychologie an der University of Washington, will schon lange wissen, was die Geheimnisse für eine glückliche Beziehung sind, und hat 16 Jahre lang die aufwendigste und innovativste Forschungsreihe über Ehe und Scheidung durchgeführt, die es je gab. Das Wichtigste vorab: Auch glücklich verheiratete Paare streiten sich – laute Diskussionen müssen einer Ehe nicht schaden.[14] Es geht also bei einer Beziehung nicht darum, Streitigkeiten zu vermeiden.

Gottman hat herausgefunden, dass die glücklichen Ehen auf eine tiefe Freundschaft gegründet sind. Die Paare haben gegenseitigen Respekt voreinander und Freude an der Gemeinschaft mit dem anderen. Partner in einer solchen Beziehung kennen einander sehr gut, ihre Wünsche, Vorlieben und Eigenarten. Sie pflegen eine ständige

Achtung voreinander und geben dieser Zuneigung im tägliche Miteinander Ausdruck. Ein Satz von John Gottman in seinem Buch hat mich sehr berührt, es ist folgender: *»Freundschaft hält die Flamme der Liebe am Brennen, denn sie ist der beste Schutz vor feindseligen Gefühlen gegenüber dem Partner.«*[15]

Ich bin seit elf Jahren in einer Beziehung, das ist ja schon mal mehr als manch anderer, aber dennoch weiß ich im Gegenteil zu richtigen Langzeitbeziehungen noch gar nichts. Meine Großeltern waren 63 Jahre verheiratet, bis der Tod sie geschieden hat. Meine Eltern sind seit 40 Jahren verheiratet, und das auch noch glücklich. Ich habe sie mal gefragt, was für sie die Komponenten sind, damit eine Beziehung erfolgreich ist. Sie sagten, es sei wichtig, immer an die Beziehung zu glauben, eine Liebe zueinander zu haben, die regelmäßig gepflegt wird, und bereit zu sein, Kompromisse einzugehen und auf den anderen zuzugehen. Mein Vater sagte ganz schön, er glaube, dass ihre Ehe schon so lange Bestand habe, weil keiner versucht habe, den anderen zu ändern. Und man dürfe sich vorher darüber klar sein, ob man mit den Macken des anderen leben kann, und sollte nicht die Illusion hegen, sie irgendwann abstellen zu können. Meine Mama ergänzte dann noch: Toleranz, dem anderen Freiheit zu lassen und reden, reden, reden.

Ich finde, die Punkte fassen das Wesentliche ganz gut zusammen und decken sich mit dem, was Gottman herausgefunden hat.

Ja, Beziehung ist Arbeit. Arbeit an sich selbst.

Und wahrscheinlich mehr als alles andere, Arbeit daran, den Fokus auf die richtigen Sachen zu lenken. Beziehungen sind so individuell wie jeder Einzelne von uns. Und jede Beziehung ist anders. Deshalb möchte ich im Folgenden noch die Dinge teilen, die in unserer Ehe bislang wichtig sind, ohne den Anspruch zu haben, dass das für jeden gelten muss.

1. Exklusive Paarzeit

Ich glaube, das ist etwas, das in ganz vielen Beziehungen verloren geht. Vielleicht wohnt ein Paar zusammen und denkt, es verbringt doch viel Zeit miteinander. Aber wie viel Zeit ist wirklich dem Paar-Sein gewidmet? Wenn dann noch Kinder oder ein fordernder Job dazukommen, bleibt die Zweisamkeit selbst irgendwann auf der Strecke. Alle Gespräche drehen sich plötzlich nur noch um die Logistik mit den Kindern, den Wocheneinkauf oder darum, wer die Geschenke für Schwiegermutters Geburtstag besorgt. Wann habt ihr euch in eurer Beziehung das letzte Mal bewusst Zeit für euch als Paar genommen? Über eure Träume und Visionen gesprochen, über die Zukunft und was ihr noch gemeinsam erleben wollt? Wann habt ihr das letzte Mal gemeinsam reflektiert und über euer Kennenlernen gesprochen oder über die schönsten Urlaube? Über die tiefsten Ängste und eure versteckten Gefühle?

Am Anfang einer Beziehung geht es eigentlich nur um solche Themen. Jeder lernt den anderen kennen, jeder erzählt von sich und seinen Bedürfnissen, seinen Gefühlen, Wünschen, Hoffnungen und Visionen. Es werden Pläne geschmiedet für die gemeinsame Zukunft, alles erscheint rosarot, und man kann es kaum erwarten, diese gemeinsame Zukunft in die Tat umzusetzen. Aber irgendwann, nach ein paar Jahren, geht es gar nicht mehr so viel um die Zukunft einer Beziehung, sondern viel mehr um die Probleme im Hier und Jetzt. Deswegen ist es wunderschön, sich mal wieder zu erinnern, was man unbedingt noch gemeinsam erleben will. Wie man den anderen in seinen Träumen unterstützen kann und wo man eigentlich hinwill als Paar oder als Familie. Denn ohne Ziel fühlt sich der Weg oft schwer an.

2. Stärke die Stärken

Am Anfang erscheint uns der Partner genau richtig, so wie er ist. Doch dann, nach einiger Zeit, fällt es uns wie Schuppen von den Augen: Der ist gar nicht so perfekt, wie ich dachte. Nein, ist er natürlich nicht, und oft merken wir das auch schon am Anfang, es stört nur nicht weiter. Doch irgendwann fangen die kleinen Schwächen an, uns zu nerven. Gewohnheiten treiben uns in den Wahnsinn, und Dinge, die wir gerne anders hätten, werden wieder und wieder angesprochen. Ich kenne keine Beziehung, wo nicht jeder aus dem Stegreif drei nervige Angewohnheiten des anderen aufzählen könnte. Ich glaube, das ist normal.

In Beziehungen, die halten, schaffen die Partner es, sich auf die Stärken des anderen zu konzentrieren, anstatt unentwegt auf seine Schwächen zu gucken. Das deckt sich mit dem, was meine Eltern zum Gelingen einer Partnerschaft gesagt haben.

Kennst du das, wenn dich ein Geräusch von einem anderen Menschen nervt, und plötzlich hörst du nur noch das, und zwar in einer Lautstärke, als hätte jemand den Volumenregler komplett auf Anschlag gedreht? Heute Morgen saß eine Frau am Nachbartisch beim Frühstück, deren Atemzüge sich anhörten wie eine Mischung aus röhrendem Hirsch und heiserem Kettenraucher. Die Arme hatte offenbar irgendeine Krankheit und tat mir sehr leid, dennoch hat es mich fast wahnsinnig gemacht, während des Essens die ganze Zeit diesem Geräusch ausgeliefert zu sein. Vor allem, wenn bei nervigen Geräuschen oder Angewohnheiten keine Krankheit die Ursache ist, sind wir ganz schnell mal kurz vorm Wahnsinn. Mein Mann könnte durchdrehen, wenn ich manchmal beim Essen schmatze. Das hasst er wie die Pest. Und mich bringt eine bestimmte Tonart auf die Palme, wenn er mit unseren Kindern redet und dabei angespannt ist. So hat wohl jedes Paar seine eigenen Kleinigkeiten. Die Frage ist nur, worauf wir uns konzentrieren? Auf das, was wir beim anderen lieben? Auf die Eigenarten, die wir schätzen und in die wir uns verliebt haben? Oder auf die Marotten des anderen?

Anstatt den anderen verändern zu wollen, konzentrieren wir uns doch lieber auf das Positive. Denn das erschafft nach dem Gesetz der Anziehung mehr Positives, auf das wir uns konzentrieren können.

3. Sei mit dir selbst glücklich

Für mich ist das eine der wichtigsten Zutaten für eine gelungene Beziehung. Wenn du nicht weißt, was deine Bedürfnisse sind, kann dein Partner sich auf den Kopf stellen und wird dir nicht gerecht werden. Wenn du dir aber Zeit nimmst und die Mühe machst, den einen Teil eurer Beziehung, nämlich dich selbst, wirklich kennen zu lernen und zu verstehen, dann kann es deinem Partner auch besser gelingen. Verbringe Zeit mit dir, und fange an, dich selbst zu lieben. Was glaubst du, wie viel leichter es dann für andere wird, genau das Gleiche zu tun?

Wie das genau geht, erfährst du in Kapitel 11 und 12.

4. Bedürfnisse von sich selbst erkennen und kommunizieren

Warte nicht darauf, dass der Partner dir deine Wünsche von den Augen abliest. Abgesehen davon, dass viele Männer generell einen

Volkshochschulkurs zum Thema »Frauen verstehen – das kleine Einmaleins des weiblichen Gehirns« bräuchten und viele Frauen einen zum Thema »Männer, ihre Urinstinkte und die Auswirkungen auf ein Zusammenleben«, ist es immer schwer zu erraten, was der andere will. Und, ja, mir ist bewusst, dass ich hier ein Klischee bediene, aber Männer und Frauen ticken nun mal grundsätzlich ein wenig verschieden. Das lässt sich auch ganz klar mit den unterbewussten Mechanismen erklären, die bei uns einfach noch aus anderen Zeiten (ich sage nur Steinzeit: jagen vs. Kinder aufziehen) kommen.

Fakt ist: Wir dürfen kommunizieren, was uns wichtig ist. Aber dazu müssen wir es zunächst einmal selbst wissen. Deshalb ist es hilfreich, seine Liebestanks zu kennen. Nun dürfen die Bedürfnisse und Liebesbekundungen noch dazu aber auch kommuniziert werden. Und einige Formen von Kommunikation erkennen wir nicht mal als solche. Vielleicht liest dir dein Partner deine Wünsche wirklich schon von den Augen ab, du verstehst nur schlicht und ergreifend die Art, wie er sie erfüllt, nicht. Weil ihr unterschiedliche Sprachen sprecht. Und deshalb machen wir im folgenden Kapitel zusammen einen Sprachkurs. Nämlich den zu den fünf Sprachen der Liebe.

Das Wichtigste in Kürze

- Denkst du auch manchmal:»Wenn er doch nur xy anders machen würde!«?
- Finde deinen Wunsch hinter dem Wunsch heraus.
- Erkenne deine Liebestanks, und sorge dafür, dass sie regelmäßig gefüllt werden.
- Eine Person ist in deinen Beziehungen immer dieselbe: du.
- Wie sehr gibst du dir schon selbst, was du dir vom anderen wünschst?
- Arschengel zeigen dir, wo deine Trigger sind und wie du sie veränderst.
- Selbstreflexion ist super, trotzdem darfst du auch klare Grenzen für dich ziehen.
- Wenn du dir selbst ein Gefühl gibst, dann»brauchst«du es nicht mehr unbedingt vom Partner.
- Eine glückliche Ehe basiert auf einer tiefen Freundschaft.
- Regelmäßige exklusive Paarzeit kann einer Beziehung sehr guttun.
- Außerdem: die Stärken des anderen stärken, anstatt die Schwächen fokussieren, mit sich selbst glücklich sein, seine Bedürfnisse kennen und kommunizieren.

Kapitel 7: Sprech ich Chinesisch, oder was?

Manchmal kommt es uns tatsächlich so vor, als würde der andere Chinesisch sprechen. Das liegt schlicht und ergreifend daran, dass es verschiedene Sprachen der Liebe gibt. Und jeder hat eine bevorzugte Sprache, sozusagen die Muttersprache, die ihm am leichtesten fällt. Jede einzelne Sprache hat auch nochmal verschiedene Dialekte, was die Sache nicht unbedingt einfacher macht. Denn »Moin« ist eben nicht das Gleiche wie »Servus«, obwohl beides irgendwie »Guten Tag« bedeutet. Ich als Norddeutsche bin in den Jahren, in denen ich in München gewohnt habe, oft genug in eine Bäckerei gegangen und habe aus Gewohnheit laut »Moiiiiin« geflötet. Die Gesichter der Verkäuferinnen haben mir recht unmissverständlich zu verstehen gegeben, dass sie mit diesem Wort nicht sonderlich viel anfangen können. Also habe ich mir nach und nach angewöhnt, lieber »Servus« zu sagen, was für mich anfangs definitiv ungewohnt war.

Es lohnt sich allerdings, die verschiedenen Sprachen der Liebe zu lernen, und vor allem, die des Partners zu kennen. Das kann ganz oft ein Augenöffner für die Beziehung sein.

Gary Chapman, Paarberater aus den USA, hat mit seinem Buch *Die fünf Sprachen der Liebe* meine Sicht auf Beziehungen ziemlich

156

auf den Kopf gestellt.[16] Er sagt, es gebe fünf verschiedene Liebessprachen, in denen Menschen ihre Liebe mitteilen. Die Sprache des anderen zu kennen und zu nutzen, ist von großem Vorteil. Denn im Normalfall redet jeder ganz automatisch in seiner vertrauten Sprache und ist dann ganz verdutzt, wenn der andere ihn nicht versteht.

Klar, wenn ein Partner Spanisch spricht (was der andere nicht versteht), und der andere Partner immer auf Japanisch antwortet, dann kommt es zwangsläufig zu Problemen. Vielleicht fallen die Probleme am Anfang einer Beziehung noch nicht auf, denn da reicht es meist, sich mit Händen und Füßen zu verständigen oder auf andere Körperteile zurückzugreifen und sich der universellen Sprache der Liebe zu bedienen …

Doch sobald die erste Phase der Verliebtheit vorbei ist und wir tiefer gehende Gespräche mit dem anderen führen, sobald wir anfangen zu streiten und der Alltag das Leben dominiert, wird die Art der Kommunikation immer wichtiger. Und jetzt kommen die fünf Sprachen der Liebe ins Spiel.

»Warum ist er denn jetzt gleich wieder nach draußen gegangen? Kaum ist er von der Arbeit da, verzieht er sich in die Garage. Scheint ihm nicht so wichtig zu sein, mit mir zusammen zu essen«, schoss es Lisa durch den Kopf, als sich Paul nach Feierabend gleich wieder davonmachte, kaum dass er zur Tür reingekommen war. Und das sagte sie ihm natürlich auch genau so, als sie später am Abend doch noch zusammensaßen.

»Ich hatte mich auf unsere gemeinsame Zeit am Abend gefreut, wo wir doch beide so viel arbeiten. Aber dir scheint das egal zu sein.«

Paul war etwas betreten: »Was meinst du?«

»Na, wenn ich dir wichtig wäre, dann würdest du doch Zeit mit mir verbringen.«

Paul sah Lisa ganz verdutzt an: »Aber ich habe doch gerade die Reifen an deinem Auto gewechselt. Direkt als Erstes nach der Arbeit, weil dir das wichtig war.«

Lisa und Paul sprechen nicht die gleiche Sprache, wie du sicher gemerkt hast. Lisa spricht die Sprache der Zweisamkeit, ihre Liebe zeigt sie durch gemeinsam verbrachte Zeit. Paul dagegen spricht die Sprache der Hilfsbereitschaft. Es war ihm sehr wichtig, Lisa ihren Wunsch des Reifenwechsels zu erfüllen. Das war seine Art zu sagen: Ich liebe dich. Doch bei Lisa kommt das natürlich gar nicht so an, weil dieser Liebesbeweis in einer für sie fremden Sprache ausgedrückt wurde.

Ich möchte dir hier die verschiedenen Sprachen vorstellen und dir auch zeigen, wie du das Wissen darüber in deiner Paarbeziehung (und in jeder Beziehung zu anderen Menschen) nutzen kannst.

Um herauszufinden, welches deine bevorzugte Sprache der Liebe ist, reicht es ganz oft schon, sich die Beispiele der einzelnen Sprachen durchzulesen. Wenn du dir allerdings nicht sicher bist, gibt es im nächsten Abschnitt noch ein paar hilfreiche Fragen. Ansonsten kannst du online auch Tests machen, die dir helfen, deine Sprache der Liebe zu ermitteln.

Die fünf Sprachen der Liebe sind:

1. *Lob/Anerkennung*
2. *Zweisamkeit*
3. *Geschenke*
4. *Hilfsbereitschaft*
5. *Zärtlichkeit*

Schauen wir uns die Sprachen im Detail an:

1. *Lob/Anerkennung*

Menschen, für die Lob und Anerkennung die bevorzugte Sprache der Liebe ist, brauchen Worte, die ihnen genau das geben: »Schatz, ich mag es, wie du immer alles organisierst. Danke dafür« oder »Lieb von dir, dass du noch den Abwasch gemacht hast«. Natürlich gehören dazu auch Komplimente wie »Das Kleid steht dir super« oder »Du siehst heute wieder umwerfend aus«.

Ermutigende Worte sind, laut Chapman, ein Dialekt dieser Sprache. Das sind Sätze, die dem anderen Mut zusprechen, wenn er an irgendetwas zweifelt oder einfach Unterstützung braucht. Zum Beispiel: »Schatz, ich glaube du schaffst das locker, diese neue Stelle zu bekommen. Wenn du Lust dazu hast, dann solltest du dich unbedingt bewerben.« Die Botschaft dahinter ist: »Du bist mir wichtig, ich bin an deiner Seite. Wie kann ich helfen?«

Bei Lob und Anerkennung geht es weniger nur um die Worte, die der Partner genau wählt, sondern ganz viel auch

159

um den Tonfall. Vermittelt er wirklich das, was gesagt werden will? Ist der Tonfall liebevoll und freundlich?

Wenn man einen Partner hat, der diese Liebessprache bevorzugt, ist es eigentlich kein großes Hexenwerk, sie zu bedienen. Man muss es nur wissen. Denn im Grunde ist jede der fünf Sprachen leicht zu lernen. Deutlich leichter auf jeden Fall als Chinesisch. Wir müssen es nur wollen, wie es auch Gary Chapman in seinem Buch so schön sagt:

»Wenn wir einander lieben wollen, müssen wir wissen, was der andere sich wünscht.«[17]

2. Zweisamkeit

Menschen mit dieser Sprache der Liebe sehnen sich danach, Zeit mit dem anderen zu verbringen. Und zwar nicht einfach nur Zeit, in denen der andere körperlich anwesend ist und sonntags abends neben einem den Tatort guckt, sondern Zeit ungeteilter Aufmerksamkeit. Das kann ein Gespräch ohne Handys und Ablenkung beim Abendessen oder ein gemeinsamer Spaziergang sein. Hauptsache, es ist eine Zeitspanne, in der es nur um das Paar selbst geht, und in der man sich dem anderen bewusst zuwendet.

Auch hier gibt es Dialekte. Einer davon ist das Zwiegespräch, der gemeinsame Gedankenaustausch. Wenn zum Beispiel ein Partner von seinen Problemen erzählt und einfach nur einen aufmerksamen Zuhörer braucht, der Anteilnahme zeigt. Besonders Männer wollen Probleme aber gerne gleich lösen, weil sie einfach sehr lösungsorientiert sind, und schlagen dann munter vor, was die Partnerin tun sollte. Darum geht es aber gar nicht, sondern vor allem um den Akt des Zuhörens und darum, einfach für den Partner da zu sein.

3. Geschenke, die von Herzen kommen

Die dritte Sprache der Liebe ist die der Geschenke. Wenn wir jemandem etwas schenken, dann beschäftigen wir uns gedanklich mit dieser Person und drücken durch das Geschenk Zuneigung oder Liebe aus. Geschenke sind sichtbare Zeichen der Liebe. Es geht nicht darum, ob ein Geschenk teuer war, sondern vor allem um die Geste. Menschen, die diese Sprache sprechen, fühlen sich durch ein Geschenk, das von Herzen kommt, wertgeschätzt und geliebt. Natürlich freuen sich wohl die meisten Menschen, wenn sie etwas geschenkt bekommen. Menschen mit dieser Liebessprache jedoch räumen diesen Geschenken einen ganz besonderen Stellenwert ein.

Meine Eltern tragen fast seit Beginn ihrer Ehe keinen Ring. Meinen Vater hat der Ring immer gestört, wenn er an etwas werkelte, und auch meine Mutter hat ihn vor etlichen Jahren abgenommen, weil in den 80ern viereckige Ringe modisch waren, diese aber leider etwas den Finger verformen. Für beide hat das nie etwas an ihrer Liebe verändert. Menschen, die als erste Liebessprache Geschenke haben, würden ihren Ehering wahrscheinlich nicht abnehmen. Zu groß ist die symbolische Bedeutung dieses Schmuckstücks.

Geschenke können natürlich so etwas wie Blumen sein, eine Karte, aber auch eine Kleinigkeit vom Bäcker, eine mitgebrachte Pizza zum Abendbrot, ein kleiner Zettel mit einer Botschaft, eine Einladung zum Essen. Der Fantasie sind da keine Grenzen gesetzt, und es geht, wie gesagt, vor allem um die Geste.

4. Hilfsbereitschaft

Diese Liebessprache zeigt sich durch all die Gefälligkeiten und Dienstleistungen, die wir machen, um den anderen zu unterstützen. Die Spülmaschine ausräumen, den Tisch decken, dem anderen bei seinem Papierkram helfen. Menschen mit dieser Liebessprache fühlen sich geliebt, wenn der Partner sie unterstützt und hilfsbereit ist. Deshalb war es für Paul auch eine Liebeserklärung, dass er an Lisas Reifen gedacht und sich sofort nach der Arbeit darum gekümmert hat. Diese vermeintlich kleinen Dinge sind Botschaften der Liebe. Auch wenn ein Partner vielleicht von Natur aus nicht so hilfsbereit ist, kann er sich doch entscheiden, diese Sprache zu sprechen, wenn er damit dem anderen die Botschaft vermittelt, ihn zu lieben.

5. Zärtlichkeit

Die fünfte Sprache der Liebe ist die der Zärtlichkeit. Dabei geht es um Körperkontakt aller Art. Händchenhalten, dem anderen über den Kopf streicheln, eine innige Umarmung und natürlich auch Sex. Wobei das nur ein Dialekt unter vielen ist. Wenn einem Partner also Sex besonders wichtig ist, heißt das noch nicht automatisch, dass seine Sprache der Liebe die Zärtlichkeit ist. Diese Sprache der Liebe zeigt sich vielmehr in den kleinen zärtlichen Gesten, mit denen einer den Körperkontakt zu dem anderen sucht. Wenn die Füße sich unter dem Tisch berühren oder die Hände den anderen im Vorbeigehen streicheln, wenn ein Partner dem anderen durch körperliche Nähe seine Liebe zeigt.

Mein Mann legt ganz oft, während wir Auto fahren, seine Hand auf meinen Oberschenkel. Ich habe früher oft gedacht, dass es mir wegen des Straßenverkehrs lieber wäre, wenn er beide Hände am Lenkrad hätte. Ich habe mir zudem nicht viel daraus gemacht, ob seine Hand da nun liegt oder nicht. Bis ich erkannt habe, dass Zärtlichkeit seine Sprache der Liebe ist, und er mir damit zeigt, dass er mich liebt. Genauso verhielt es sich lange Zeit, wenn er mich nach einem Streit umarmen wollte. Da meine bevorzugte Sprache Lob und Anerkennung ist, wollte ich die Sachen mit Worten bereinigen. Er dagegen zeigte mir durch seine Umarmungen, dass er mich liebt und dass alles wieder okay ist. Es hat Jahre gedauert, bis ich das verstanden habe.

Wenn Partner anfangen, die Sprache des anderen zunächst einmal zu verstehen und später auch zu sprechen, dann ergeben viele Verhaltensmuster plötzlich Sinn. Ich sage meinem Mann zum Beispiel gerne, dass ich ihm dankbar bin, wenn er die Spülmaschine ausgeräumt hat. Das ist meine Art, Liebe zu bekunden. Bei ihm allerdings kommt es viel schneller und einfacher an, wenn ich ihn einfach in den Arm nehme. Andersrum kann er mich in den Arm nehmen, so

163

oft er will, es wird nicht so einen bleibenden Eindruck hinterlassen, wie wenn er mich anerkennt für das, was ich tue.

Wir meinen immer, der andere tickt so wie man selbst. Tut er allerdings in den wenigsten Fällen. Die meisten Paare sprechen nicht von Haus aus die gleiche Sprache der Liebe. Freunde von uns haben neulich erzählt, dass er oft bis spät in der Nacht am Computer saß, um ihr bei technischen Problemen zu helfen, während sie vor allem Zeit mit ihm verbringen wollte. Erst als sie rausfanden, dass seine Sprache der Liebe Hilfsbereitschaft und ihre Zweisamkeit ist, konnten sie das Verhalten des Partners als das deuten, was es war: ein Zeichen der Liebe.

Sprachschule

Nun geht es in erster Linie darum, die Sprache des anderen zu verstehen und natürlich auch zu lernen, sie zu sprechen. Es gibt ein paar Fragen, die helfen, die eigene und die Sprache des Partners zu entdecken:

Wann wird dir am deutlichsten bewusst, dass dein Partner dich liebt? Wonach sehnst du dich am meisten? Vielleicht wünschst du dir nichts mehr, als regelmäßig in den Arm genommen zu werden? Das deutet auf die Sprache »Zärtlichkeit« hin. Dein Partner aber fühlt sich besonders geliebt, wenn du ihm am Abend sein Lieblingsessen machst? Hier ist entweder »Hilfsbereitschaft« oder »Geschenke« die bevorzugte Sprache der Liebe. Um das genauer zu definieren, müsste man in anderen Situationen schauen, ob es eher um Hilfe und Unterstützung geht oder um die Geste des Gebens.

Chapman empfiehlt in seinem Buch außerdem, dass du dir die Frage stellen kannst, was dich an dem Verhalten deines Partners besonders kränkt. Wenn der Partner das Gegenteil von dem tut, was du mit der Liebessprache gerne möchtest, dann wird es dich, laut Chapman, besonders verletzen. Wenn es dich also besonders kränkt, dass er dir lange nichts geschenkt hat, ist demnach Geschenke deine Liebessprache. Doch jetzt kommen nochmal die Liebestanks aus dem letzten Kapitel ins Spiel. Wenn bestimmte Tanks leer sind, dann drängen diese Bedürfnisse sich unweigerlich in den Vordergrund. Das muss aber nicht bedeuten, dass das auch die Sprache der Liebe ist.

Ich habe ja eben schon erzählt, welche Sprachen mein Mann und ich sprechen. Er zeigt mir seine Liebe oft durch Nähe, Umarmungen und Händchenhalten und freut sich umgekehrt auch, wenn ich das genauso mache. Ich dagegen spreche die Sprache von Lob und Anerkennung und freue mich, wenn er sieht, was ich getan oder geleistet habe und mir das auch sagt. In den Phasen, in denen es in unserer Beziehung nicht gut läuft (und, ja, die gab und gibt es auch bei uns), neige ich dazu, ihn vermehrt zu kritisieren. Es ist, als ob ich ihm meine Liebessprache entziehe, indem ich kritisiere, wenn er etwas nicht so macht, wie ich das gerne hätte (Spülmaschine ausräumen und solche Sachen, du kennst das vielleicht). Wenn man meinem Mann in solch einer Phase jetzt die Frage von Gary Chapman stellen würde, was ihn besonders an meinem Verhalten kränkt, würde er sicher sagen:»Dass sie mich ständig kritisiert. Egal, was ich mache, ich kann es ihr nicht recht machen.« Und ich würde auf die Frage wie folgt antworten:»Dass er nie mit anpackt. Ich habe das Gefühl, ich mache alles allein, und er unterstützt mich nicht.« Geht man nur nach dieser Situation, würde mein Mann also die Sprache Lob und Anerkennung und ich die Sprache Hilfsbereitschaft sprechen. Das ist aber nicht der Fall. Denn wenn unsere Liebestanks gut aufgefüllt sind, zum Beispiel sein Tank von Anerkennung (weil ich ihn immer mal wieder lobe und sehe, was er alles für mich tut) und mein Tank von Hilfsbereitschaft (weil er mir unter die Arme greift und mich unterstützt), dann ist alles gut. Wenn diese Tanks voll sind, dann braucht er nicht das ständige Lob von mir, um sich gut zu fühlen. Viel lieber ist ihm dann, wenn ich ihn in den Arm nehme. Und ich brauche dann auch nicht die ständige Unterstützung, mir hilft es dann, wenn er sagt, wie stolz er auf mich ist.

Wenn die Tanks leer sind, brennt es oft an allen Ecken und Enden. Deswegen ist es in solchen Situationen auch schwerer, die Sprache der Liebe richtig zu erkennen. Aber es hilft, sich an die Zeiten zu erinnern, in denen die Tanks noch gut gefüllt waren, und sich zu fragen, wie der Partner seine Liebe zu dieser Zeit ausgedrückt hat. Denn so, wie wir selbst die Liebe zeigen, so bekommen wir sie auch gerne zurück. Du wirst also oft das für den anderen tun, was du dir selbst wünschst.

Was tust du also, um dem Partner zu zeigen, dass du ihn liebst?

Sobald sie das Konzept der Sprache der Liebe kennen, fragen mich viele meiner Kundinnen, ob es auch sein kann, zwei Sprachen in gleichen Teilen zu sprechen. Also zum Beispiel Zärtlichkeit und Hilfsbereitschaft, ohne dabei eine Präferenz zu haben. Ja, das ist in etwa so, wie Menschen die zweisprachig aufgewachsen sind und beide Sprachen als ihre Muttersprache empfinden. Für den Partner ist das super, denn nun hat er die doppelte Chance, mit seiner Liebesgeste richtig zu liegen. Für alle anderen gilt das Gleiche wie bei einer Sprache: Eine wird immer deine Muttersprache bleiben, in der du dich am wohlsten fühlst und die dir einfach ganz natürlich in den Sinn kommt. Sicher hat auch unsere Erziehung einen Einfluss darauf. Wenn ein Junge bei seinen Eltern immer beobachtet, dass der Vater der Mutter Geschenke macht, kann es sein, dass er lernt, als Erwachsener so seine Liebe auszudrücken. Um herauszufinden, ob es ein erlerntes Verhalten oder ein »echtes« ist, kann der Mann sich heute fragen, ob es bei ihm auch Geschenke sind, die ihm das Gefühl geben, geliebt zu werden, oder ob es doch eher andere Dinge sind.

Muss ich die andere Sprache lernen?

Jetzt kommt die Frage aller Fragen: Muss ich jetzt immer die Sprache des anderen sprechen? Und was mache ich, wenn mir das gar nicht liegt? Mache ich der anderen Person dann nicht etwas vor? Und wirkt das nicht total aufgesetzt? Ich kann diese Frage so gut nachvollziehen. In erster Linie lernst du, die Sprache des anderen zu verstehen. Wenn du in China wohnst, ist es hilfreich, chinesisch zu verstehen. Damit gehören schon mal ganz viele Missverständnisse der Vergangenheit an.

Wenn Paul die Sprache der »Zweisamkeit« lernt, wird er verstehen, was seine Frau meint, wenn sie verkündet, dass sie am Wochenende einen ganzen Tag Zeit für ihn habe. Und wenn Lisa die Sprache »Hilfsbereitschaft« beherrscht, wird sie verstehen, warum er in der Zeit ihre Sommerreifen aufs Auto zieht. Es geht im ersten Schritt darum zu begreifen, warum der andere sich so verhält, wie er sich verhält, ohne dahinter eine böse Absicht zu vermuten oder die Unfähigkeit, die Gefühle des anderen zu erkennen.

Ja, es geht darum, die Sprache des anderen zu lernen und selbst zu sprechen. Und, ja, das ist verdammt ungewohnt. Aber das ist bei Fremdsprachen nun mal so. Als ich vor mehr als zehn Jahren das erste Mal in Spanien gewohnt habe und noch nicht viel Spanisch sprach, hat es auch ein paar Bier und die Überwindung meines Egos gekostet, bis ich mich das erste Mal getraut habe, ein paar Worte zu sagen. Ich kam mir vor wie ein kleines Kind, das Sprechen lernt. Ich wollte nicht wie ein Idiot klingen, weil ich die Beugungsformen der Verben noch nicht kannte und ich mich ungefähr so angehört haben muss: »Ich mich freue, wenn gehen mit.«

Die Menschen um mich herum wussten aber doch, dass ich die Sprache gerade erst lerne. Die haben mich natürlich nicht schief angeguckt nach dem Motto: »Alter, lern du erst mal sprechen.« Sobald ich die ersten holprigen Versuche hinter mir hatte, wurde es leichter und leichter, und irgendwann war ich in der Sprache überraschend flüssig. Das kann mit den Sprachen der Liebe genauso sein.

Mein Mann und ich machen uns da mittlerweile einen Spaß draus. Er spricht von Natur aus nicht unbedingt meine Sprache »Lob und Anerkennung«. Es kommt ihm also oft komisch vor, mir zu sagen, wie gut ich etwas gemacht habe oder wie stolz er ist. Und ich spreche nicht von Haus aus die Sprache »Zärtlichkeit« und nehme ihn nicht alle paar Minuten in den Arm oder streiche ihm übers Haar. Als wir aber über die Sprachen der Liebe gesprochen und erkannt haben, dass wir da sehr unterschiedlich sind, passierte etwas Spannendes. Er sagte hölzern: »Schatz, ich bin echt stolz auf dich, wie viel du schon im Manuskript geschrieben hast.« Ich musste lachen, und unbewusst tätschelte meine Hand sein Bein, wie als wollte ich sagen: »Danke, dass du dich so bemühst.« Als wir das bemerkten, mussten wir beide sehr lachen und vereinbarten, dass wir doch einfach bei jeder Gelegenheit die Sprache des anderen sprechen könnten, ohne es todernst zu meinen. Er sagt nun also bei allen Gelegenheiten (in völlig übertriebenem Tonfall) »Wow, wie toll! Das hast du super gemacht!«, und ich tätschle ihm unbeholfen den Arm. Ganz ehrlich: Das ist so befreiend und schweißt uns als Paar zusammen, denn wir merken: Der andere gibt sich Mühe. Und sobald der eine die Sprache des anderen besser beherrscht, wird es viel natürlicher (wir finden es allerdings so lustig, dass wir nach wie vor immer mal wieder die unbeholfene Variante einfügen).

Du kannst dich aus Liebe dazu entscheiden, die Sprache deines Partners zu sprechen. Denn auch wenn es sich ungewohnt anfühlt und zu Beginn vielleicht auch unangenehm, es wird eurer Partnerschaft helfen. Es wird deinem Partner das Gefühl geben, geliebt zu sein. Und genauso wirst du das Gefühl von Geliebtsein bekommen, wenn dein Partner sich die Mühe macht, deine Sprache zu sprechen. Vielleicht klappt es nicht zu 100 Prozent, denn wie du ja bis hierher schon gelernt hast, entstehen deine Gefühle (und »Geliebtsein« gehört auch dazu) in dir selbst, aber es wird sicherlich dabei helfen, dieses Gefühl in dir abzurufen.

Es lohnt sich also, ein bisschen Sprachunterricht zu nehmen und sich der Sprache des anderen anzunehmen. Du kannst dir ganze Romane auf Französisch sparen, denn wenn dein Mann nur Deutsch versteht, wird es nicht viel bringen. Genauso kannst du dir die ganzen Liebesbekundungen schenken, wenn der Partner sie nicht hören kann. Fang also an, seine Sprache zu sprechen, und schenkt euch als Paar gegenseitig durch gezielte Worte (oder Taten) genau die gewünschten Gefühle.

Das Wichtigste in Kürze

- Es gibt fünf Sprachen der Liebe.
- Jeder Mensch hat seine Muttersprache, die er gewohnt ist.
- Die fünf Sprachen sind: Lob/Anerkennung, Zweisamkeit, Geschenke, Hilfsbereitschaft und Zärtlichkeit.
- Lob und Anerkennung drücken wir durch Worte und Komplimente aus.
- Zweisamkeit ist die exklusive Zeit, in der die ungeteilte Aufmerksamkeit dem Partner gewidmet ist.
- Geschenke sind die kleinen Dinge und Gesten nur für den anderen.
- Hilfsbereitschaft drückt Liebe durch Unterstützung aus.
- Zärtlichkeit ist der Körperkontakt und die Nähe, die wir zum Partner suchen.
- Es ist wichtig, die Sprache des anderen zu verstehen, damit die Liebesbeweise überhaupt wahrgenommen werden.
- Du kannst die Sprache des anderen bewusst lernen und sprechen.
- Zunächst ist eine andere Sprache ungewohnt, das ist aber in einer Fremdsprache immer so, mit der Zeit wird es besser.
- Du lernst und sprichst die andere Sprache aus Liebe zu deinem Partner.

Kapitel 8: Die Luft ist raus

Je weiter der Disney-Moment von Wir-haben-uns-endlich-gefunden-und-leben-nun-glücklich-bis-an-unser-Lebensende zurückliegt, desto vorhersehbarer wird eine Partnerschaft. Du kennst den anderen mittlerweile ziemlich gut, er dich genauso. Oft weißt du schon, mit welchen Worten er eine Sprachnachricht an dich beginnt oder wie seine Verabschiedung am Telefon klingt. Du siehst es ihm an, wenn es ihm nicht gut geht oder er Stress im Job hat, andersrum kann er meist auch genau sagen, ob dein Gute-Laune-Barometer gerade im roten oder grünen Bereich liegt. Diese Vertrautheit mit dem Partner ist das, was vielen in Langzeitbeziehungen Sicherheit gibt. Du kannst dich zurücklehnen und so sein, wie du bist. Du musst niemanden mehr beeindrucken oder schnell den Bauch einziehen, sobald er in die Nähe kommt. Am Anfang der Beziehung haben Männer vielleicht noch die Illusion, Frauen würden auf der Toilette nur Rosenduft hinterlassen, und Frauen denken, sie hätten ein Exemplar der anderen Spezies gefunden, bei dem die Features »rülpsen« und »pupsen« bei der Werksfertigstellung vergessen wurden. Meist merken wir nach ein paar Jahren, dass das leider nicht der Fall ist.

Mit wachsender Vertrautheit verabschiedet sich aber in vielen Haushalten leider auch die Romantik und oft auch die Leidenschaft.

Denn du kennst irgendwann nicht nur die Worte und Bewegungen deines Partners in- und auswendig, du weißt auch, was er im Schlafzimmer machen wird. Wenn er diesen ganz besonderen Blick draufhat und dich ein wenig länger als sonst in den Arm nimmt, wenn er vielleicht bestimmte Musik anmacht oder wohlwissend grinst. Als Paar kennt man irgendwann die Zeichen des anderen, die einen ins Bett verführen sollen. Und so werden auch der Sex und die Zärtlichkeit bei vielen Paaren zu einem einstudierten Tanz. Es überrascht dich nicht mehr, wie er dich anfasst, andersrum genauso, und oft kann man dann genau vorhersagen, was als Nächstes kommt.

Das ist absolut nichts Ungewöhnliches. Oft passiert es aber dann, dass die Frequenz des Liebesspiels deutlich geringer wird als noch zu Beginn der Partnerschaft. Vielleicht will einer von beiden auch gar nicht mehr oder nur noch sehr selten. Viele Paare erleben das spätestens dann, wenn Kinder dazukommen. Der Tag war lang, die Laune geht gegen Abend beim Zähneputzen bis knapp an den Siedepunkt (und der verheißt leider nichts Heißes), und den Partner anspringen will man eigentlich nur noch, wenn man sich streitet. Die Kinder fordern viel Aufmerksamkeit, und irgendwie ist immer einer von beiden abends zu müde, um überhaupt noch irgendwas zu starten. Die Luft ist raus. Es fehlt diese magische Anziehungskraft vom Beginn der Liebe. Dieses Gar-nicht-genug-vom-anderen-Bekommen ist schon lange in Vergessenheit geraten. Heute geht der andere einem viel zu oft auf den Senkel. Und inmitten von all den Aufgaben des Alltags wird das Liebemachen irgendwann zum Pflichtprogramm oder hat Seltenheitsstatus.

Egal, ob ihr nebeneinanderher lebt wie Mitbewohner oder ob ihr eure sexuellen Aktivitäten als mechanisch und vorausschaubar empfindet, oder ob einer immer mehr Lust hat als der andere: Ganz egal, was die Gründe für die Flaute im Bett sind, es lohnt sich, hier mal genauer draufzuschauen. Denn Sex ist Teil einer funktionierenden Beziehung.

Sex ist zwar nur ein Teil einer Beziehung, aber er ist eben ein Teil einer Beziehung.

Ohne diesen Teil, ohne die Anziehungskraft, ohne Begehren und Freude an der Körperlichkeit seid ihr als Paar wie Freunde oder Mitbewohner. Vielleicht hatte Sex von Anfang an keinen hohen Stellenwert in der Beziehung, meist wünscht sich aber mindestens einer der Partner dieses Anfangsknistern zurück. Nur wie geht das?

Die Gewohnheit ist es, die das sexuelle Verlangen oft langsam aber sicher killt. Nur will ich in diesem Kapitel gar nicht darüber reden, wie ihr euch wieder interessant machen könnt für den anderen. Dazu gibt es sicher genug einschlägige Literatur. Ich möchte dir zeigen, wie du dir diesen Anteil einer Partnerschaft manifestieren kannst und wie sich, fast von alleine, Dinge verändern können, wenn du dir deiner Rolle in der Beziehung bewusst wirst. Dazu schauen wir uns später mal an, wie sehr du deine Weiblichkeit und er seine Männlichkeit lebt (in diesem Teil gehe ich tatsächlich nur auf heterosexuelle Paare ein, da ich leider kein Wissen zu gleichgeschlechtlichen Beziehungen in sexueller Hinsicht habe).

Doch zuerst einmal schauen wir, wie und was du dir für ein erfülltes Sexleben manifestieren kannst.

Das Kribbeln in dir

Viele Frauen erzählen mir im Coaching, dass Sex irgendwann zur Gewohnheit wurde. Es ist immer das Gleiche, man weiß schon, wie es abläuft und was als Nächstes kommt. Es ist zwar immer noch schön und vertraut, aber wenn der Tag lang war, ist die Müdigkeit oft stärker als die Lust. Dabei wünschen sich eigentlich alle Frauen, mit denen ich gesprochen habe, Leidenschaft in einer Beziehung. Es ist nicht so, dass wir Frauen keine Lust auf Sex haben, wie Männer manchmal denken. Die meisten Frauen haben nur keine Lust auf erwartbaren Sex. Es ist dieses Kribbeln, was Frauen oft fehlt.

Frauen werden viel stärker als Männer durch ihre Fantasie angeregt. Doch genau der Kopf ist es, der einer Frau oft im Weg steht und sie davon abhält, sich fallen zu lassen. Dann geht Frau im Geiste nochmal das Gespräch mit dem Chef von heute morgen durch und was sie hätte sagen können oder ihr fällt gerade ein, was sie morgen unbedingt noch einkaufen muss.

Beim Mann ist der Sexualtrieb körperlich bedingt (das macht ja auch Sinn, Fortpflanzung sichert uns schon immer das Überleben). Deshalb hat die Natur sich was ganz Schlaues ausgedacht und Männern quasi einen Drang zum Geschlechtsverkehr eingebaut, der, vereinfacht gesagt, durch die Produktion von Samenflüssigkeit in den Bläschendrüsen ausgelöst wird. Wenn diese voll sind, entsteht der Drang zur Entleerung. Deswegen kommt es bei Männern auch manchmal unbewusst zu einem Samenerguss während des Schlafs. Dies ist rein körperlich gesteuert und geht gar nicht unbedingt mit einem erotischen Traum und oft nicht einmal mit einer Erektion einher.[18]

Bei Frauen hingegen ist das Verlangen nach Sex nichts, was körperlich ausgelöst wird. Zwar spielen Hormone sowohl bei Männern als auch Frauen eine zentrale Rolle. Bei Frauen ist der Sexualtrieb aber vor allem psychisch bedingt. Es gibt nichts im Körper, was Frauen zum regelmäßigen Geschlechtsverkehr drängt.[19] Das ist spannend zu wissen, wie ich finde. Und deckt sich sicherlich mit dem, was viele zum Thema Sex erlebt haben. Frauen brauchen oft (nicht immer) eine emotionale Nähe und den »Kopf frei«, um sich auch körperlich fallen lassen zu können. Es gibt auch spannende Studien darüber, wie lange ein Mann braucht, um sexuell in Fahrt zu kommen und wie lange es bei einer Frau im Durchschnitt dauert. Die Zahlen passen nämlich nicht besonders gut zueinander. Aber darum soll es heute gar nicht gehen. Es reicht zu wissen, dass Frauen über ihre Gedanken und Gefühle die Lust abrufen und sie oft nicht rein körperlich da ist wie vielleicht beim Mann.

Hast du schon mal einen romantischen Film geguckt, bei dem du dich richtig gut in die Protagonistin hineinversetzen konntest? Du hast dich mitgefreut, wenn sie in ihrer Wohnung umhergetanzt ist, du hast mitgelitten, wenn sie traurig war und sich bei ihrer besten Freundin ausgeheult hat? Dann weißt du sicherlich, wovon ich spreche, wenn es dann irgendwann im Film zu dieser Kuss-Szene kommt. Ganz klischeehaft könnten wir uns jetzt vorstellen, wie er sie nach dem gemeinsamen Date bis zu ihrer Tür begleitet und sich dann langsam zu ihr runterbeugt. Und dann berührt sein Mund ihren und sie küssen sich heiß und innig. Und du kannst es spüren, dieses Kribbeln in deinem Bauch. Obwohl du immer noch stumpf auf deiner Couch zu Hause sitzt, hast du gespürt, wie es sich wohl anfühlen muss, so einen magischen ersten Kuss zu bekommen. Vielleicht, weil du selbst noch diese Erinnerungen an solche magischen Momente hast. Aber selbst, wenn das gar nicht der Fall ist, du kannst dich hineinversetzen in die Protagonisten und in dir ein Gefühl abrufen, das den Gefühlen der Figuren im Film ähnelt. Das bedeutet, du kannst etwas in dir abrufen, obwohl du nur einen Film siehst. Und das ist ein großartiges Geschenk.

Fange an, den Film zu deiner Partnerschaft in deinem Kopf neu zu schreiben. Oft warten wir in einer Beziehung darauf, dass der andere sich anders verhält, sind genervt von den immer gleichen Abfolgen im Bett. Warum macht er nicht mal was anderes? Warum überrascht er mich nicht mal mit einem stürmischen Kuss in der Küche? Oder mit Kerzenschein und etwas Romantik? Warum gibt er sich nicht ein bisschen mehr Mühe? Die Frage ist aber: Was machst du? Was machst du in deinem Kopf, um euren Film neu zu schreiben? Was machst du in deiner Fantasie, um deine Lust zu beflügeln?

Das Schöne ist: Du kannst das alles manifestieren. Als Erstes darfst du dir klarmachen, was du willst. Wenn du tatsächlich mal einen Film guckst, bei dem du ein Kribbeln in dir spürst oder du andere Paare beobachtest, die scheinbar nicht die Finger voneinander lassen können, dann bestelle dir, dass du das auch willst. Stell dir vor, wie es ist, wenn da wieder eine Leidenschaft ist zwischen euch, erinnere dich zurück an die ersten Tage, Wochen und Monate, in denen ihr Stunden im Bett verbringen konntet (falls das bei euch nie der Fall war, keine Sorge, es ist nie zu spät für eine neue Erinnerung). Wenn es dir hilft, guck dir alte Fotos an, auf denen ihr frisch verliebt seid, oder lies alte Tagebücher, wenn du so etwas besitzt. Um in die alten Gefühle abzutauchen, hilft es auch, sich alte WhatsApp-Verläufe oder Nachrichten anzuschauen. Mach, was auch immer deinem Kopf dabei hilft, die Gefühle, die einst da waren, in dir hochzuholen. Was fandest du einst (und was findest du heute) an dem anderen begehrenswert, sexy oder anziehend?

Wie würdest du dich gerne fühlen, wenn ihr zusammen intim werdet, wie willst du dich währenddessen fühlen und wie danach? Du darfst deinen inneren Film ablaufen lassen, wie er dir gefällt. Fang mit dieser Entscheidung an, für dich und euch und das Kribbeln. Es kann natürlich sein, dass du feststellst, dass euch ein wenig romantische Musik oder Kerzenschein, schöne Unterwäsche, Massage, Tantra, Toys oder was auch immer hilft. Ganz oft sind es aber schlicht und ergreifend andere innere Bilder, die schon viel verändern können. Einen anderen Film, als die erwartbare, immer gleiche Daily Soap, an der ihr euch wahrscheinlich beide schon sattgesehen habt.

Am besten redet ihr gemeinsam darüber, wie ihr euch euren Liebesfilm vorstellt. Es geht gar nicht darum, wieder so verliebt und aufgeregt zu sein wie beim ersten Kuss. Es geht darum, das Vertrauen, das ihr füreinander habt, zu nutzen, um eine ganz neue Verbindung herzustellen. Wenn wir nur jedes Mal wieder das Gleiche erwarten und in unserer Vorstellung schon gelangweilt sind, dann hat der andere echt einen schweren Start. Stattdessen darf jeder schon in seinen Gedanken die Frage stellen:

Wie kann es noch schöner werden?

Wie kann auch dieser Bereich unseres Zusammenseins noch schöner und erfüllender für beide werden? Wenn ihr an der Stelle seid, dass ihr das sogar gemeinsam als Paar besprechen könnt, dann ist das natürlich genial. Ich kann mir kaum einen Partner vorstellen, egal ob es der Mann ist oder die Frau, der oder die kein Interesse daran hat, die Frage zu klären: »Wie kann unser Intimleben noch schöner für beide von uns werden?«

Stellt euch diese Frage also am besten gemeinsam, und wenn jeder es in seinen Gedanken schon wunderschön werden lässt, dann könnt ihr in der Realität nur Wunder erfahren.

Boah, jetzt habe ich diesen Satz geschrieben (er ist einfach so aus mir raus) und habe selbst gedacht: Oje, klingt das abgedroschen. Also, lass mich die Essenz nochmal in gewohnter Claudia-Manier zusammenfassen: Wenn du gerne eine andere Dynamik im Schlafzimmer haben willst, aber in deinen Gedanken schon gelangweilt bist von eurem Sex, habt ihr keine Chance. Schalte mal den Fantasie-Knopf da oben an, und stell dir vor, wie sich richtig guter Sex anfühlen würde. Nimm zur Not Channing Tatum oder Ryan Reinolds für die ersten Traum-Nummern in deinem Kopf. Aber heiz mal kräftig an. Und dann redest du mit dem Mann, mit dem du jede Nacht das Bett teilst, und ihr beide findet sicher Wege, eure Vorstellungen in die Realität umzusetzen.

So, jetzt ist es besser.

Das mit der Männlichkeit und der Weiblichkeit

Als Jana (Name geändert) zu mir ins Coaching kam, lief es in ihrer Beziehung nicht mehr so, wie sie sich das vorstellte. Sie und ihr Partner hatten oft Streit, mit anschließendem tagelangem Schweigen, was beiden enorm viel Energie und Lebensfreude geraubt hat. Sie meckerte ständig an ihm herum, und er fühlte sich herumkommandiert. Und irgendwann war es, als ob ihr Partner zum Kind und sie zur nörgelnden Mutter wurde. Damit ist sie kein Einzelfall. Ganz oft läuft es nämlich genau so ab.

Die Frau ist durchsetzungsstark und weiß genau, was sie will. Sie hat ihre Vorstellungen davon, wie es laufen soll, und wenn der Partner sie nicht entsprechend unterstützt, macht sie ihrem Unmut durch Kritik und Nörgeleien Luft. Dahinter steckt ein grundlegendes Problem der gelebten Weiblichkeit in der heutigen Zeit. Für mich war es augenöffnend, als ich das erkannte. Denn ich dachte bislang, wie wahrscheinlich die meisten meiner Leserinnen, wir als emanzipierte Frauen heutzutage wissen eben gut, was wir wollen, und sorgen auch dafür, dass wir das bekommen. Diese Emanzipation habe ich als etwas sehr Positives gesehen. Und das ist sie auch zweifellos. Sie sorgt nur für ein anderes Problem im Zusammensein mit Männern.

In ihrem Buch *Weiblichkeit leben* beleuchtet Paar- und Sexualtherapeutin Astrid Leila Bust diesen Aspekt. Sie sagt, wir hätten bis ins letzte Jahrhundert eine männerdominierte Welt gehabt. Männer durften wählen, hatten alle wichtigen Ämter inne und per Gesetz auch im Privatleben eine höhere Stellung als Frauen. Es kommt einem ewig weit weg vor, aber bis 1977 brauchten Frauen tatsächlich die Zustimmung ihres Mannes, um arbeiten gehen zu können. Bis 1962 durften Frauen nicht mal ein eigenes Bankkonto eröffnen. Das ist noch gar nicht so lange her. Heute sieht das alles anders aus, und das ist gut und richtig so.

Astrid Leila Bust behauptet allerdings, dass diese Geschichte von Männern und Frauen uns ein kollektives Erbe hinterlassen habe. Der Mann habe ein Schuldgefühl, welches bis heute sein Verhalten Frauen gegenüber bestimme. So würden die Männer der Frau heute vieles recht machen wollen. Der Mann habe Probleme, »seine elementare, männliche aggressive Kraft bewusst anzunehmen und zu leben«. Von dieser ungestümen, männlichen Energie fühlten sich die

Frauen immer noch bedroht. Und Männer würden Frauen suchen mit einer »empfänglichen, weichen und hingebungsvollen Energie, die sie schmerzlich vermissen«.[20]

Als ich diese Worte das erste Mal gelesen habe, war ein Teil von mir ein wenig empört. Das ist ja schon sehr stereotyp und klischeehaft. Aber wenn ich mir die Beziehungen in meinem Umfeld, meine eigene Ehe und die Partnerschaften meiner Kundinnen anschaue, dann scheint da etwas Wahres dran zu sein.

Unsere Erde besteht aus Polarität. Es gibt Tag und Nacht, Licht und Dunkelheit, Sonne und Mond, um nur einige zu nennen. Und genau diese Gegensätze gelten auch zwischen Mann und Frau. Je ausgeprägter eine Frau ihren femininen Pol lebt, desto mehr wird sie einen maskulinen Mann anziehen. Je mehr sie ihre maskuline Seite lebt, wird sie eher die feminine Seite in ihrem Partner hervorholen.

Viele Frauen sind heute durchsetzungsstark, ehrgeizig und diszipliniert. Gerade weil wir heute die Möglichkeiten haben, in jedem Beruf zu arbeiten, den wir haben wollen, leben wir beruflich oft unsere maskuline Energie. Das ist nur logisch, schließlich treten wir mit den Männern in Konkurrenz. Die Gleichberechtigung und Emanzipation hat viele wundervolle Möglichkeiten für uns Frauen eröffnet, gleichzeitig hat sie aber dazu geführt, dass Frauen heute in ihrer Energie oft versuchen, der »bessere« Mann zu sein.

Egal, ob man nun an das kollektive Erbe unserer Vorfahren glauben mag oder nicht, Frauen sind heute sehr häufig in einer männlichen Energie und vernachlässigen ihre weibliche. Andersrum haben Männer oft Hemmungen, sich in ihrer männlichen Energie zu zeigen, und ziehen sich dann zurück. Dabei ist das gar nicht nötig. Wir Frauen müssen nicht in der männlichen Energie sein, um mit den Männern in Konkurrenz zu treten. Die weibliche Energie hat ganz andere Vorteile. Egal wie oft wir das gerne sagen wollen und auch auf die Gefahr hin, dass ich nun von Gleichstellungsbeauftragten gehasst werde: Männer und Frauen sind nun mal unterschiedlich. Und vielleicht sollten wir anfangen, diese Unterschiede zu feiern, anstatt sie ausbügeln zu wollen.

Die weibliche Energie ist eine hingebungsvolle, empfangende Energie, während die männliche Energie sich durch Leistung, Aktivität und Zielgerichtetheit auszeichnet. Wir alle haben diese beiden Energien in uns, mal brauchen wir mehr die eine, mal mehr die andere Energie. Aber wir können unsere ureigene Energie, die in uns wohnt, nicht auf Dauer unterdrücken. Genau das tun aber zahlreiche Männer und Frauen in der heutigen Zeit.

Viele Frauen in meinen Coachings haben das Bedürfnis, sich mal fallen zu lassen. Von ihrem Mann gehalten zu werden, den Rücken gestärkt zu bekommen. Im Privatleben einmal nicht mehr ihren »Mann« stehen zu müssen. Sie wünschen sich, loslassen und sich hingeben zu können. Die meisten Frauen, die ich kenne, genießen die Stärke und Kraft ihres Mannes, seine Klarheit und Zielgerichtetheit.

Doch wie Astrid Leila Bust schreibt: »Unsere Kultur ist jedoch so antifeminin, dass Frauen ihren Wunsch nach Hingabe als negativ bewerten und verleugnen und stattdessen die männlichen Qualitäten übernehmen.«[21]

Männer haben ebenso den Kontakt zu ihrer Männlichkeit verloren, weil es vielfach gesellschaftlich verpönt ist. Er ist dann nicht mehr derjenige, der die Führung übernimmt oder seine Willenskraft zeigt. Das hat nichts damit zu tun, dass ein Mann in seiner männlichen Energie nicht mal den Tisch abräumen kann oder dass Frauen nicht bestimmen können, wo die beiden heute den Abend verbringen. Doch die meisten Paare sind (unterbewusst) so damit beschäftigt, auf keinen Fall dem Klischee einer Frau-Mann-Beziehung zu entsprechen, dass sie die Rollen eher komplett tauschen. Oft führt das dazu, dass die Frau unzufrieden und gereizt wird und anfängt, an ihm herumzunörgeln. Das endet leider in einem Machtkampf, der wie bei meiner Kundin für beide nicht schön ist und oft eher in einer Mama-Sohn-Beziehung mündet.

»Lassen Sie ihren Mann groß, potent und dominant sein. Je mehr Sie ihn in seiner Männlichkeit bewundern, umso weiblicher und attraktiver werden Sie für ihn.«[22]

Auch bei diesem Satz der Autorin von »Weiblichkeit leben« will ein Teil von mir sie anspringen und schütteln, aber ein anderer Teil von mir gibt zu bedenken, dass sie vielleicht gar nicht so falsch liegt.

Das Erste ist, dass wir anfangen dürfen, die männlichen Anteile der Männer wieder wertzuschätzen. Diese dominante, kraftvolle Energie, die Männer eigentlich auszeichnet, ist heute nicht mehr wirklich gesellschaftsfähig. Dabei sehe ich schon bei meinen beiden kleinen Söhnen, wie sie mit anderen Kindern Kräfte messen müssen, wie sie kämpfen und Sachen zerstören (nichts Wildes, aber ich würde einen gebauten Turm eher eine Weile anschauen, anstatt ihn sofort lautstark wieder umzureißen). Diese Energie habe ich in diesem Ausmaß noch nicht bei Mädchen wahrgenommen. Ich sehe da schon einen riesigen Unterschied zwischen unserer Tochter und den Jungs. Und das, obwohl man ja denken könnte, wir machen da erziehungstechnisch nicht so viel anders.

Mädchen dagegen haben oft eher eine sanfte Seite. Unsere Tochter kann auch eine Rakete sein, keine Frage an der Stelle, aber ihre grundlegende Energie ist oft viel sanfter als die der Jungs. Sie hat einen Blick für schöne Dinge und verliert sich häufig in ihrem Spiel vor lauter Hingabe. Auch hier möchte ich kein Klischee aufmachen, aber ich beobachte das bei vielen Kindern. Und vielleicht sind diese feinen grundlegenden Unterschiede der männlichen und weiblichen Energie etwas, das es zu feiern gilt.

Wenn ich in meinen Coachings von der männlichen Energie spreche, die heute so viele Frauen leben, ernte ich viel Zustimmung. Genauso empfinden das die meisten Frauen. Sie leisten sehr viel, sind den ganzen Tag unterwegs und versuchen, neben einer guten Geschäftsfrau auch eine gute Ehefrau und Mutter zu sein. Dabei geht ihnen das »Frausein« oft verloren.

Deswegen machen wir im Coaching Übungen, um die Weiblichkeit wieder zu entdecken und zu leben. Es geht darum, den Teil zu leben, der unter dem vielen Machen und Leisten verloren gegangen ist. Der weibliche, sanfte, feminine Anteil, den jede Frau in sich trägt. Die Frauen fangen ganz simpel damit an, sich wieder weiblicher zu kleiden. Bei vielen reicht es schon, wenn sie morgens mal nicht den praktischen Dutt machen, sondern die Haare offenlassen und mal wieder ein Kleid tragen. Ihre Weiblichkeit darf sich in ihrer Erscheinung widerspiegeln. Du glaubst nicht, was das für einen Unterschied machen kann.

Jana, meine Kundin, von der ich zu Beginn erzählt habe, hat nach wenigen Wochen eine wahnsinnige Veränderung in ihrer Beziehung erlebt. Sie fühlt so viel mehr Leichtigkeit in allen Bereichen, aber besonders in der Beziehung. Jetzt gehen die beiden ganz anders miteinander um, sind offener und liebevoller miteinander. Dabei spielt es eine große Rolle, dass sie jetzt ihren Wert kennt und sich selbst viel mehr mag, sagt sie.

Sexy, sexy

Ich liebe diese Challenge, die ich oft in meinen Coachings gemacht habe und bei der sich die Frauen weiblicher anziehen sollen und das auch mit der Gruppe teilen. Zum einen finde ich es wahnsinnig spannend zu sehen, wie sich der Ausdruck auf dem Gesicht verändern kann, wenn man sexy und weiblich gekleidet ist. Zum anderen fangen die Frauen an, regelmäßig Fotos von sich zu machen und sich selbst anzuschauen. Jedem ist es selbst überlassen, wie er das Thema »Weiblichkeit leben« umsetzt. Nicht für jeden bedeutet es, die High Heels und den Lippenstift rauszuholen. Auch in Sneakers und mit Zopf kann man sich weiblich fühlen. Manchmal reicht einfach eine andere Unterwäsche aus oder der wohlwollende Blick morgens in den Spiegel. Es geht vor allem darum, sich selbst als Frau und nicht als Neutrum zu fühlen.

Dabei stelle ich immer wieder fest, dass viele Frauen sich nicht trauen, Dekolletee zu zeigen oder einen kurzen Rock anzuziehen, aus Angst, zu freizügig rüberzukommen. Aus Angst, damit alles zunichtezumachen, was wir uns als Frauen in den letzten Jahrzehnten erkämpft haben. Ich hätte mich bis vor Kurzem absolut eingereiht in diese Bedenken. Ich bin schließlich eine Geschäftsfrau, habe mittlerweile mein eigenes Unternehmen mit mehreren Mitarbeitern und weiß, was ich will. Da kann ich ja nicht billig rüberkommen oder wie eine »Tusse«. Das offenbart schon ganz gut, in welchem Dilemma wir Frauen stecken. (Und die Männer auf ihrer Seite genauso.) Wir wollen gerne weiblich sein, uns in Szene setzen, betonen, was uns gefällt, aber nicht zu sehr. Wir balancieren auf einem schmalen Grat zwischen sexy und billig. Zwischen sich zeigen und sich nicht zu sehr auf das Aussehen reduzieren. Zwischen weiblicher Urkraft und Feminismus.

Dabei verlernen die meisten von uns nicht nur, sich sexy zu kleiden, sondern vor allem, sich sexy zu fühlen.

Ich habe also, wie viele meiner Kundinnen nach mir, angefangen, mich bewusst weiblicher zu kleiden, mehr Kleider, weichere Stoffe, die Haare offen – ich begann, mich mit jedem bewussten Schritt, mehr und wieder als Frau zu fühlen. Es war, als hätte ich etwas entdeckt, was lange unter meinen Ambitionen und meinem Durchsetzungsvermögen vergraben war: Claudia, die Frau. Die sich sexy fühlt, die von innen heraus strahlt, weil sie nicht nur Geschäftsfrau, Mama oder Chefin ist. Sondern auch sexy, weiblich und weich.

Mit diesen Veränderungen im Außen kam plötzlich auch eine Seite an mir hervor, der ich lange keine Möglichkeit gegeben hatte, sich zu zeigen. Die weiche, zarte und schwache Seite von mir. Endlich konnte ich mir mal wieder erlauben, nicht alles schaffen zu müssen, nicht immer stark sein zu müssen, nicht immer für alles eine Lösung zu kennen. Und das Schöne war: Damit konnte ich meinem Mann mehr Platz für seine männliche Energie lassen. Denn die hatte ich sonst ja komplett mit eingenommen.

Wenn wir Frauen in unsere weibliche Energie gehen, können die Männer wieder in ihre männliche Energie gehen. Und damit kann das geschehen, wonach sich so viele Partner eigentlich sehnen: Die Frau kann sich fallen lassen in die Arme des Mannes, kann sich mal anlehnen und aufhören, immer stark sein zu wollen. In einem solchen Moment kann jeder die Energie leben, die uns als Mann oder Frau ausmacht.

Ich kann nur für mich sprechen, aber ich genieße diese Momente sehr. Ich bin auch gerne stark und erreiche viel, aber manchmal ist es Zeit, der empfangenden, weiblichen Seite Platz einzuräumen.

Schließlich sind wir vom Körper her schon so gemacht. Der Mann gibt und die Frau empfängt. Das ist die Natur, und diese Energie kann, wenn sie immer mal wieder gelebt wird, für beide unglaublich heilend sein.

Und bitte nicht falsch verstehen: Wenn ich hier von Männlichkeit spreche, dann heißt das nicht, dass der Mann in einem karierten Holzfällerhemd ein rohes Steak verputzen muss und danach mit dem Bier in der Hand Fußball guckt. Genauso wenig wie Weiblichkeit bedeutet, dass ich mit Strapsen, High Heels und aufgeklebten Wimpern hinternwackelnd durch die Gegend stolziere. Es gibt tausend Nuancen von Weiblichkeit und Männlichkeit. Und wie schön ist es, genau diese Nuancen in ihrer Vielfältigkeit wieder zu entdecken!

Eigene Anteile

Wenn wir die männlichen und weiblichen Anteile in unserer Beziehung noch nicht sortiert haben, dann kann es sein, dass wir uns in einer ähnlichen Situation befinden wie meine Kundin Jana, von der ich eben berichtet habe. Das Miteinander wird angestrengt, da wir den anderen bewerten und über ihn urteilen. Und ähnlich wie bei den männlichen und weiblichen Anteilen zeigen uns die Konflikte immer auch einen eigenen Anteil. Was auch immer der Grund für eine Auseinandersetzung ist, sobald wir den anderen verurteilen, macht uns das zum Opfer.

Denn »während der eine Finger anklagend auf das Gegenüber gerichtet ist, zeigen drei Finger auf uns selbst.«[23]

Wenn wir absolut ehrlich mit uns sind, stimmt das total. Wir sehen etwas am Partner, das uns aufregt und das wir nicht mögen. Wir zeigen also auf ihn, auf das, was er falsch macht, was an ihm nicht stimmt, was an ihm stört. Was wir aber eigentlich sehen, ist ein Anteil am Partner, den wir uns selbst nicht erlauben, den wir vielleicht auch viel mehr leben wollen. Ist der Mann zum Beispiel ständig laut und drängt sich in den Vordergrund, dann zeigt es der Frau genau diesen Anteil, den sie nicht lebt. Sie nimmt sich vielleicht viel zu oft zurück und sagt nicht, was sie gerne hätte. Sein In-den-Vordergrund-Drängen macht ihr bewusst, wie wenig sie diesen Anteil lebt. Sie will diese Eigenschaft sicher nicht in dem Ausmaß, aber ein wenig mehr Offenheit, ein wenig mehr sich zeigen, das würde sie sich auch für sich selbst wünschen. Und immer, wenn sie diese Eigenschaft an ihm kritisiert, offenbart sie damit auch einen eigenen Anteil, den sie nicht lebt.

Oder die Frau kommt oft viel zu spät, sie nimmt sich für alles sehr viel Zeit und lässt die Dinge langsam angehen, was den Mann auf die Palme bringt. Er fühlt sich selbst gestresst und hat einen inneren Antreiber, der ihm immer sagt, er müsse die Sachen schnell erledigen und effizient sein. Dieser innere Anteil wird von ihrem Verhalten getriggert. Ganz oft sind also die Verhaltensweisen, die wir nicht leiden können, genau die, die wir uns selbst nicht erlauben.

Wir können aber Verantwortung für unsere Gefühle übernehmen. Wir können uns verändern und damit auch das, was wir auf den Partner projizieren. Indem wir die Sichtweise auf den anderen verändern, können wir auch den Menschen und das Verhalten miteinander verändern.

Genau das wollen wir uns jetzt einmal genauer anschauen.

Das Wichtigste in Kürze

- Sex ist Teil einer funktionierenden Beziehung.
- Frauen werden sexuell stark von ihrer Fantasie angeregt.
- Statt darauf zu warten, dass es spannender wird im Schlafzimmer, verändere zunächst deinen inneren Film.
- Wie willst du dich fühlen, wenn ihr intim werdet?
- Wie kann es noch schöner werden?
- Viele Frauen sind heute in einer sehr männlichen Energie, Männer hingegen leben ihre männliche Energie nicht aus.
- Die weibliche Energie ist hingebungsvoll und empfangend.
- Die männliche Energie ist leistend, aktivierend und zielgerichtet.
- Wir alle haben beide Energien in uns, können aber unsere ureigene Energie nicht auf Dauer unterdrücken.
- Wir können die männlichen Anteile am Mann wieder wertschätzen.
- Dass es Unterschiede in den Energien gibt, sollten wir feiern und nicht versuchen, sie auszubügeln und gleichzumachen.
- Auch wir Frauen dürfen unsere weiblichen, sanften Anteile wieder entdecken und ausleben.

Kapitel 9: Should I stay or should I go?

Nach ein paar Jahren Beziehung fragt sich so mancher Partner, ob es Zeit ist zu gehen oder ob es noch Sinn macht zu bleiben. Viele Beziehungen (ich würde sogar behaupten, die meisten) geraten irgendwann an einen Punkt, an dem es sich anfühlt wie in einer Sackgasse. Vorwärts geht's nicht mehr, zurück kommt man auch nur mit vielen Schleifen oder im Rückwärtsgang, und egal, was man macht, es fühlt sich irgendwie nicht richtig an.

Manche Beziehungen sind an so einem Punkt wie ein Vulkan, es bedarf nur einer Kleinigkeit, und es kommt zur nächsten Eruption. Die Stimmung ist ständig angespannt, es gibt gar nicht so viele Goldwaagen wie Worte, die daraufgelegt werden, und die Gründe, warum man sich in den anderen verliebt hat, sind schon weit in den Tiefen des Langzeitgedächtnisses vergraben. Andere Partnerschaften ähneln in diesem Stadium eher einer Wüstenlandschaft. Kilometerlang nur Sand und sonst nicht viel zu sehen. Die Partner leben nebeneinanderher, es gibt zwar wenig Streit, aber auch sonst wenige Worte, die gewechselt werden. Man hat sich halt so an den anderen gewöhnt. Die Beziehung ist wie die 20. Wiederholung vom Traumschiff: voraussehbar und langweilig. Kein Wunder, dass sich dann ein Partner oder beide nach Aufregung sehnen, nach etwas spannendem Neuen.

Natürlich gibt es auch zwischen diesen beiden Extremen noch jede Menge anderer Beziehungsverläufe. Spätestens nach der ersten Phase der Verliebtheit, wenn das Dopamin im Körper wieder auf ein normales Level gesunken ist, entscheidet sich, ob eine Beziehung in die nächste Phase der Liebe einsteigt oder ob die fehlende rosa Brille zu verstärkten Konflikten oder gähnender Langeweile führt. Oft stellt sich an dieser Stelle schon mindestens ein Beteiligter die Frage, ob es nicht auch einfacher geht, ob da draußen nicht noch ein passenderer Topf oder Deckel herumläuft.

Wie wir schon gelernt haben, ist das Dopamin leider (oder Gott sei Dank) kein dauerhafter Begleiter in einer Partnerschaft. Also gibt es entweder die Möglichkeit, ständig den nächsten Dopaminkick in einer neuen Beziehung zu suchen oder anderen Hormonen, wie dem Oxytocin, den Platz zu überlassen. Dieses »Kuschelhormon« stärkt nämlich Partnerbindungen, baut Vertrauen zu anderen auf und macht uns Menschen empathischer. Anstatt sich zu fragen, ob da draußen nicht noch was Besseres rumläuft, wäre es zudem sinnvoll, sich klarzumachen, dass man sich immer selbst in die nächste Beziehung mitnimmt. Und somit auch die eigenen, nicht gelebten Anteile, die man dann so gerne auf den Partner projiziert.

Aber ist es denn nun normal, dass es in einer Beziehung langweilig wird oder dass ständig Streit herrscht? Und wann sind die Probleme mit ein bisschen »Arbeit« zu lösen und wann sind sie vielleicht auch so gravierend, dass nichts mehr zu retten ist? Wann sollte man noch Energie in eine Beziehung geben, um sie zu retten, und wann schaut man sich doch besser nach einer neuen um? Kurzum: Wie weiß ich, ob ich besser gehen oder besser bleiben sollte?

Ich persönlich bin der Meinung, dass viel zu viele Beziehungen zu schnell »weggeschmissen« werden. Viele Menschen erleben in einer Beziehung etwas, das sie nicht mögen und das irgendwann zum Trennungsgrund wird. Und dann erleben sie in der nächsten Beziehung das Gleiche in Grün.

Der Schlüssel zu der Veränderung liegt vor allem in dir.

Die gute Nachricht vorneweg: Du musst die Frage »Soll ich bleiben oder gehen?« gar nicht beantworten. Du musst es heute gar nicht wissen. Falls du gerade in einer Beziehung bist, die dich nicht erfüllt (egal ob Typ Vulkan oder Typ Wüste oder irgendwo dazwischen), dann musst du das heute nicht entscheiden. Du kannst erst mal damit anfangen, dich zu entspannen. Denn das Universum ist immer FÜR dich. Du musst diese Entscheidung heute nicht treffen. Sie wird im Laufe der nächsten Wochen und Monate entweder von ganz allein getroffen, sie wird dir abgenommen, oder du triffst sie aus einem inneren Impuls heraus ganz leicht für dich. Wenn dich diese Frage also momentan stresst, kannst du dich zunächst einmal entspannen. Wir kommen jetzt noch dazu, was du stattdessen aktuell tun kannst.

Qualitäten manifestieren

Dein Fokus geht ab heute nur noch auf die Beziehung, wie du sie haben willst. Wenn du gerade tatsächlich an so einem Punkt bist, ist jetzt die Zeit gekommen, Stift und Zettel rauszuholen (ja wirklich, jetzt) und die folgenden Fragen für dich zu beantworten:

Wie stellst du dir eine Beziehung vor? Und dabei ist es aktuell erst mal völlig unerheblich, ob diese, die du gerade hast, oder eine ande-

191

re. Anstatt ständig darauf herumzureiten, was nicht läuft, was dich ärgert oder langweilt, fragst du dich ab jetzt nur noch, wie du eine Beziehung haben willst. Was sind die Qualitäten der Beziehung, in der du leben willst? Wie geht ihr miteinander um, wie sprecht ihr miteinander? Wie fühlst du dich in der Beziehung? Wie viel Spaß habt ihr miteinander? Wie viel könnt ihr miteinander lachen? Worüber sprecht ihr besonders gerne? Wie oft seht ihr euch? Wie fühlst du dich, wenn du deinen Partner anschaust? Wie fühlst du dich, wenn dein Partner dir sagt, dass er dich liebt, und wie fühlst du dich, wenn du das sagst?

Das alles sind Qualitäten, die du bestellst. Das ist alles, was du wissen musst. Du musst nicht wissen, mit welcher Person diese Qualitäten in dein Leben treten. Du konzentrierst dich nicht auf das WIE und WER. Du konzentrierst dich ausschließlich auf das WAS. Völlig unabhängig von der Person. Am besten geht das, wenn du alle deine Sinne mit einbeziehst: Sehen, Hören, Spüren, Riechen und Schmecken.

Wenn du dir das Gesicht deines Partners vorstellst und dabei eher die Gefühle hochkommen in Bezug auf das, was dich aktuell an ihm stört, dann hilf dir in deinen Visualisierungen, indem du das Gesicht ausblendest. Vielleicht magst du seine Hand fühlen oder seinen Geruch intensiv riechen. Wichtig ist, dass du ein gutes Gefühl hast. Du kannst dir auch jemand ganz anderen vorstellen als deinen Partner, ohne dass du gleich die Trennung manifestierst. Es geht darum, dass du auf einer Frequenz bist, die Wohlbefinden und Liebe ausstrahlt. Denn dann bekommst du genau das zurück. Konzentriere dich auch gerne auf das Gefühl in deinem Körper, und mache dir klar, wo du es besonders intensiv spüren kannst. Dort kannst du es dann mit deinen Gedanken immer mehr verstärken.

Ich habe die Erfahrung gemacht, dass es am leichtesten ist, sich eine konkrete Situation vorzustellen, z.b. wie du neben deinem Partner am Morgen aufwachst, wie du ihn küsst oder er dir über das Haar streichelt. Vielleicht willst du auch in einen Moment abtauchen, wo ihr herzhaft miteinander lacht oder gerade tanzen seid. Nimm eine Situation, mit der du leicht in das Gefühl eintauchen kannst.

Sobald dein Verstand sich meldet und sagt »Ich gehe supergerne tanzen und würde mich so gern mit meinem Partner dabei sehen, aber mein Mann will und kann das gar nicht«, dann lass dich nicht ablenken. Du bestellst Gefühle. Wenn es dir leichtfällt, in ein gutes verliebtes Gefühl zu kommen bei der Vorstellung, tanzen zu gehen, dann mach das. Auch wenn dann in deinem Kopf nicht dein aktueller Partner bei dir ist. Erinnere dich daran, dass du keine konkreten Menschen bestellst, sondern Gefühle. Vertrau dem Universum, das wird schon wissen, was es macht und wen es dir dazu schickt.

Wenn du das regelmäßig machst und wirklich in das Gefühl gehst, können zwei verschiedene Sachen passieren. Entweder die Beziehung zu deinem Partner ändert sich wie magisch. Wenn du den Fokus shiftest auf das, was du willst, dann kann sich euer Zusammensein verändern. Und manchmal führt das dazu, dass Männer plötzlich ganz andere Verhaltensweisen zeigen. Immer wenn ich das mache, fängt mein Mann plötzlich wie von selbst an, die Spülmaschine auszuräumen. Einige Kundinnen haben mir erzählt, ihre Partner waren plötzlich wie ausgewechselt. Liebevoll, umsichtig und zärtlich. Plötzlich hat er zugehört und wirklich verstanden, worum es geht. Du kannst alles in deiner bestehenden Beziehung verändern. Eure Kommunikation ändert sich vielleicht, und es entsteht die Beziehung, die du dir wünschst.

Oder Variante zwei: Du bist auf der Frequenz, auf der du sein willst, du beschäftigst dich mit der Beziehung, so wie du sie führen willst, du badest in den Gefühlen, die du haben willst. Und jetzt kann es sein, dass dein Partner nicht auf dieser Frequenz ist. Kurzfristig ist das kein Problem. Langfristig werden sich so die Wege trennen. Entweder er geht oder du spürst irgendwann einen ganz klaren Impuls und triffst diese Entscheidung. Aber nicht aus einer Verzweiflung heraus, sondern weil du ganz klar fühlst, dass eure Frequenzen dauerhaft nicht mehr auf der gleichen Wellenlänge sind.

Du kannst das mit einem Beispiel aus dem beruflichen Umfeld vergleichen. Du willst vorankommen im Job und manifestierst dir eine Beförderung, auf die du schon viel zu lange wartest. Du badest in diesem Gefühl, wie es wohl sein wird. Und plötzlich wird dir gekündigt. Das fühlt sich zunächst wie ein Schock an, aber langfristig merkst du, dass dir das ganz neue Möglichkeiten eröffnet. Vielleicht hast du diesen Weckruf gebraucht, um dich selbstständig zu machen und jetzt jeden Tag das Gefühl zu haben, in dem du schon so lange badest. Oder dein absoluter Traumjob wartet auf dich. Solche Momente bedeuten nicht, dass deine Manifestation nicht funktioniert hat. Wenn du immer und immer wieder in das Gefühl gehst, das du haben willst, wird das Universum alles in Bewegung setzen, um dir das zu liefern.

In Beziehungen ist es genauso. Eine Trennung bedeutet nicht, dass du gescheitert bist oder nicht richtig manifestiert hast. Du musst vorher nicht wissen, was kommt und wozu es gut sein wird. Du musst vorher aber auch nicht festlegen, dass du nur mit ihm oder nur ohne ihn glücklich sein kannst. Das ist, als wenn du dem Universum vertraust und ihm dann aber vorgeben willst, wie genau es dir dein Glück und die Gefühle, die du dir wünschst, senden soll.

Du musst nicht vorgeben, mit welchem Menschen und wie du dieses Gefühl in dein Leben holst. Das ist eine der härtesten Lektionen, die ich mit dem Gesetz der Anziehung immer wieder mache. Mich zu lösen von dem WIE.

Ich darf vertrauen. Ich darf mir vorstellen, wie ich es haben will. Ich darf Gefühle fühlen, die ich in meinem Leben haben will und darin baden. Immer und immer wieder. Aber ich darf mich davon lösen, wie das Universum mir all das liefert.

Everything is always working out for me.

Alles wird immer für mich sein. Für mich wird alles klappen. So in etwa wäre der Satz auf Deutsch. Und ich liebe ihn auf Englisch und nutze ihn, wann immer ich nicht genau weiß, wie etwas kommen wird. Ich weiß nur, dass alles gut wird und dass es nicht meine Aufgabe ist, vorher zu wissen, wie sich etwas entwickelt. Wenn du gerade in einer Beziehung steckst und nicht weißt, was zu tun ist, denk dran: Everything is always working out for me. Und dann konzentriere dich nur auf deine Qualitäten von Beziehung. Wie willst du es haben? Denn nur so kommst du in ein positives Gefühl und kannst dem Kreislauf entkommen, in dem ihr euch wahrscheinlich momentan befindet.

Best Case

Du manifestierst immer den Best Case für alle Parteien. Manchmal stehen wir uns selbst im Weg, weil wir denken, wenn wir uns eine bestimmte Sache manifestieren, dann bedeutet das etwas Schlechtes für den Partner, für Freunde, Kinder oder Kollegen. Und natürlich kann es sein, dass du kurzfristig das Gefühl bekommst, dass eine Entscheidung, die du getroffen hast, für den anderen negative Konsequenzen hat. Das radikalste Beispiel für sowas ist eine Trennung, bei der du den anderen nicht verletzen willst. Aber das gilt auch, wenn du dir eine neue Arbeitsstelle manifestiert hast und der Partner deshalb nun jeden Morgen die Kids in die Kita bringen muss oder wenn du für eine Fortbildung sparst und ihr deshalb keinen Familienurlaub machen könnt. Es gibt Tausende Beispiele, wo du mit deiner Manifestation, die dich glücklich macht, gefühlt andere unglücklich machst. Und das ist auch einer der Hauptgründe, warum diese Manifestationen dann nicht eintreten. Aus Angst vor den »Kollateralschäden«. Doch mach dir mal bewusst, was passieren würde, wenn du diese Manifestationen nicht angehst. Wenn du aus Angst, jemanden zu verletzen, mit dieser Person zusammenbleibst. Wenn du deine Wünsche und Träume wieder in eine Kiste in deinem Kopf verschließt, weil du Angst hast, andere müssten zu große Zugeständnisse machen. Wenn du deine Bedürfnisse nicht erfüllst, um die Bedürfnisse anderer zu erfüllen. Wie entspannt kannst du dann sein? Wie sehr wirst du das der anderen Person immer insgeheim vorwerfen?

Ich mag bei allem, was ich manifestiere, immer glauben, dass es im besten Sinne für mich UND für die Menschen um mich herum ist. Weil ich a) davon ausgehe, dass ich am meisten für die Menschen um mich herum sorgen kann, wenn ich erfüllt bin, und weil ich b) glauben will, dass sich die andere Person entschieden hat, mit mir zu wachsen und dass deshalb langfristig alles, was gut für mich ist, auch gut für die anderen um mich herum sein wird und umgekehrt.

Nehmen wir mal das Beispiel einer Trennung. Stell dir vor, einer von beiden hat für sich entschieden, dass diese Beziehung keine Zukunft mehr hat, traut sich aber nicht, den anderen zu verlassen, weil er ihn nicht verletzen will. Aber wie viel verletzender ist es langfristig (für beide!), mit jemandem zusammen zu sein, mit dem man eigentlich nicht zusammen sein will?

Wie viel verletzender ist es langfristig, wenn du eine Fortbildung nicht machst, nur weil du denkst, dein Partner müsste zu viele Zugeständnisse machen? Wie sehr hältst du das insgeheim dem anderen vor? Wie verletzend wäre es für dich selbst, wenn du dich so hintenanstellst? Und wie verletzend wäre es auch für den Partner langfristig, dass die eigene Partnerin ihre Wünsche in der Beziehung nicht leben kann?

Wir verwechseln hier oft kurzfristige Schmerzvermeidung und langfristigen Lustgewinn. Und Lust meine ich jetzt gar nicht sexuell. Diese beiden sind die Antreiber in unserem menschlichen Dasein. Wir machen alles, was wir machen, um entweder Schmerz zu vermeiden oder Lust zu gewinnen. Einfach ausgedrückt, wir wollen verhindern, dass was Doofes passiert, oder dafür sorgen, dass was Schönes passiert. Am besten beides gleichzeitig. Wenn also irgendeine Entscheidung, die wir treffen, dafür sorgt, dass jemand oder ich selbst Schmerzen erlebt, sind wir sehr darauf erpicht, das tunlichst zu unterlassen. Doch manchmal führt der kurzfristige Schmerz zu einem langfristigen Lustgewinn. Wir dürfen manchmal Dinge für uns entscheiden, die kurzfristig hart sind, um langfristig etwas Schönes zu erschaffen.

Du hast automatisch in deinem Kopf, dass deine Entscheidung etwas Negatives für andere bedeutet. Da ist unser Gehirn ganz einfach gestrickt, es spielt automatisch bei den meisten Menschen sofort den Worst Case ab. Auch bei mir. Ich musste schon zweimal Menschen entlassen, die für mich gearbeitet haben. Eine absolute

Horrorvorstellung für mich. Es passte aber einfach nicht und es war für beide Seiten kein schönes Arbeiten.

Kurz vor den Gesprächen lief bei mir natürlich auch der Wurst-Käse-Salat (so hat eine meiner Mitarbeiterinnen das Worst-Case-Szenario getauft). Ich habe mir Gedanken gemacht, wie die betroffene Mitarbeiterin wohl reagiert, ich wollte sie nicht verletzen, ich hatte Angst, dass sie anfängt zu weinen und, und, und. Dementsprechend war auch meine Laune ganz im Keller und ich fühlte mich echt mies. Kurz kam der Gedanke vorbei, ihr doch nicht zu kündigen, mit diesem berühmten Satz »Das geht doch noch«. Aber beide Male war mir eigentlich recht schnell klar, dass das sowohl für die jeweilige Mitarbeiterin als auch für mich keine gute Option ist. Und dann fielen mir wieder meine eigenen Worte ein (manchmal habe ich so helle Momente), und ich fing an, mir den Best Case auszumalen. Wie sie sagt, dass das ganz gelegen komme und sie es auch schon gemerkt habe, dass es auf der Arbeitsebene einfach nicht so passe. Zack, fühlte ich mich besser. Und beide Male lief das Gespräch tatsächlich genauso ab. Sie war glücklich, dass sie sich ihren anderen Projekten widmen konnte und dass ich es angesprochen hatte. Das Gespräch war wertschätzend und superfreundlich, und beide Male ist nicht das eigetroffen, was mir das Wurst-Käse-Monster hatte einreden wollen, sondern es war für beide eine Befreiung.

Das gilt gleichermaßen für alle Themen in einer Beziehung, schließlich ist ein Arbeitsverhältnis auch eine Art von Beziehung. Und du kennst das garantiert auch, dass die Vorstellung von einer Situation oft viel schlimmer ist als die Situation, wie sie dann in der Realität stattfindet. Also manifestiere dir auch da immer den Best Case, anstatt dem Worst-Case-Automatismus die Bühne zu überlassen.

Raus aus dem Teufelskreis

Es kann sein, dass du irgendwann in einer Beziehung so im Teufelskreis feststeckst, dass du ständig über den Worst Case nachdenkst oder du dir beim besten Willen nicht vorstellen kannst, wie eure Partnerschaft sich verändern soll. Sobald irgendetwas Blödes passiert, hast du negative Gedanken und Vorstellungen, und dann passiert natürlich wieder etwas, dass dich verstimmt. So einen Teufelskreis kennt sicher jeder, und ich habe in meinem ersten Buch schon ausführlich beschrieben, wie ein solcher Teufelskreis genau abläuft und wie man da rauskommt. Ich möchte hier nur nochmal ganz konkrete Beispiele für Beziehungen geben. Denn das Ziel darf es sein, aus dem Teufelskreis rauszukommen und damit einen Engelskreis[©24] zu starten. Den Kreislauf, in dem ein schönes Erlebnis zu positiven Gedanken führt und damit zu guten Gefühlen und damit am Ende wieder zu schönen Erlebnissen.

Wenn du mitten in einem klassischen Teufelskreis in deiner Beziehung bist, ist es am wichtigsten, zunächst einmal neue Gedanken zu finden. Nur weil du dich bislang immer aufgeregt hast, weil dein Mann dir nicht das Gefühl gegeben hat, dich wirklich wahrzunehmen und wertzuschätzen, muss das nicht immer so weitergehen. Meist sehen wir in solchen Momenten aber alles durch diese Brille der Nicht-Wertschätzung.

Nehmen wir an, dein Mann kommt später nach Hause als gedacht. Er hat dir aber nicht Bescheid gegeben und du bist auf 180. Während du auf ihn wartest, redest du dich innerlich richtig schön in Rage. »Warum meldet er sich nicht? Ich ruf ihn bestimmt nicht an, der soll nicht denken, ich telefonier ihm hinterher. Ich fände es schön, wenn er zur Abwechslung auch mal an mich denkt, aber nein, der feine Herr verschwendet natürlich gar keinen Gedanken an mich, die hier wie eine Dumme zu Hause sitzt und wartet.« So kann das schon mal ein paar Minuten oder Stunden im Kopf abgehen. Entspannter wird die eigene Laune dadurch natürlich nicht. Irgendwann steht der Mann dann vor der Tür und bekommt nur eine kühle Begrüßung: »Ach, bist du auch mal endlich da. Telefon kaputt oder warum hast du es nicht für nötig gehalten anzurufen?«

Im Grunde ist es an dieser Stelle egal, was der andere sagt. Die einzige Antwort, die ihn im Extremfall retten könnte, wäre so etwas wie: »Ich habe die letzten drei Stunden bewusstlos im Krankenhaus gelegen.« Aber das ist nun auch nicht wirklich das, was man sich in der Situation wünscht. Eine ausweglose Situation also, denn egal was der Partner sagt, du wirst es ihm in jedem Fall als egoistisch und nicht wertschätzend dir gegenüber auslegen.

Das erinnert mich immer an die Geschichte vom Mann, der sich einen Hammer vom Nachbarn ausleihen wollte.

Ein Mann will ein Bild aufhängen und braucht dafür einen Hammer. Er beschließt, zum Nachbar zu gehen, um sich einen zu leihen. Doch dann kommen ihm Zweifel: »Was, wenn der Nachbar den Hammer gar nicht verleihen will?« Der Mann fängt an, sich zu fragen, ob der Nachbar vielleicht etwas gegen ihn hat, weil er ihn neulich auch nur sehr flüchtig gegrüßt hat. Er denkt sich richtig in Rage: »Warum sollte man seinen Mitmenschen so einen Gefallen abschlagen? Solche Menschen vergiften einem das Leben. Jetzt reicht's.« Der Mann stürmt hinüber, klingelt und noch bevor der Nachbar etwas sagen kann, brüllt er: »Behalten Sie Ihren Hammer, Sie Flegel!«[25]

In unserem Beispiel ist es ähnlich. Du hast dir in deinem Kopf deine Bewertung der Situation bis ins kleinste Detail zurechtgelegt, und es ist sicher nicht das erste Mal, dass es wegen so etwas Streit gibt. Jedes Paar hat andere Streitthemen, aber wenn der eine das Thema des anderen triggert (in diesem Fall nicht gesehen und wertgeschätzt werden), dann geht es nicht mehr um die Situation an sich, sondern um sehr viel mehr. Es geht nicht mehr darum, dass er zu lange weg war, sondern darum, dass diese Situation dir das Gefühl gibt, ignoriert zu werden. Und vielleicht ist das ein Gefühl, das du immer wieder in verschiedenen Situationen bekommst. So ein Fall ist ein klassisches Beispiel von einem Beziehungsteufelskreis. Du siehst die ganze Situation durch deine Brille (zum Beispiel: »Nie nimmt er auf mich Rücksicht, nie gibt er mir das Gefühl, dass er an mich denkt und nicht nur an sich selbst, nie sieht er, was er an mir hat«). Egal, was er nun sagt oder tut, dein Filter wird sich dadurch höchstwahrscheinlich nicht ändern. Mit Sätzen wie »Reg dich doch nicht so auf, so lange war ich auch nicht weg« oder »Kann ja mal vorkommen« wird er eh nichts retten, aber selbst, wenn er sagen sollte »Es tut mir leid, ich habe echt die Zeit vergessen«, kann er vielleicht die Wogen besänftigen, an deinem Gefühl wird sich aber nicht viel ändern.

Je häufiger es in der Beziehung schon die Situation gab, dass du dich nicht gesehen fühlst, desto weniger wird das, was er sagt, irgendetwas nützen.

In kriselnden Beziehungen hat mindestens ein Partner schon die Vorannahme, dass der andere wieder das tun wird, was schon einmal wehgetan hat. Das heißt, einer geht davon aus, dass der andere ihn wieder verletzen, nicht an ihn denken wird oder, oder, oder. Das beginnt schon bei Kleinigkeiten, die in jeder, auch sehr gut laufenden Beziehung vorkommen. Wenn er selten die Spülmaschine ausräumt, wirst du davon ausgehen, dass er es auch heute wieder nicht tut.

Wenn sie dir selten ein Kompliment für dein Haarstyling macht, rechnest du auch heute wieder damit, leer auszugehen. Diese Erwartungshaltungen sind das, was uns irgendwann (wenn die Beziehung anfängt zu kriseln) in einen Teufelskreis hineintreibt.

Ist ja logisch, wenn wir ein bestimmtes Verhalten häufiger erlebt haben, dann erwarten wir es. Wenn wir da mal wieder mit dem Gesetz der Anziehung draufschauen, dann bedeutet das, dass wir durch diese Erwartung genau das manifestieren. Wir stellen uns von vornherein (oft unbewusst) auf das Gefühl ein, das wir haben werden, wenn der Partner ein bestimmtes Verhalten an den Tag legt.

Mit unserer Erwartungshaltung bestellen wir uns oft genau das, was wir nicht haben wollen.

Aber wie geht es anders? Denn das ist zwar ein normales menschliches Verhalten und evolutionsbedingt auch aus sehr wichtigen Gründen in uns angelegt worden. (Wenn der Neandertaler die Erfahrung gemacht hat, sich in der Dornenhecke schmerzhafte Striemen am Körper zu holen, dann ist es schlau, das zu wissen und durch diese Erwartung die Dornenhecke zu meiden.) Nur ist so eine Erwartungshaltung heutzutage für zwischenmenschliche Beziehungen alles andere als zielführend.

Um also aus einem Teufelskreis voller Erwartungen auszubrechen, bedarf es zunächst neuer Gedanken. Anstatt sich auf das zu fokussieren, was thematisch in der Beziehung gerade ein heißes Eisen ist, sollte sich jeder Partner auf das konzentrieren, was gut läuft. In unserem Beispiel von eben wäre es hilfreich, wenn die Frau sich nicht in ihren automatischen Gedanken verliert, warum der Partner nun so lange wegbleibt, sondern bewusst ihre Gedanken unterbricht. Sie darf ihre Energie shiften, weg vom Negativen, weg vom Automatismus, weg von den Triggern, die der Partner durch sein Verhalten liefert, und stattdessen hin zu dem, was sie denken will. Und das ist sicherlich ein Teil, der nicht ganz so easy ist. Ich würde gerne was anderes sagen.

Was will ich denken?

Die entscheidende Frage, die in solchen Situationen hilft, ist immer wieder: Was möchte ich denken? Es geht nicht darum, was du eh gerade denkst, denn deine Gedanken sind nichts anderes als Gewohnheit. Sie sind da, weil sie bei dir gut wachsen und gedeihen. Die Gedanken, die du denkst, die denkst du immer wieder und wieder, und deswegen fühlen die sich pudelwohl und kommen immer wieder gerne zu dir. Doch du kannst dich stattdessen fragen, was du denken willst.

Wenn du dir vorstellst, du wärst die Frau in unserem Beispiel, dann gehst du doch erst mal davon aus, dass dein Mann dich liebt. Du gehst davon aus, dass er dir nichts Böses will und dass er nicht absichtlich etwas machen würde, um dich zu verletzen. Du kannst dich also an den Leitspruch erinnern, dass jeder aus seiner besten Option handelt, und davon ausgehen, dass das auch für ihn gilt. Mit diesen Voraussetzungen: Was möchtest du in der Situation jetzt am liebsten denken? Vielleicht kommen jetzt Gedanken wie »Ich möchte mich gar nicht darüber aufregen, ich möchte ihm eine schöne Zeit gönnen, ich möchte wissen und spüren, dass er mich liebt, völlig unabhängig davon, wie lange er unterwegs ist oder ob er Bescheid sagt oder nicht. Ich möchte selbst eine so schöne Zeit haben, dass ich gar nicht auf die Uhr gucke und dass es mir egal ist, wann er nach Hause kommt.« Das alles sind Gedanken, die hilfreich sind. Es kann sein, dass du sie dir nicht alle unmittelbar glaubst, aber die Frage war ja auch, was du glauben möchtest.

Wenn du jetzt mal in dich reinspürst: Welche Gefühle würden diese Gedanken in dir auslösen? Und wie viel besser fühlen sich diese Gefühle an? Du kannst dich auch weiter fragen, was möchtest du denken und fühlen, wenn er nach Hause kommt? Und auch hier kannst du die Gedanken und Gefühle mal »probefühlen«. Und vergleichen, wie viel besser sie dir tun als die Gefühle, die du bislang hattest?

Andere Gedanken führen zu anderen Gefühlen und andere Gefühle führen zu anderen Handlungen.

Du möchtest also in unserem Beispiel vielleicht denken, dass du deinem Partner seinen Abend gönnst und er einfach vergessen hat, Bescheid zu sagen. Du denkst aber nicht, dass er das mit Absicht getan hat, sondern gehst davon aus, dass er einfach so vertieft war in interessante Gespräche, dass er die Zeit aus den Augen verloren hat. Diese neuen Gedanken lösen in dir ganz andere Gefühle aus. Du bist ruhig und entspannt. Du fühlst dich geliebt und sicher, da du weißt, dass er bestimmt nur die Zeit vergessen hat. Du denkst an dich selbst und weißt, dass es dir mit Freundinnen im Café auch oft so geht. Du gehst davon aus, dass er dich nicht absichtlich hat warten lassen, und dieser Gedanke hat etwas Beruhigendes.

Diese neue Art von Gedanken und Gefühlen bedeutet natürlich nicht, dass du nicht sagen darfst, was du dir wünschst. Du kannst deinem Partner in einem ruhigen Moment (!) gerne sagen, wie sehr du dir einen Anruf wünschst, wenn es später wird, damit du beruhigt ins Bett gehen kannst. Das kommt aber erst im zweiten Schritt. Im ersten Schritt geht es darum, die automatisierten Gedanken und Gefühle zu unterbrechen und somit auch für andere Verhaltensweisen zu sorgen.

Vielleicht würdest du deinem Partner mit anderen Gedanken und anderen Gefühlen ganz anders die Tür aufmachen, wenn er nach Hause kommt. Vielleicht würdest du ihn in den Arm nehmen, dich freuen, dass er da ist, und ihn das auch spüren lassen. Und vielleicht würde so eine Reaktion bei deinem Partner wiederum ganz andere Gefühle und Gedanken auslösen, als er gewohnt ist. Und das wiederum würde bei ihm zu anderen Verhaltensweisen führen. Vielleicht bemerkt er deine Erleichterung, wenn er endlich da ist. Und vielleicht wird ihm erst dann bewusst, dass du dir eventuell Sorgen gemacht hast, und er wird das nächste Mal eher daran denken, dir Bescheid zu geben. Probiere es doch mal aus.

Das Ganze ist natürlich Übungssache. Dir in den entscheidenden Situationen die Frage zu stellen »Was will ich gerade denken?«, ist zu Beginn nicht immer einfach. Mich kostet es heute noch manchmal Überwindung, weil mein Gehirn diesen Schlenker gar nicht machen will. Das will gerne weiter so denken wie gewohnt und sträubt sich gegen alles Neue. Deswegen ist es hilfreich, sich selbst regelmäßig an diese Übung zu erinnern (Post-its im gesamten Haus halte ich dafür für extrem geeignet).

Wenn du in den entscheidenden Momenten auf nichts kommst, was du gerade denken willst, weil dein Gehirn gerade auf stur geschaltet hat und dir leider nur unentwegt die Gedanken sendet, die du schon in- und auswendig kennst, dann kannst du dich immer noch an der Dankbarkeit festklammern.

Du kannst heute schon Dankbarkeit fühlen für Dinge, die noch gar nicht da sind. Bleiben wir also noch einmal bei unserem Beispiel. Wenn du weißt, was dich gerade richtig nervt, dann kannst du hoffentlich auch recht schnell abrufen, wie du es stattdessen haben willst. Du bist also richtig mies drauf, weil er sich nicht gemeldet hat und du auf ihn wartest. Wie würdest du die Situation denn stattdessen gerne haben wollen? Jetzt kannst du es dir so ausmalen, wie es laufen soll. »Er soll zur verabredeten Zeit nach Hause kommen und am besten gute Laune haben. Dann wäre es schön, wenn er auch mich fragt, wie mein Abend so war, und dann verbringen wir noch einen schönen Restabend zusammen.«

Das ist super, weil du damit schon eine recht konkrete Vorstellung davon hast, wie du es gerne hättest. Um dem Ganzen ein bisschen mehr Leben einzuhauchen und es leichter zu manifestieren, darfst du jetzt noch ein Gefühl dazu entwickeln. Und am einfachsten geht das in solchen Momenten nach meiner Erfahrung mit der Dankbarkeit. Wie dankbar wärst du, wenn euer Abend so laufen würde? Was würdest du empfinden, wenn es so wäre? Es geht darum, möglichst genau zu fühlen, wie du dich fühlen würdest, wenn das eintritt.

Es geht nicht darum, dass es jetzt womöglich schon Mitternacht ist und du beleidigt bist, weil dieser Wunsch nicht mehr in Erfüllung gehen kann. In Gedanken kannst du immer fürs nächste Mal manifestieren. Aber spür mal rein, wie dankbar du dann wärst? Kannst du das Gefühl heute schon abrufen? Obwohl es vielleicht nicht da ist?

Wie würde sich eure Beziehung anfühlen, wenn solche Situationen immer so wären? Wie dankbar wärst du, wenn eure Beziehung so läuft, wie du sie dir wünschst? Was würdest du dann fühlen? Gehe in das Gefühl (und bitte nicht in das Gefühl von »Ja, aber so ist es grad nicht«). Versuche, dir wirklich konkret vorzustellen, wie es sich anfühlt, eine erfüllte und wunderschöne Partnerschaft zu leben. Wie dankbar würdest du deinen Freunden davon erzählen? Wie dankbar würdest du deinem Partner jeden Abend ins Gesicht schauen? Was würdest du in dein tägliches Journal schreiben? Wie würdest du auf eure Zukunft blicken? Wie würdest du auf eure Vergangenheit schauen? Wo ist das Gefühl in deinem Körper?

Mit diesen Fragen erschaffst du dir mehr von der Beziehung, die du haben willst. Das sind die Fragen, über die du nachdenken solltest; die du dir immer und immer wieder stellen kannst; die dir in Zukunft mehr von der erfüllten Partnerschaft bringen werden, für die du unendlich dankbar bist.

Verantwortung

Aber wie viel kannst du wirklich verändern in einer kriselnden Beziehung? Schließlich gehören dazu immer zwei Menschen. Und du kannst jetzt hier vor dich hin manifestieren, ins Gefühl gehen, heute schon die Dankbarkeit fühlen und so weiter und so fort. Aber was ist, wenn dein Partner nichts von dem macht? Schließlich muss er ja auch seinen Teil zur Beziehung beitragen. Und zu einem Streit gehören auch immer zwei.

Wie viel Verantwortung hat denn überhaupt jeder Einzelne? Früher hätte ich ganz klar gesagt, in einer Beziehung trägt jeder 50 Prozent. Er darf seinen Teil zu der Beziehung geben und ich meinen.

Leider gibt es damit ein Problem und vielleicht kennst du das bei dir auch. Wann immer es zu einem Streit kommt, geht doch jeder Partner erst mal davon aus, dass der andere maßgeblich dazu beigetragen hat, dass dieser Streit entstanden ist. Der andere hat halt die Wäsche nicht aufgehängt, hat den Geburtstag meiner Mutter vergessen, hat mein Handy durchsucht, hat mir einen echt blöden Spruch reingedrückt, ist zu spät zu unserer Verabredung gekommen. You name it.

Wenn er sich nicht so verhalten hätte, dann wäre es auch nicht zum Streit gekommen. Oft haben wir zudem auch eine schnelle Lösung parat. »Hättest du dir einfach eine Erinnerung ins Handy gespeichert, mich in den Arm genommen oder dich einfach ehrlich entschuldigt, dann wäre das kein Thema gewesen.« Wir wissen eigentlich immer, wie wir selbst in der Situation reagiert hätten, und wünschen uns dieses Verhalten auch von unserem Partner.

Jeder von uns hat eine innere Messlatte von Richtig und Falsch und auch davon, was zu tun ist, wenn man mal irgendwas verbockt hat. Nur die anderen Menschen scheinen sich an diesen inneren Fahrplan einfach nicht halten zu wollen. Und so kommt es in vielen Situationen zu Streitigkeiten, weil der Partner anders reagiert, als man selbst das getan hätte.

Wenn wir jetzt also von der 50-50-Regel ausgehen, dann würde doch so ziemlich jeder bei einer Unstimmigkeit sagen, dass der andere halt einfach falsch gehandelt hat, was Falsches gesagt oder gemacht hat. Und damit schiebt jeder die Verantwortung an den anderen ab. Viel einfacher wird es, wenn jeder 100 Prozent Verantwortung für die Beziehung übernimmt. Denn damit darf jeder erst mal bei sich selbst schauen. Das ist wieder so eine Stelle, die ich alles andere als gemütlich finde. Aber am Ende ist es hilfreich, bei sich selbst anzufangen. Das heißt nicht, sich selbst die Schuld zu geben oder bei allem, was passiert, davon auszugehen, dass man selbst nur anders hätte handeln müssen. Wir kennen sicher alle auch diese Tage, wo es völlig egal ist, was der Partner sagt oder macht, er kann es uns nicht recht machen. Vielleicht, weil der Arbeitstag zu lang oder die Nacht zu kurz war oder weil es einer dieser Lass-mich-ein-fach-in-Ruhe-Tage ist. Die gibt es wahrscheinlich bei allen von uns. Es geht also nicht darum, sich selbst die Schuld dafür zu geben, wenn der andere so einen Tag hat.

Es geht vielmehr darum, Verantwortung zu übernehmen. Verantwortung für das, was ich sage. Verantwortung für das, was ich nicht sage, sondern nur denke. Verantwortung für das, was ich hätte sagen sollen. Verantwortung für die Interpretation, die ich in die Worte des anderen lege. Verantwortung für das, was ich zwischen den Zeilen oder in den Blicken des anderen lese. Verantwortung für das, was ich glaube zu wissen, ohne zu fragen. Für all das und noch viel mehr, was in Beziehungen zu Streit und Spannung führt. Und zwar 100 Prozent Verantwortung.

Diese Idee von »Ich übernehme 100 Prozent Verantwortung für meine Worte, Taten und Gefühle und du übernimmst 100 Prozent Verantwortung für deine« kann im Zusammensein einen entscheidenden Unterschied machen. Denn wenn du davon ausgehst, dass du deine 100 Prozent zur Beziehung beiträgst, setzt du wesentlich häufiger bei dir selbst an und hältst nicht fest an »Aber er müsste doch«.

Es ist immer einfach zu sagen, was der andere müsste, hätte und sollte. Viel schwieriger ist es, sich selbst ehrlich zu fragen: Habe ich meine Bedürfnisse klar kommuniziert? Habe ich den Liebestank des anderen gefüllt? Habe ich seine Sprache der Liebe gesprochen? Habe ich nachgefragt, wenn ich mir nicht sicher war, was seine Aussagen, Blicke oder Taten bedeuten? Habe ich 100 Prozent von mir in diese Beziehung investiert?

Wenn du all das mit Ja beantwortest und dich in der Beziehung trotzdem dauerhaft nicht wohlfühlst, dann ist es auch deine Verantwortung, für dich zu sorgen – und in so einem Fall eine Beziehung auch zu beenden, wenn das nötig ist.

Und, um es nochmal zu wiederholen: 100 Prozent Verantwortung bedeutet nicht gleich 100 Prozent Schuld, nur dass wir uns da nicht missverstehen. Zwei Menschen, die gemeinsam durchs Leben gehen, die erschaffen gemeinsam, sie »co-kreieren«. Und sie erschaffen sich gemeinsam ihre Beziehung in all ihren Facetten. Jeder mit seinen 100 Prozent Verantwortung, die er für SICH übernimmt. Und wenn das nicht ausreicht, um gemeinsam glücklich zu sein, dann trennen sich die Wege an dieser Stelle. Das hat nichts mit Schuld zu tun. Es geht also nicht um Schuld, sondern darum, seine eigene Verantwortung für die Beziehung zu sehen und sich dieser Verantwortung bewusst zu stellen.

Rettungsanker

Das bedeutet im Klartext, sich immer zu fragen: Was kann ich als einzelner Partner für unsere Beziehung tun? Wie kann ich meinen Fokus verändern?

In den meisten längerfristigen Partnerschaften besteht die Gefahr, dass man sich irgendwann auseinanderlebt. Menschen verändern sich, das ist etwas ganz Natürliches. Wir machen unsere Erfahrungen und jede einzelne verändert uns als Mensch. Der Mann, den du heute neben dir sitzen hast, ist nicht mehr der gleiche wie der, den du vor drei, fünf, zehn oder 20 Jahren kennengelernt hast. Doch anstatt das zu bemängeln, sollten wir die Veränderung feiern. Es geht in einer Partnerschaft vor allem darum, ob man gemeinsam wächst oder zumindest immer noch in die gleiche Richtung schaut. Wo findet ihr Anknüpfungspunkte, wo könnt ihr gemeinsam wachsen und euch entwickeln?

Es bringt nichts, an der Vorstellung der Partnerschaft festzuhalten, wie sie vor Jahren war, sondern du solltest immer wieder eine neue Beziehung zu dem anderen aufbauen.

Immer, wenn ich in meiner Ehe an solche Momente gekommen bin, in denen es nicht rund lief, habe ich mich bewusst hingesetzt und genau das versucht: wieder eine Verbindung herzustellen. Auch mein Gehirn will dann fragen: Wieso kriselt es gerade? Was ist los? Wer hat Schuld? Was ist passiert? Was hat er gemacht? Was habe ich gemacht?

Wenn der Kopf dann mal durch ist mit seinen meist sinnlosen Gedankenhopsereien, dann fokussiere ich mich auf zwei wichtige Fragen: Was läuft gerade gut? Und: Was liebe ich am anderen?

Diese zwei Fragen verändern meinen Fokus ganz schnell in die richtige Richtung.

Wenn es nicht so gut läuft, dann fokussieren sich wohl alle Paare auf das, was eben nicht läuft. Denn das soll weg, das soll sich verändern, das soll aufhören. Nur legen wir damit Energie in eine Sache, die wir nicht haben wollen. Macht natürlich nach dem Gesetz der Anziehung so gar keinen Sinn. Wichtig ist es also, sich immer wieder bewusst zu machen, was gerade gut läuft, und seine Energie darauf zu konzentrieren. Denn das soll ja wieder mehr werden. So logisch und so einfach ist das und dennoch in der Realität eine Herausforderung.

Genauso wie die zweite Frage: Was liebe ich am anderen?

Das sollte man in einer Beziehung im Grunde aus dem Stegreif beantworten können. Die Königsdisziplin aber ist es, das auch dann zu können, wenn man sich gerade gestritten hat. In meinen Coachings empfehle ich tatsächlich, sich während der Krisenphasen abends mindestens eine Sache aufzuschreiben, die man am anderen liebt. Diese Übung zwingt dein Gehirn dazu, den Fokus zu verändern. Und das kann Beziehungen retten. Denn damit kommst du weg von dem, was aktuell präsent ist in deinem Kopf. Weg von dem, was dich am anderen stört, weg von den Dingen, die zu Streit führen, und wahrscheinlich auch von den Sachen, über die ihr schon mehr als einmal gesprochen habt. Stattdessen leitest du dein Gehirn dazu an, die Dinge rauszukramen, die aktuell sehr weit unten in der Erinnerung liegen. Das, was du am anderen liebst, die Kleinigkeiten, wegen denen du dich in ihn verliebt hast. Die Gesten, Eigenschaften und Charakterzüge, die dich selig grinsen lassen. Wenn du das wieder präsenter haben möchtest, darfst du deine Energie in diese Richtung fließen lassen. Du darfst sie wachsen und gedeihen lassen.

Wenn das Negative verblassen soll, braucht das Positive mehr Licht.

Dein Partner ist dein Spiegel. Er ist hier, und du hast ihn dir unterbewusst ausgesucht, um Anteile in dir zu heilen.

Durch meine erste feste Beziehung habe ich meinen Wert erkannt, habe mich schätzen und lieben gelernt. In meiner Ehe lerne ich ganz viel Gelassenheit und erlaube mir viel mehr, nicht immer ständig etwas machen und leisten zu müssen. So hat jeder Partner eine Rolle in unserem Leben. Etwas, das wir durch diese Person lernen sollen. Meist sind es genau die Angewohnheiten, die uns am Partner absolut wahnsinnig machen.

Ich kann zum Beispiel gar nicht gut mit Faulheit umgehen. Weder bei den Kindern noch bei meinem Mann. Es macht mich rasend, wenn irgendwer beim Spaziergang schon nach drei Metern nicht mehr laufen will oder wenn mein Mann die Küche unaufgeräumt stehen lässt, um erst mal einen Kaffee zu trinken. Mich triggert jegliche Art von »faul sein« total. Doch »Faulheit« ist genau das, was ich mir nie erlauben würde, was in meinem Leben nie Platz hatte. Ich habe mich immer viel über Leistung definiert. Ich war immer fleißig und zielstrebig. Ich liebe diese Eigenschaften an mir auch. Und gleichzeitig bringt das mit sich, dass ich es nicht leiden kann, wenn jemand Zeit vergeudet oder etwas gemütlicher an Sachen rangeht. Warum nur habe ich mir bislang immer Partner ausgesucht, die tendenziell eher faul sind? Die eher so in den Tag hineinleben und keinen besonders ausgeprägten Ehrgeiz mitbringen? Man könnte es Zufall nennen, doch daran glaube ich nicht. Es scheint also, als hätte ich mir sie unterbewusst ausgesucht, damit ich gespiegelt bekomme, was ich noch mehr in meinem Leben zulassen sollte.

Leider sind genau diejenigen Anteile, welche wir uns selbst nicht zugestehen, auch die, die uns beim Partner wahnsinnig machen. Ich lerne es nun Stück für Stück, auch mal faul sein zu dürfen, aber es ist für mich nach wie vor eine Herausforderung, es bei anderen zu beobachten, ohne es zu bewerten.

Vielleicht hast du ja Lust, bei deiner Partnerschaft mal genau hinzuschauen, was dich beim anderen besonders stört und welchen Anteil davon du dir vielleicht selbst noch nicht erlaubst? Welcher Eigenschaft du noch nicht so viel Raum lässt?

Wir suchen uns den Partner schon nicht grundlos aus. Und oft triggert uns in der nächsten Partnerschaft dann genau das Gleiche, weil wir uns mit dem Thema nicht näher befasst haben. Ich möchte dich deshalb dazu einladen, dir anzuschauen, was dein Partner dir spiegelt und was du daraus für dich mitnehmen kannst.

Das Wichtigste in Kürze

- Du musst nicht sofort wissen, ob du bleiben oder gehen sollst.
- Fokussiere dich ab heute nur darauf, wie du dir eine erfüllte Partnerschaft vorstellst.
- Es ist egal, ob du dir die harmonische Beziehung mit deinem Partner vorstellst oder mit jemand anderem, du bestellst in erster Linie ein Gefühl.
- Löse dich von dem WIE.
- Plane den Best Case für alle Beteiligten.
- Kurzfristige Schmerzvermeidung oder langfristiger Lustgewinn?
- Um aus einem Teufelskreis herauszukommen, helfen neue Gedanken.
- Was möchtest du denken? Und was dementsprechend fühlen?
- Spüre heute schon die Dankbarkeit für Dinge, die (noch) nicht da sind.
- Jeder trägt 100 Prozent Verantwortung für die Beziehung (keine Schuld!).
- Was läuft gerade gut? Was liebst du am anderen?
- Du willst mehr von den guten Sachen, also lenke deine Energie auf all das Positive, was in eurer Beziehung ist.
- Der Partner ist dein Spiegel für deine nicht gelebten Anteile.

Kapitel 10: More drama, baby!

Unser Gehirn ist schon ein ziemlich ausgeklügeltes System. Nicht nur, dass wir uns, wie im letzten Kapitel beschrieben, bestimmte Eigenschaften des anderen aussuchen, um diese selbst noch mehr ausleben zu können. Nein, unser Unterbewusstsein geht sogar noch weiter und lässt uns immer und immer wieder dasselbe erleben, bis wir die Message verstanden haben.

Eine Hörerin meines Podcasts hat mir mal die Frage gestellt, was sie tun könne, wenn sie immer wieder auf denselben Typ Mann abfährt. Sie fühle sich immer angezogen von den typischen Bad Boys, die nur Drama in ihr Leben bringen. Ihre Freunde würden ihr mittlerweile sogar sagen, dass sie offenbar nicht ohne Drama könne.

Da ist sie sicher kein Einzelfall.

Wir alle kennen solche Menschen oder gehören vielleicht sogar selbst zu der Kategorie, die sich immer wieder Drama ins Leben holen. Männer, die betrügen oder die Partnerin schlecht behandeln, oder Frauen, mit denen es immer Eifersuchtsdramen oder filmreife Streitszenen gibt. Wenn das wiederholt auftritt, dann ist das meist ein sehr sicheres Zeichen für ein Muster, das nicht nur aus Zufall auftaucht. Wenn du also selbst in der Situation bist, dass du wieder und wieder die gleichen Verhaltensweisen in Partnerschaften erlebst, obwohl du das gar nicht willst, dann frag dich gerne mal, was diese

Verhaltensweisen mit dir machen. Was für ein Gefühl löst es in dir aus, wenn dein Partner sich wie ein Bad Boy benimmt? Was genau heißt das überhaupt in deinem Fall? Was macht es mit dir, wenn er dich vielleicht herumkommandiert, dich betrügt, dich belügt oder lauthals mit dir streitet?

Ich hatte eine Zeit lang ein Faible für Männer, die so der klassische Typ Macho waren. Nach dem, was ich mittlerweile aus Kapitel 8 (männliche und weibliche Energie) weiß, verstehe ich auch, wieso es mich damals dort hingezogen hat. Es bedeutet aber auch, dass mein damaliger Partner sich als der Mann und der Bestimmer im Haus fühlte und mich das manchmal auch hat spüren lassen. In mir löste das typische Macho-Gehabe aus, dass ich mich eher klein fühlte, manchmal hilf- und machtlos.

Wenn ich Kundinnen, die auch so ein Bad-Boy-Schema haben, diese Frage stelle, was es mit ihnen mache, sagen auch viele, dass sie sich nicht gesehen fühlen würden, hilflos, machtlos oder nicht wertvoll. Wenn du diese Frage für dich beantwortest, ist es wichtig, dass du deine eigenen Worte nimmst. Wie genau fühlst du dich? Und was bedeutet das für dich?

In vielen solcher Drama-Partnerschaften (ich nenne sie jetzt mal so) kommt es zu zahlreichen Tränen, vielen Stimmungsschwankungen, die Beziehung ist ein ständiges Auf und Ab, ein Himmelhochjauchzend und zu Tode betrübt. In meiner damaligen Beziehung hatte ich oft gar nicht die Sicherheit, ob wir am nächsten Tag noch zusammen sein würden. Bei Streitereien wurde irgendwann immer von beiden Seiten mit Trennung gedroht. Wenn eine Beziehung an einem solchen Punkt ist, dann ist das für mich persönlich heute ein echtes Alarmzeichen. Denn eine Beziehung muss in meinen Augen immer ein festes Fundament haben. Da kann mal eine Säule wackeln, aber wenn das Fundament ins Wanken gerät, hat man nicht nur ein kleines statisches Problem. Dann kann es eben sein, dass das ganze Konstrukt in sich zusammenfällt.

Nun würde man sich mit gesundem Menschenverstand fragen: Wieso sollte man überhaupt in einer Beziehung bleiben, die ein einziges Drama ist, in der ständig das Fundament ins Wanken gerät? Auf so ein Drama hat doch niemand Bock, warum beendet man das nicht einfach?

Das Problem ist an dieser Stelle mal wieder das liebe Unterbewusstsein, das sich zu sehr ans Drama gewöhnt hat. Denn nun schauen wir noch mal auf die Frage, was das Drama in dir für ein Gefühl auslöst. Wie fühlst du dich, wenn es bei euch so richtig rund geht? Nehmen wir als Beispiel die Hilflosigkeit. Vielleicht kennst du dieses Gefühl schon? Vielleicht hast du es in deinem Leben schon das eine oder andere Mal erlebt? In den Fällen, in denen das Drama zu einem echten Muster geworden ist und sich derjenige immer wieder Partner sucht, mit denen er wieder und wieder das Gleiche erlebt, ist das dahinterliegende Gefühl nicht unbekannt. Dann ist zum Beispiel die Hilflosigkeit ein zentrales Gefühl, das du aus anderen Lebensbereichen oder von früher schon sehr gut kennst. Vielleicht ist es ein zentrales Gefühl, das in deinem Leben immer wieder auftaucht. Das ist gut, denn dieses Gefühl dient dir als Wegweiser. Es taucht immer wieder auf, weil du es verändern sollst.

Vielleicht hast du deinen Eltern als Kind ein paar Mal unfreiwillig beim Streiten zugesehen und dich dabei hilflos gefühlt. Dein Unterbewusstsein hat dann abgespeichert, dass Beziehung bedeutet, sich zu streiten, und es verbindet damit gleichzeitig dieses Gefühl der Hilflosigkeit. Im Erwachsenenalter wird das Unterbewusstsein alles dafür tun, dir genau diese Erfahrung wieder zu geben und dieses Gefühl in dir abzurufen. Das ist ein klassischer Fall von »Nett gemeint, aber falsch geliefert«. Da ist als Kind eine neuronale Verknüpfung entstanden von Beziehung = Streit und von Drama = Hilflosigkeit. Diese Dinge haben erst mal nichts miteinander zu tun, aber je nachdem, wie oft du so etwas erlebt hast, verknüpft dein Unterbewusstsein diese Dinge miteinander und lässt dich diese Erfahrung immer und immer wieder machen. Deshalb stimmte es auch, was die Freunde der Hörerin zu ihr gesagt haben: Sie war süchtig nach Drama.

Du und deine Gefühle

Wenn wir das Drama in irgendeiner Form (ständiger Streit, Unsicherheit, viele Tränen etc.) in einer prägenden Zeit erlebt haben, dann ist ein Teil von uns das nun gewohnt. Drama gibt Aufmerksamkeit. Zumindest ist es das, was die meisten von uns in der einen oder anderen Form gelernt haben.

Ich weiß nicht, wie es bei dir war, aber wenn ich als Kind krank war, dann gab es eine Extrarunde Aufmerksamkeit. Ich durfte mit dem gesamten Bettzeug bei uns im Wohnzimmer auf der Couch liegen und den ganzen Vormittag Fernsehen gucken. Zu essen gab es eigentlich immer das, worauf ich gerade Appetit hatte, wenn ich denn überhaupt welchen hatte. Es war doof, krank zu sein und nicht mit meinen Freunden spielen zu können, aber es war schon ein bisschen schön, von Mama so verhätschelt und umsorgt zu werden. Und heute als Mama von drei Kindern kann ich meine eigene Mutter so gut verstehen. Man fühlt sich schon schlimm genug, wenn das Kind Schmerzen oder eine fiese Erkältung hat, und will das Leid lindern. Aber es ist eben ein schmaler Grat, denn unser Unterbewusstsein lernt:»Wenn es mir nicht gut geht, bekomme ich extra viel Aufmerksamkeit.« Und Aufmerksamkeit setzt das Gehirn gleich mit Liebe.

Genauso passiert es auch, wenn Menschen dich fragen, wie es dir geht. Wenn du wie gewöhnlich antwortest»Mir geht's gut, danke«, dann wird meistens nicht weiter nachgefragt. Wenn du aber sagst»Mir geht es fürchterlich«, dann müsste dein Gegenüber schon ein eiskalter Klotz sein, um nicht wenigstens mal nachzufragen, was denn los sei. Auch hier gilt vereinfacht gesagt: Hast du Drama, bekommst du mehr Aufmerksamkeit.

Wenn die Kinder von der Schule nach Hause kommen, und Peter hat eine Zwei in der Matheaufgabe und Marie eine Fünf, worauf richtet sich dann die Aufmerksamkeit? Ich kann es dir sagen, ich war nämlich meistens die mit der Zwei. Das ist schön, weiter so. Aber wenn ein Kind richtig schlechte Noten nach Hause bringt, ist die typische Reaktion der meisten Eltern:»Oh mein Gott, wir müssen reden, was sollen wir machen? Das Kind braucht Nachhilfe.« Du siehst, auch hier: mehr Energie und Aufmerksamkeit für das Negative, für das Drama.

Und jetzt frag dich mal, warum in den Nachrichten so viel von Gewalt, Tod und Krieg berichtet wird …

Wenn du dich in diesen Beschreibungen wiedererkannt hast und es in deinem Leben auch viel Aufmerksamkeit für»Drama« im weitesten Sinne gab, dann kann es sein, dass ein Teil von dir sich so sehr daran gewöhnt hat, dass er wirklich nicht mehr ohne Drama kann. Wenn du ein Gefühl sehr oft erlebst, dann wirst du abhängig von diesem Gefühl. Du willst es immer wieder erleben, völlig unabhängig davon, ob es sich um ein positives oder negatives Gefühl handelt. Es kann sogar so weit gehen, dass Drama ein Teil deiner Identität geworden ist. Vielleicht hast du Menschen in deiner Familie beobachtet, die auch immer Drama in ihrem Leben hatten, und hast das unbewusst übernommen, um genauso zu sein und dazuzugehören.

Ich hatte mal eine Teilnehmerin im Coaching, die unter sehr widrigen Umständen aufgewachsen ist. Viele ihrer Erinnerungen an die Kindheit waren belastend, es fühlte sich immer an wie ein Kampf ums Überleben, im Außen, aber auch im Inneren. Diese Phase hat sie natürlich maximal geprägt. Und dieser Kampf ist ein Teil ihrer Identität geworden. Sobald es in ihrem Leben mal entspannt lief, ist ihr Unterbewusstsein um die Ecke gekommen und hat wieder für Kampf gesorgt. Warum tut das Unterbewusstsein so etwas? Weil das gewohntes Terrain ist, hier kennt das Unterbewusstsein sich aus, hier fühlt es sich sicher. Und hier hat es die Erfahrung gemacht: Ich überlebe. Das ist das einzig Wichtige für dein Unterbewusstsein. Deswegen bist du vielleicht von Gefühlen abhängig, die dir nicht guttun, die deinem Geist aber versichern: Das hier überleben wir.

Zunächst ist es also wichtig, mal zu schauen, was du als Teil deiner Identität ansiehst, womit du dich identifizierst. Gibt es bestimmte (negative) Gefühle, die dir so vertraut sind, dass du dich mit ihnen identifizierst? Sind Drama, Kampf und Schwere ein Teil deines »Ich bin?« Wenn ja, dann frage dich: »Wer bin ich ohne Drama?«

Manchmal sind bestimmte Gefühle und Emotionen so präsent in unserem Leben, dass wir sie als ein Teil unserer Identität wahrnehmen. Du darfst dir aber immer wieder klarmachen:

Du hast Gefühle. Du bist nicht deine Gefühle.

Oft hilft es auch schon im ersten Schritt, die Formulierung zu verändern. Statt »Ich bin so überfordert« sag doch lieber »Ich fühle mich überfordert«. Statt »Ich bin hilflos« lieber »Ich fühle mich hilflos«. Mit dieser Formulierung bringst du zunächst einmal Abstand zwischen dich und das Gefühl. Du nimmst dieses Gefühl nur wahr, aber es ist kein Teil von dir, und es bestimmt nicht, wer du bist. Ein Gefühl ist immer nur ein vorübergehender Zustand. Vielleicht einer, an den du dich sehr gewöhnt hast, weswegen du unterbewusst immer wieder dafür sorgst, dass du diesen Zustand herstellst. Aber ein Gefühl *hast* du nur, du *bist* nicht das Gefühl.

Drama ins eigene Leben zu holen als Teil einer unterbewussten Aufmerksamkeitsstrategie macht aus evolutionspsychologischer Sicht durchaus Sinn. Denn wenn du irgendwann mal gelernt hast, dass Drama (in welcher Form auch immer) Aufmerksamkeit bedeutet und dass Aufmerksamkeit Liebe bedeutet, dann ist es nur verständlich, dass du dir immer wieder Drama ins Leben holst. Damit erhoffst du dir unterbewusst Aufmerksamkeit und Liebe. Jeder von uns möchte gesehen und geliebt werden. Jeder will die Botschaft haben von »Du bist okay«. So haben wir früher überlebt. Wenn die Gruppe uns ausgestoßen hat, dann war das unser sicheres Todesurteil. Deswegen klammert sich dein Unterbewusstsein an die Idee, egal in welcher Art und Weise Liebe zu bekommen oder eben Teil einer Gruppe zu sein.

Das ist alles kein bewusster Gedankengang, nicht dass wir uns da missverstehen. So nach dem Motto: Ich such mir jetzt mal einen Bad Boy, und dann gibt es ordentlich Drama in meinem Leben, und dann bekomme ich von allen Menschen Aufmerksamkeit, und dann weiß ich, dass sie mich lieben.

Lass mich kurz überlegen: nein.

Das ist ein automatisiertes Programm, das für dich heute gar keinen Sinn mehr macht. Denn durch die (unterbewusste) Wahl des Bad Boys und damit des Dramas verbannst du die bedingungslose Liebe, die du verdienst, aus deinem Leben. Wie die meisten der automatisierten Programme, die wir alle im Laufe unseres Lebens in uns installiert haben, ergibt auch dieses heute keinen Sinn mehr.

Nun ist es aber da, und dann ist es hilfreich, wenn man es als das erkennt, was es ist: ein automatisiertes Programm. Ein trainiertes und erlerntes Muster. Wenn du dir das bewusst machst, kannst du diese Automation auflösen und verändern.

Der Partner macht das Muster in diesem Fall sichtbar. Aber die meisten von uns, die ein Muster haben (und das haben so ziemlich alle Menschen in der einen oder anderen Form), schaffen es auch ganz allein, das Muster sichtbar zu machen. Du würdest also mit einem trainierten Muster von Drama auch ganz ohne Männer Drama in dein Leben holen. Ist klar, oder?

Um dieses Muster aufzulösen, frage dich, was passiert, wenn du länger dramafrei bist. Wer bist du dann noch? Was macht das mit dir? Welche negativen Konsequenzen hat das?

Bei dieser Frage würden alle, die so ein Drama-Muster loswerden wollen, zunächst sagen: Das hat keine negativen Folgen. Ich will ja, dass dieses Drama aufhört, ich will keine schlechten Entscheidungen mehr bei Männern treffen, ich will mich nicht mehr hilflos oder klein fühlen. Und, ja, das glaube ich dir sofort.

Doch in den Tiefen deines Unterbewusstseins ist ein Teil von dir, der an diesem Muster festhält, weil du noch nicht bereit bist, die negativen Konsequenzen davon zu akzeptieren. Was könnten solche negativen Konsequenzen sein?

Zum Beispiel, dass du nicht mehr bei deinen Freundinnen darüber meckern kannst, wie schlimm die Männer sind, weil du plötzlich nur noch großartige Männer triffst.

Sei mal ehrlich: Wie viel Aufmerksamkeit bekommst du aktuell durch deine Geschichten? Bist du bereit, diese Aufmerksamkeit für andere Sachen zu bekommen? Bist du bereit, dich selbst nicht mehr zu bemitleiden? Bist du bereit anzunehmen, dass du es verdient hast, glücklich zu sein? Bist du bereit (und diese Frage ist wirklich wichtig), dich so sehr zu lieben, dass du dir das größte Glück der Erde gönnst? Dass du es voll und ganz annehmen kannst, geliebt zu werden, so wie du bist?

Bist du bereit, dich selbst so sehr zu lieben, dass andere Menschen gar nicht mehr anders können, als es dir gleich zu tun?

Die Struktur deiner Gedanken

Wenn du langfristig etwas an deinen automatisierten Programmen verändern willst, dann macht es Sinn, ihre Struktur zu lernen. Ich nenne das in meinen Coachings »Strukturebene« und freue mich diebisch, wenn ich auf dieser Ebene coachen kann. Denn es geht nicht so sehr um das, was du sagst oder tust, sondern um das Muster dahinter, um die Struktur, die dahinterliegt. Wenn du die erkennst, kannst du sie verändern. Und das macht einen Heidenspaß. Meist ist es zwar deutlich einfacher, die Strukturen bei anderen Menschen zu erkennen als bei einem selbst, aber wir wollen es trotzdem versuchen.

Wenn eine Beziehung nach der nächsten an die Wand fährt, dann kannst du immer inhaltlich schauen, was nicht gepasst hat. Einfacher aber wird es, wenn du mal ein wenig rauszoomst und auf die Struktur guckst. Wie waren die Beziehungen? Was war der kleinste gemeinsame Nenner, den alle hatten?

So kommst du vielleicht darauf, dass die Männer dich alle dominiert haben oder dass alle Beziehungen durch Eifersucht kaputtgegangen sind oder dass du dich in den Beziehungen schnell gelangweilt hast. Dieser kleinste gemeinsame Nenner ist oft die Struktur.

Genauso kannst du das bei Streitigkeiten machen. Entweder schaust du nur auf den jeweiligen Inhalt: Er hat seine dreckige Unterhose nicht weggeräumt, ihm ist es egal, was wir seiner Mutter zum Geburtstag schenken, oder er hat einen wichtigen Termin vergessen. Diese Inhalte sind austauschbar. Um was es eigentlich geht, ist die Struktur, und auch hier suchst du wieder den kleinsten gemeinsamen Nenner. Am besten kommst du ihm auf die Schliche, indem du dich fragst: Wie habe ich mich gefühlt? Welches Gefühl zieht sich durch alle Situationen?

Und vielleicht kommst du zu der Erkenntnis, dass du dich bei all euren Streitereien alleingelassen oder hilflos oder übergangen fühlst.

Wenn du deine jeweilige Struktur kennst, in Bezug auf Partnerschaften, in Bezug auf Streit oder in Bezug auf was auch immer du verändern willst, dann kannst du da ansetzen.

Springen wir mal kurz zurück zu Lisa, die gerne möchte, dass ihr Freund Paul sich regelmäßig bei ihr meldet. Ihr Verhalten ist, den anderen zu kontrollieren. Doch das ist nur die Oberfläche. Dahinter liegt eine Struktur, ein ganz bestimmtes Muster. Und das zeigt, dass Lisa Nähe braucht, um sich der Liebe sicher zu sein. Sie zeigt dieses kontrollierende Verhalten nur, weil sie sich der Liebe sicher sein will, und das ist bei ihr der Fall über Verbindung und Nähe. Ich erzähle dir gleich, was Lisa jetzt tun kann, im ersten Schritt geht es aber darum, die Struktur zu identifizieren.

Eine Struktur kann alles Mögliche sein. Es ist ein wiederkehrendes Muster. Wenn also bestimmte Verhaltensweisen oder Gefühle immer wieder auftauchen, dann können wir von einem Muster sprechen. Und solche Muster sind vom Unterbewusstsein gesteuert, sie fallen uns deshalb oft selbst gar nicht auf. Das ist wie eine Angewohnheit, die du gar nicht merkst: verlegen an den Haaren drehen oder ständig ein bestimmtes Wort verwenden. Oft wird uns das erst bewusst, wenn uns jemand drauf aufmerksam macht. Ist ja logisch, vorher saß dieses Verhalten einfach im Unbewusstsein (das zeigt ja auch schon die Sprache:»Das war mir gar nicht bewusst«).

Deswegen ist der erste wichtige Schritt, deine Muster bewusst wahrzunehmen. Was sind Verhaltensweisen oder Gefühle, die du wieder und wieder erlebst? Welche Verhaltensweisen bei anderen bringen dich so richtig auf die Palme? Auch dahinter können Muster liegen.

Ich nenne bei diesen Übungen immer das Beispiel, dass ich früher hätte ausrasten können, wenn Schulkameradinnen sich in Gegenwart von Jungs hilflos angestellt haben. Wenn sie dann so eine ganz bestimmte Tonlage bekamen und verlegen die Jungs nach Hilfe bei irgendwelchen Banalitäten gefragt haben. Da hätte ich durchdrehen können.»Seit wann seid ihr denn zu blöd, um euren Rucksack zu tragen oder die Tür aufzukriegen?«, wollte ich dann immer brüllen. Ich dachte zunächst, dass ich einfach das eine oder andere Mädchen und sein Verhalten oder seine Art zu flirten nicht mag. Später ist mir dann mal aufgefallen, dass es immer die Situationen waren, wo es um das Gefühl der Hilflosigkeit ging. Das zog sich durch wie ein roter Faden. Wenn jemand hilflos ist, dann bin ich auf 180. Und warum? Na, weil es genau das Gefühl ist, das ich mir nicht erlaube. Ich bin stark, ich kann alles allein, ich brauche keine Hilfe. Natürlich triggert es mich dann, wenn jemand extra einen auf hilflos macht. Aber wie befreiend ist es zu merken, dass es gar nicht so sehr um die Personen geht, sondern nur um mein Thema mit der Hilflosigkeit? Diese Struktur bewusst zu erkennen, hat mir wahnsinnig geholfen. Denn jetzt konnte ich jedes Mal in einer solchen Situation merken, dass hier nur mein Thema aufploppt. Und sobald ich angefangen habe, mir selbst mehr »Hilflosigkeit« zu erlauben (nicht immer alles allein machen wollen, auch mal nach Unterstützung fragen etc.), hat mich dieses Thema bei anderen gar nicht mehr so sehr aufgeregt.

Strukturen sind also unheimlich hilfreich, um von einer Einzelsituation oder einem Verhalten rauszuzoomen auf das große Ganze.

Die vier emotionalen Grundbedürfnisse

In diesem Zusammenhang möchte ich dir noch unbedingt von den vier emotionalen Grundbedürfnissen erzählen, weil sie wahnsinnig helfen, Strukturen zu erkennen. Ich bin so dankbar, dass ich durch meine liebe Freundin Juli Scharnowski auf diese Grundbedürfnisse aufmerksam wurde. Sie nutzt dieses Wissen auf geniale Weise für das Zusammenleben mit Kindern, es funktioniert aber natürlich auch hervorragend bei Erwachsenen.

Die These ist, dass es vier emotionale Grundbedürfnisse gibt. Und die liegen jedem Verhalten zugrunde. Das ist ein bisschen wie bei einem Eisberg, wo du oben nur die Spitze sehen kannst, aber darunter liegt das eigentlich Wichtige. Bei uns Menschen ist das auch so. Probleme bekommen wir im Miteinander (und vor allem in Beziehungen) eigentlich immer, wenn wir ein bestimmtes Verhalten an den Tag legen, das dem anderen nicht passt. Doch jedes Verhalten, das wir zeigen, hat einen Grund. Denn darunter liegt ein emotionales Grundbedürfnis, das wir erfüllt haben wollen. Wir alle wissen, dass wir körperliche Bedürfnisse haben, die gestillt werden müssen. Ohne Trinken, Essen, Atmung oder Wärme läuft es für die meisten von uns nicht so rund. Wir sind dann einfach nicht wir selbst. Wahrscheinlich kennt jeder das Gefühl von »Hangry« (hungry und angry) oder kennt den Spruch: »Du bist nicht du, wenn du hungrig bist.« Genauso sieht das mit Schlaf aus. Nach einer durchgemachten Nacht, egal ob freiwillig (jay, Party) oder unfreiwillig (jay, Mamasein), solltest du keine schwerwiegenden Entscheidungen treffen, denn du bist in den meisten Fällen nicht komplett zurechnungsfähig. Aber genauso, wie es diese körperlichen Grundbedürfnisse gibt, gibt es auch emotionale, und die sind genauso wichtig und haben auch ähnlich weitreichende Konsequenzen.

Die vier emotionalen Grundbedürfnisse sind:

1. Freude
2. Sicherheit
3. Verbindung
4. Autonomie/Selbstwirksamkeit

1. Freude

Wir Menschen wollen Lust gewinnen und Frust vermeiden, wie wir ja schon aus einem früheren Kapitel wissen. Wir streben also nach einem gewissen Maß an Freude und

Leichtigkeit in unserem Leben. Wenn dieses Grundbedürfnis nicht erfüllt ist, fühlen wir uns nicht wohl und können, langfristig gesehen, krank werden.

2. Sicherheit

Wir alle wollen uns sicher fühlen, dort wo wir leben und mit den Menschen, mit denen wir zusammenleben. Das geht los damit, dass wir ein gewaltfreies und nicht bedrohliches Umfeld brauchen, damit überhaupt die Voraussetzungen für Sicherheit gegeben sind. Aber es geht noch viel weiter. Dieses Bedürfnis zeigt sich bei jedem Menschen anders. Für einige ist es gar kein Problem, keine feste Alltagsstruktur zu haben, auf Weltreise zu sein und jeden Tag mit anderen Menschen zu verbringen. Für andere bedeutet Sicherheit, einen klar geregelten Ablauf zu haben, gewohnte Menschen und gewohnte Abläufe, die ihnen vertraut sind.

3. Verbindung

Menschen brauchen Verbindungen und Beziehungen zu anderen Menschen. Auch hier zeigt sich das Bedürfnis in unterschiedlichster Weise. Einige Menschen fühlen sich anderen sehr verbunden, auch wenn vielleicht wenig Kontakt vorhanden ist. Andere hingegen brauchen viel Rückversicherung, körperliche Anwesenheit und Zeichen der Verbundenheit, um dieses Grundbedürfnis befriedigen zu können.

4. Autonomie/Selbstwirksamkeit

Zu guter Letzt wollen wir Menschen selbstwirksam sein. Wir wollen bestimmen, was wir wann tun, und wollen sehen, dass unser Handeln eine Konsequenz hat, wir also mit unserem Handeln etwas bewirken können. Dieses Grundbedürfnis kann man wunderbar bei Kindern beobachten, aber auch bei Erwachsenen spielt es eine große Rolle, wie wir sicher alle in der Corona-Pandemie gespürt haben. Wenn wir in unserer Selbstwirksamkeit eingeschränkt werden, dann kann das zu Wut, Ärger oder Ohnmacht führen.

Alle diese vier Grundbedürfnisse sind wichtig und dürfen erfüllt sein. Das sieht aber natürlich bei jedem Menschen ganz unterschiedlich aus. Mir hat es geholfen zu wissen, welche Gefühle typischerweise ausgelöst werden, wenn eins der Grundbedürfnisse nicht erfüllt ist. Das ist jetzt nur eine grobe Zusammenfassung, wie ich sie für mich umgesetzt habe und keinesfalls ein Leitfaden. Ich habe diese Gefühle für mich persönlich überprüft und fand sie sehr passend, das kann aber für den nächsten Menschen schon wieder anders aussehen.

Wenn unser Grundbedürfnis nach Freude nicht erfüllt ist, werden wir verstimmt, ziehen uns zurück, werden langfristig traurig oder sogar depressiv.

Ist unser Grundbedürfnis nach Sicherheit nicht erfüllt, werden wir ängstlich, fahrig und gereizt. Ich habe das sehr gemerkt, als wir letztes Jahr längerfristig auf Reisen waren. Mir fehlten das gewohnte Umfeld, ein Tagesablauf und dieses Gefühl von zu Hause, und nach kurzer Zeit wurde ich gereizt und habe mich selbst gar nicht wiedererkannt.

Wenn uns das Grundbedürfnis nach Verbindung fehlt, dann kann es zu Gefühlen wie Einsamkeit und Trauer kommen, und wir ziehen uns zurück. In Beziehungen passiert genau das, wenn man irgendwann nebeneinanderher lebt.

Wütend werden wir Menschen oft, wenn unser Grundbedürfnis nach Selbstwirksamkeit und Autonomie nicht erfüllt ist. Dann zeigen wir vielleicht sogar aggressives Verhalten.

Ich finde es hilfreich, bei einem bestimmten Gefühl und Verhalten von mir selbst oder auch von anderen nicht nur auf der Oberfläche zu bleiben und das Verhalten zu bewerten, sondern etwas tiefer zu schauen, was für ein unerfülltes Grundbedürfnis darunterliegen könnte. In der Beziehung zu meinen Kindern hat mir das schon wahnsinnig gut geholfen. Ich erkenne nun, dass meinem Sohn die Selbstwirksamkeit fehlt, wenn er wütend wird, und dass er etwas allein entscheiden oder machen möchte. Und wenn meine Tochter sehr anhänglich und weinerlich ist, dann darf ich ihr Grundbedürfnis nach Verbindung noch intensiver erfüllen, zum Beispiel mit einer Extraeinheit Kuscheln. Somit bleibt unser Miteinander nicht nur auf das Verhalten reduziert, sondern geht tiefer auf die emotionale Komponente darunter.

Jedes Verhalten hat einen Grund

Wenn ich diesen Grund, der darunterliegt, hin und wieder erkennen kann, dann wird das Miteinander so viel einfacher.

Nun können wir dieses Wissen über die vier emotionalen Grundbedürfnisse und die Suche nach der Struktur bei einem Verhalten zusammenführen und genauer erfahren, worum es eigentlich geht. Besonders in Streitsituationen bei Paaren ist das ein echter Game-Changer.

Denn es geht nicht darum, dass Paul seine Freundin regelmäßig vergisst oder sie ihm egal ist. Wir erinnern uns, er ruft sie nicht sofort an, wenn er unterwegs ist. Mit seinem Verhalten erfüllt er vielleicht sein Bedürfnis nach Selbstwirksamkeit (er will selbst entscheiden, wann und ob er anruft). Vielleicht gibt es dahinter noch ein Muster, das er bei genauerem Betrachten erkennt: Immer, wenn eine Frau ihm etwas vorschreiben will, fühlt er sich an seine Mutter zurückerinnert, was ihm ein ganz schlechtes Gefühl gibt.

Diese Kombination aus emotionalem Grundbedürfnis (Selbstwirksamkeit) und Struktur (»Ich mag es nicht, wenn mir jemand etwas vorschreibt, da fühle ich mich wie bei meiner eigenen Mutter«) führt nun also zu Pauls Verhalten. Es ist keine böse Absicht oder ein Vorsatz, dass er nicht anrufen mag, er versucht, in diesen Situationen seine Grundbedürfnisse zu erfüllen, und bedient seine automatischen Strukturen. Paul ist da kein Einzelfall, wir alle tun das ständig. Nur, wenn wir wissen, warum wir etwas tun, können wir es viel leichter ändern. Denn, wenn Paul sich nur vornimmt, einfach anzurufen, wird auf lange Sicht sein Muster wieder durchschlagen, denn das Bedürfnis nach Selbstwirksamkeit verschwindet ja nicht einfach, bloß weil er es Lisa recht macht.

Bei ihr ist das genauso. Lisa hat ein Grundbedürfnis nach Verbindung. Sie hat vielleicht früher gelernt, dass Liebe und Verbindung hauptsächlich über Nähe hergestellt werden, weshalb sie sich natürlich danach sehnt. Wann immer ihr ein Mann diese Verbindung entzieht, weil er körperlich nicht anwesend ist, reagiert sie mit Kontrolle, um die Verbindung auf eine andere Art und Weise wiederherzustellen.

Wenn man so ein Muster erkennt, dann wird klar, dass es in dem Moment, in dem Paul und Lisa miteinander streiten, gar nicht wirklich um die beiden geht. Es sind vielmehr die beiden inneren Muster und Grundbedürfnisse, die sich da gegenüberstehen. Eine bewusste Wahrnehmung und offene Kommunikation können an dieser Stelle Wunder bewirken.

Wenn du das Grundbedürfnis kennst, das dir am wichtigsten ist, dann kannst du darauf achten, dass es erfüllt ist und gegebenenfalls die Umstände verändern, wenn es nicht so ist. Und genauso ist es mit Mustern und Strukturen. Wenn du sie erkennst und sie dir bewusst machst, kann das eure Beziehung komplett drehen.

Gib es dir selbst

Du kannst natürlich noch mehr machen, um deine emotionalen Grundbedürfnisse zu erfüllen oder um Gefühle, die du hinter bestimmten Mustern erkennst, abzurufen.

Wir bleiben weiterhin bei Paul und Lisa. Lisa braucht Verbindung und Nähe. Wenn sie sich dessen bewusst wird, kann sie zum einen Pauls Verhalten und auch ihr eigenes Verhalten ganz anders einordnen. Sie kann aber zum anderen auch dafür sorgen, dass ihr Verlangen nach Nähe und Verbindung gestillt wird. Dazu hilft es, sich dieses Gefühl innerlich abzurufen.

Wo hast du dich schon verbunden und nah gefühlt? Kannst du dich an bestimmte Personen, Orte oder Situationen erinnern, in denen dieses Gefühl von Verbundenheit und Nähe besonders präsent war?

Die meisten Gefühle, die wir suchen, haben wir im Laufe unseres Lebens schon mal gespürt. Und alles, was dir emotional schon einmal widerfahren ist, kannst du erneut abrufen. Dein Geist kann nämlich nicht unterscheiden zwischen einer Erfahrung, die du gerade machst, und einer Erfahrung, an die du dich nur erinnerst. Diese Fähigkeit machst du dir zunutze, wenn du deine Psyche und deinen Körper eine Erfahrung noch einmal durchleben lässt. Wir kennen das alle, wenn wir uns an negative Situationen erinnern, und danach das Gefühl haben, als hätten wir die Situation noch einmal erlebt. In unserem Kopf passiert nämlich genau das.

Wenn du dich also an eine Situation erinnern kannst, in der du dich mit jemandem besonders verbunden gefühlt hast, dann tauche in diese Situation ganz intensiv ein. Nutze dafür alle deine Sinne (Sehen, Hören, Fühlen, Riechen, Schmecken) und lasse diesen einen Film in deinem Geist einfach nochmal laufen. Denk dran: Du bist der Regisseur und trägst Sorge dafür, dass der Film so schön wie möglich ist.

Nehmen wir an, Lisa erinnert sich an eine Situation mit Paul aus den Anfangstagen ihrer Beziehung, zum Beispiel wie sie einmal eng umschlungen auf der Couch lagen und gekuschelt haben. (Die Situation könnte auch völlig unabhängig von Paul sein, zum Beispiel wie sie einmal bei ihrer Oma am Tisch gesessen und sich ganz nah und verbunden gefühlt hat oder wie sie mit ihrer besten Freundin gemeinsam gebacken hat. Es geht einzig und allein um das Gefühl.) Lisa stellt sich also vor, was sie damals gesehen und gerochen, geschmeckt und gehört hat und wie sie sich gefühlt hat. Je mehr sie in die Details geht, desto besser kann sie sich im Geiste an diesen Moment zurückerinnern. Und dieses Gefühl der Nähe und Verbundenheit darf sie jetzt in ihrem Kopf groß machen und verstärken.

Je häufiger du ein Gefühl erlebst, desto stärker sind die neuronalen Verknüpfungen in deinem Kopf dazu. Wenn du dich deiner besten Freundin nah und verbunden fühlst, macht der Kopf eine neuronale Verknüpfung. Beste Freundin = nah und verbunden. Wenn du dich beim gemeinsamen Kuscheln nah und verbunden fühlst, entsteht auch hier irgendwann eine neuronale Verknüpfung. Kuscheln = nah und verbunden. Und das Schöne an der ganzen Sache ist: Dein Kopf braucht für diese neuronalen Verknüpfungen gar nicht die Situation an sich.

Der Gedanke an die Situation reicht, um eine neuronale Verknüpfung herstellen zu können.

Lisas Aufgabe ist es jetzt, so oft wie möglich das Gefühl von Nähe und Verbundenheit im Geiste (und wann immer möglich natürlich auch gerne in echt) zu erleben. Damit trainiert sie ihren Geist sozusagen dahin, dieses Gefühl zu verinnerlichen und sich daran zu gewöhnen.

Denn ihr Geist und ihr Körper sehnen sich nach diesem Gefühl. Und sie erlebt es leider nicht oft, braucht es aber, um sich geliebt zu fühlen. Nun hat der arme Paul an der Stelle ein fettes Problem. Denn auf ihm lastet jetzt der komplette Druck, Lisa dieses Gefühl geben zu müssen. Wenn wir uns selbst nämlich das ersehnte Gefühl nicht geben können, dann fangen wir unbewusst an, es im Außen zu suchen. Und da bietet sich natürlich in erster Linie der Partner an.

Dabei kann Lisa den Druck von Paul und der Beziehung nehmen, indem sie selbst dafür sorgt, das Gefühl in sich abzurufen. Denn dann wird sie das Gefühl auch in der Beziehung mit Paul viel häufiger erleben, vor allem, weil da nicht mehr so ein Druck drauf ist.

Wir erinnern uns nochmal kurz an das Gesetz der Anziehung: Gleiches zieht Gleiches an. Wenn Lisa also anfängt, sich selbst Nähe und Verbundenheit zu geben, wird sie was mehr anziehen? Genau:

Nähe und Verbundenheit. Fülle zieht Fülle an. Mangel zieht Mangel an. Besonders in Partnerschaften ist Druck und Erwartung ein großes Thema. Und damit verstärken sich der Druck und die Erwartung immer mehr. Wir erwarten von dem anderen, in uns ein bestimmtes Gefühl auszulösen. Doch das kann meist gar nicht gut gehen, weil wir durch diese Erwartungshaltung in uns und in unserem gegenüber so viel Druck aufbauen, dass meist nur Gegendruck als Antwort kommt. Ein hilfreicher Leitspruch für jegliche Art von Erwartung ist an dieser Stelle:

Erwartung raus, Dankbarkeit rein

Wenn du dankbar bist, erwartest du nichts. Du bist einfach dankbar dafür, einen Partner zu haben, oder konzentrierst dich auf die positiven Aspekte eurer Beziehung. Und damit hat Erwartungsdruck keinen Platz.

Natürlich gilt auch hier wieder: Ganz ohne Erwartung wird wahrscheinlich keine Beziehung der Welt auskommen. Irgendetwas wollen wir ja vom anderen schon gerne, und wir erwarten auch gewisse Dinge, zum Beispiel Unterstützung, Kompromisse oder Verbindlichkeit. Das halte ich auch für völlig normal. Es geht hier vor allem um die Momente, wenn die Erwartungshaltung und der damit einhergehende Druck überhand nehmen. Dann ist Dankbarkeit ein gutes Tool, um dem entgegenzuwirken.

Beziehungen aller Art werden entspannter, wenn du dir zuerst das gibst, wonach du dich sehnst. Denn dann kann dein Partner, wie die Kirsche auf der Sahne, sozusagen das i-Tüpfelchen draufsetzen. Aber die Torte bist du, und die Sahne, die packst DU schon auf die Torte.

Dein Partner darf das Ganze dann toppen, aber das Meisterstück schmeckt auch ohne Kirsche schon genial gut.

Um selbst eine Sahneschnitte zu werden und dir die Gefühle zu geben, nach denen du dich sehnst, hilft es, dir die richtigen Fragen zu stellen.

Warum »warum« eine doofe Frage ist

Aller guten Dinge sind …

Wer A sagt, muss auch …

Warum bin ich eigentlich so …?

Hach, ich liebe das Gehirn. Es ist in vielerlei Hinsicht so voraussehbar. Ich wette, auch dein Gehirn konnte es nicht lassen, diese Sätze zu vervollständigen. Habe ich recht? Weil es das Unterbewusstsein einfach nicht mag, wenn Sätze nicht beendet …

Das Unterbewusstsein hasst Lücken.

Und deshalb wird es versuchen, sie zu schließen, wann immer es geht. Bei Sätzen, deren Ende klar ist, ist das für das Unterbewusstsein noch recht einfach.

Aller guten Dinge sind … drei. Wer A sagt, muss auch … B sagen. Das sind feststehende Redewendungen, die kennt dein Gehirn. Bei dem dritten Satz wird es schon schwieriger. Was hat dein Kopf denn da in die Lücke gesetzt? Warum bin ich eigentlich so … allein? Warum bin ich eigentlich so … müde? Warum bin ich eigentlich so … wie ich bin? Dein Unterbewusstsein kann da keinem festen Schema mehr folgen und wird dir deshalb das Wort liefern, das für dich gerade am relevantesten ist. Oder das du eben gewohnt bist zu denken. Es sucht nach passenden Lückenfüllern.

Wenn du dich also innerlich fragst »Warum passiert mir das? Warum kann ich das nicht? Wieso habe ich immer Pech?«, dann wird dein Unterbewusstsein auch hier versuchen, Antworten zu finden. Bewusst kannst du diese Fragen nicht beantworten (sonst würdest du keine Frage stellen), aber dein Unterbewusstsein wird versuchen, eine Antwort zu finden. Das ist natürlich nicht zielführend. Denn leider ist dein Unterbewusstsein an der Stelle nicht besonders diplomatisch oder liebevoll. Es wird auf die Frage »Warum kann ich das nicht?« nicht antworten »Na, weil du einfach noch nicht so viel geübt hast und etwas mehr Zeit brauchst«. Nein, es wird irgendwelche vergangenen Erfahrungen hochkramen, die eine plausible Antwort für deine Frage parat halten. Deswegen sprechen die meisten Menschen eher so mit sich: »Warum kann ich das nicht? Weil ich einfach zu blöd bin und eh nie was auf die Reihe kriege.«

Du siehst also, diese Art von Warum-Fragen ist total bescheuert. Und vor allem bringen sie dir für deine Zukunft rein gar nichts. Denn so weißt du immer noch nicht, was du anders machen kannst oder wie es das nächste Mal besser geht.

Eine wunderbare Alternative zu Warum-Fragen sind zielführende Wie-Fragen. Statt der drei Fragen »Warum passiert mir das? Warum kann ich das nicht? Wieso habe ich immer Pech?« könntest du dich zum Beispiel fragen: »Wie geht es das nächste Mal leichter? Wie kann ich das ganz leicht lernen? Wie werde ich ein echter Glücksmagnet?«

Das ist im Grunde immer noch der gleiche Inhalt, nur als Wie-Frage verpackt und damit viel zielführender und sinnvoller als jede Warum-Frage.

In Sachen Beziehung kannst du das natürlich auch wunderbar anwenden. »Warum bin ich so allein?« ist eine Frage, die sich bestimmt schon viele Singles gestellt haben. Nur: Welche Lücke soll dein Unterbewusstsein denn hier füllen? Frag dich doch lieber:

»Wie geht es leicht, dass ich mich verliebe und dass ich mich entspannt und geliebt fühle?«

Weil sowohl unser Unterbewusstsein als auch unser Bewusstsein gleichermaßen Lücken hassen, wirst du wahrscheinlich bei jeder Frage, so auch bei dieser, den inneren Drang spüren, diese Frage zu beantworten. Und wenn das nicht gelingt (weil du keine Ahnung hast, wie du dich entspannt und geliebt fühlen kannst), dann bist du frustriert. Doch es ist gar nicht nötig, die Frage sofort im Bewusstsein zu beantworten. Lass das doch dein Unterbewusstsein regeln. Soll sich doch dein Unterbewusstsein einen Wolf schrubben bei der Beantwortung dieser Frage. In der Zeit kannst du dich schöneren Dingen widmen, und irgendwann wird eine Idee in dir aufploppen (wir nennen das Intuition), die dir bei der Beantwortung dieser Frage hilft.

Wichtig ist, dass du nicht mehr in Aussagen redest (»Ich werde eh nie einen finden«, »Meine Beziehungen sind eh alle kompliziert«), denn ansonsten redest du diese Aussagen deinem Unterbewusstsein ein. Das nimmt nämlich alles von dir als wahr an und wird dir deshalb auch genau die Umstände und Situationen liefern, die zu deinen Aussagen passen. Stattdessen arbeite mit Wie-Fragen und lass die Antworten entspannt zu dir kommen.

Es gibt eine Ausnahme, in der ich auch Warum-Fragen als sehr passend empfinde. Und zwar, wenn du dir Fragen stellst wie: »Warum bin ich so glücklich?«, »Warum habe ich so verdammt viel

Glück im Leben?«, »Warum bin ich so entspannt und verliebt?«. Du nimmst dir also die Dinge, die du haben willst, und tust so, als wären sie schon Realität. Und dann fragst du dich, wie das zu dir gekommen ist. Ganz oft hilft das unserem Unterbewusstsein, schneller Antworten darauf zu finden, wie wir an unser Ziel kommen können. Probiere das einfach mal aus und experimentiere mit deinem Lückenfüller aka Unterbewusstsein.

Liebe beginnt in dir

Wenn du durch die richtigen Fragen eine Idee davon bekommst, warum du jetzt schon eine Sahneschnitte bist, völlig unabhängig von deinen Beziehungen, dann ist das der erste Schritt. Denn Liebe beginnt immer in uns selbst.

Wenn du dich selbst liebst, sendest du Liebe aus und kannst noch mehr Liebe bekommen. Wenn du dich hingegen nur kritisierst, wirst du dich auch von anderen häufiger kritisiert fühlen. Wie willst du eine erfüllte Partnerschaft in dein Leben ziehen, wenn du dich selbst die ganze Zeit fertigmachst? Das ist ungefähr so, als würdest du permanent auf der Frequenz von »Scheiße 94,7« senden, willst aber auf »Amor FM« empfangen. Das geht einfach nicht.

Die wichtigste Beziehung, die du führen kannst, wird immer die zu dir selbst sein. Und die Qualität dieser Beziehung bestimmt maßgeblich, wie du alle anderen Beziehungen in deinem Leben erleben wirst. Denn Menschen, die ein Problem mit ihrem Selbstwert haben, lösen das ja nicht über Nacht, nur weil jetzt ein Partner an ihrer Seite ist. Diese Themen, die du mit dir selbst hast, nimmst du dann mit in die Partnerschaft. Und das ist schade, denn oft hat der Partner gar keine Chance, dir das zu geben, was du so sehr suchst. Denn am Ende des Tages kann das nur jeder für sich tun.

Wir haben in den letzten Kapiteln gesehen, wie wichtig der eigene Anteil an jeder Beziehung ist. Diesen Anteil zu erkennen und liebevoll damit umzugehen, geht viel leichter, je mehr du dich magst.

Gemeinsam zu sein, wird leichter, je lieber man mit sich selbst allein ist.

Wenn ich mich selbst nicht mag, mag ich mich in einer Beziehung nicht unbedingt lieber. Wenn ich mich selbst aber gernhabe und mein Partner sich auch gernhat und wir uns gegenseitig auch noch gernhaben, dann wird es ein Kinderspiel. Der eine bringt Liebe für sich und den anderen mit und der andere bringt auch Liebe für sich und den anderen mit. Dann ist immer ausreichend Liebe da. Auch wenn die Zeiten mal hart werden.

Dein Partner kann dir seine Liebe geben. Wenn du aber keine Liebe für dich selbst fühlst, wird dir dieser Teil immer fehlen. Du wirst Liebe nie komplett annehmen können, weil ein Teil von dir noch davon überzeugt ist, es nicht wert zu sein, nicht schön genug, nicht klug genug, nicht interessant genug, nicht genug, um bedingungslos geliebt zu werden.

Am schönsten allerdings wird Liebe, wenn du dich selbst aus vollem Herzen liebst und damit auch Liebe von anderen annehmen kannst. Das größte Geschenk, das du dir selbst und einer Partnerschaft deshalb machen kannst, ist es, dich selbst zu lieben. Aus vollem Herzen und mit all deinen Schwächen und vermeintlichen Fehlern. Du bist einzigartig, und du wünschst dir, wie alle Menschen da draußen, nichts mehr, als dass ein Partner diese Einzigartigkeit an dir sieht und wertschätzt. Du willst als das gesehen werden, was du bist. Du willst so geliebt werden, wie du bist. Ohne Bedingungen und Erwartungen an dich. Dann fang heute an, dich selbst genau so zu betrachten. Lass uns in den nächsten zwei Kapiteln mal genauer darauf schauen, was dir dabei helfen kann. Diese Love-Story handelt nur von dir.

Das Wichtigste in Kürze

- Was für ein Gefühl löst das negative Verhalten deines Partners in dir aus? Kennst du es von früher?
- Du wirst abhängig von den Gefühlen, die du sehr oft erlebt hast.
- Du hast Gefühle, du bist aber nicht deine Gefühle.
- Drama ist ein trainiertes und erlerntes Muster.
- Wer bist du ohne dein Muster?
- Bist du bereit, dich so sehr zu lieben, dass du dir das größte Glück der Welt gönnst?
- Finde den kleinsten gemeinsamen Nenner deiner bisherigen Beziehungen. Mach dir diese Muster und Strukturen bewusst, denn nur so kannst du sie verändern.
- Unsere vier emotionalen Grundbedürfnisse sind: Freude, Sicherheit, Verbindung und Autonomie.
- Rufe die Gefühle, nach denen du dich sehnst, heute schon in dir ab.
- Erwartung raus, Dankbarkeit rein.
- Zielführende WIE- sind sinnvoller als WARUM-Fragen.
- Eine gute Beziehung beginnt bei dir selbst.

Kapitel 11: Ich bin so verliebt – in mich

Als ich ein Teenie war, wurde mir am Oberschenkel ein verkapselter Mückenstich, ein harter Hautknubbel, entfernt. Ich weiß ehrlich gesagt nicht mehr, was der Grund dafür war, dass er rausgeschnitten wurde, was ich aber noch weiß, ist, dass die Narbe, die dadurch entstanden ist, deutlich größer war als der eigentliche Knubbel. Die Narbe saß sehr weit oben am Bein, genau in dem Bereich, in dem Frauen auch häufig Dehnungsstreifen bekommen. Ich würde mal behaupten, ich war jetzt kein Teenie mit extrem wenig Selbstvertrauen (immerhin musste ich zuvor schon einige Jahre eine Zahnspange tragen), aber diese Narbe hat mich schwer beschäftigt. Zusammen mit den Dehnungsstreifen war mein Oberschenkel in meinen Augen total entstellt. Es war mir unangenehm, dass andere das sehen könnten, und ich konnte im Sommer an nichts anderes mehr denken als daran, wie ich den Teil meines Körpers am besten verstecke. An den Strand bin ich oft nur mit einer Hose über dem Bikini oder einem Tuch um die Hüfte gegangen, und wenn ich mit meinen Freunden ins Wasser wollte, dann habe ich immer die Hand über diese Stelle gehalten. Heute erscheint mir das albern, aber damals war es für mich wirklich einschneidend (im wahrsten Sinne des Wortes). Dieser Makel war für mich so groß und unübersehbar, dass ich an nichts anderes mehr denken konnte, sobald andere diese Stelle hätten sehen können.

Vor ein paar Jahren habe ich seit langer Zeit das erste Mal wieder diese Narbe gesehen. Sie war mir jahrelang gar nicht mehr aufgefallen, und als ich sie wieder entdeckte, war mein erster Gedanke:»Ach krass, die gibt es ja auch noch.« Natürlich war sie, wie jede Narbe, anfangs noch sichtbarer und sie verblasste mit der Zeit, aber sie war immer noch da.

Ich war ein wenig schockiert. Wie konnte eine Sache, die mir über so viele Jahre als Teenie so schlimme Gefühle bereitet hat, danach einfach aus meinem Bewusstsein verschwinden? Etwas in meinem Inneren hat sich im Laufe der Zeit verändert. Ich habe meinen Fokus nicht mehr auf diese eine Stelle gesetzt, der ich zuvor so viel Bedeutung zugemessen hatte und der ich damit auch sehr viel Macht über mich und mein Wohlbefinden gegeben hatte. Ich habe angefangen, diese Narbe und die Streifen an meinen Beinen als einen Teil von mir anzusehen und mich nicht mehr bei jedem Anblick darüber zu ärgern. Sie sind ja eh da, ob ich mich nun ärgere oder nicht.

Ich hatte damals gedacht, es müsse sich was im Außen verändern, damit ich mich wieder wohlfühlen kann. Die Narbe muss weg, die Dehnungsstreifen müssen verschwinden. Ich habe gecremt wie eine Wilde, ich habe mich sogar über Lasermethoden informiert. Alles nur, damit ich mich endlich wieder besser fühlen kann. Dachte ich. Und dann, etliche Jahre später, stelle ich fest, dass ich mich auch so besser fühlen kann. Ohne etwas im Außen zu verändern. Einfach nur durch meine neue innere Haltung und durch die Gelassenheit, dass dies ein Teil von mir ist.

Ich hatte damals als Teenie einen schönen Busen. Während einige meiner Klassenkameradinnen sehnsüchtig darauf warteten, dass ihre Oberweite endlich zu wachsen beginnt, war meine schon sehr

243

präsent. Und ich hatte auch eine, wie ich finde, sehr gute Größe der Oberweite. Glaubst du, ich habe das gesehen? Nein, mein Fokus ging nur auf die Oberschenkel. Ich habe bei anderen Frauen ständig nur auf die Oberschenkel geschaut und bewundert, wie schön straff die waren. Dass genau die Frauen, deren Beine ich bewunderte, zur gleichen Zeit vielleicht meinen Busen bewunderten, das kam mir nicht in den Sinn. Weil der Fokus immer nur auf den Mangel ging, auf das, was ich noch nicht hatte.

Das Gleiche passierte mit meinem Lachen. Ich habe schon immer eine Oberlippe, die sich beim Lachen komplett nach oben zieht. Bei einer Zahnreinigung wollte sich die Ärztin mal nur den vorderen Zähnen widmen, also dem Sichtbereich, wie sie es nannte. Ich habe ihr dann mal kurz demonstriert, wie ich lache, und wir haben alle Zähne behandelt. Bei mir sieht man halt alles, wenn ich grinse. Und das war mir natürlich früher oberpeinlich. Erst recht mit einer festen Zahnspange. Ich kann mich eigentlich nur an Fotos erinnern, wo ich die Hand über dem Mund hatte. Und wenn Mitschüler zu einem »Pferdefresse« sagen, kann auch das fröhlichste Mädchen daran wenig Positives finden.

Heute ist dieses Lachen mein Markenzeichen. Ja, manchmal muss ich selbst schlucken, wenn ich Fotos sehe, auf denen auch meine Backenzähne noch mit drauf sind. Aber sind wir nicht alle auf unsere ganz eigene Art wunderschön? Und hat nicht jeder diese Körperteile, die man nicht mag oder für die man sich früher geschämt hat? Wir finden das meist bei anderen gar nicht so schlimm. Im Erwachsenenalter hat mich noch niemand auf mein Lachen angesprochen (höchstens, dass es laut ist, aber das hat ja andere Gründe). Und natürlich würde auch kein Mensch was zu meiner Narbe am Bein sagen, wenn sie denn überhaupt irgendwem auffällt.

Wenn uns Freunde ihre angeblichen Makel gestehen, müssen wir doch meist suchen, und dann fallen Sätze wie:»Das wäre mir gar nicht aufgefallen.« Die meisten dieser Makel sind in unserem Kopf viel größer als in echt. Und was wäre, wenn wir die Makel feiern, als Einzigartigkeit, anstatt zu versuchen, so auszusehen wie die anderen? Die wiederum auch nur so aussehen wollen wie alle anderen. Wer genau sind denn dann diese »anderen«?

Mit Ecken und Kanten oder Dellen und Streifen

Ich kann heute sagen, ich liebe mich so, wie ich bin. Mit jeder Delle, jeder Beule und jedem Streifen. Weil all das zu mir gehört. Und, ja, manchmal fällt es mir leichter, diese Dellen zu lieben, und manchmal schwerer. Aber im Grunde bin ich sehr im Reinen mit mir. Wie viele Menschen können das wirklich sagen?

Und warum können es so wenige wirklich von sich behaupten? Weil es in den meisten Fällen nicht von allein passiert. Weil wir es nie gelernt haben, uns zu lieben. Weil wir schlicht und ergreifend nicht wissen, wie es geht. Weil Selbstliebe kein Schulfach ist.

Dabei ist Selbstliebe das Wichtigste, was wir im Leben lernen können. Erst wenn du dich selbst wirklich liebst, kannst du auch zulassen, dass es jemand anderer bedingungslos tut.

Das fängt schon bei dem Blick in den Spiegel an. Was sagst du, wenn du am Spiegel vorbeigehst? Schaust du dich überhaupt richtig an oder ist der Blick in den Spiegel eher flüchtig, nur um mal zu checken, dass dir keine Spaghetti in den Haaren kleben? Und wenn du hineinschaust, redest du dann liebevoll mit dir oder konzentrierst du dich nur auf die Sachen, die dir bei deinem Anblick nicht gefallen? Vielleicht hast du auch schon mal Sätze gedacht oder gesagt wie »Alter, wie sehe ich denn aus?« oder »Ich habe Augenringe bis zum Knie«.

Was bestellst du in diesen Momenten beim Universum? Jedes Mal, wenn du dich selbst fertig machst, bestellst du mehr davon. Und du bestellst, dass du nicht liebenswert bist. Wie soll dich dann jemand lieben, wenn du es selbst nicht kannst?

Wenn du Liebe in deinem Leben haben willst, dann hol als Erstes Selbstliebe in dein Leben, denn damit kannst du jetzt gleich anfangen. Und wenn du bislang streng und ungerecht zu dir warst und dich niedergemacht hast, dann kannst du heute damit aufhören und anfangen, liebevoll mit dir zu sein. Wenn du nicht weißt, wie das geht, bist du sicher nicht allein, und ich möchte dich ein wenig an die Hand nehmen. Am Anfang wird das, was ich dir in diesem und im nächsten Kapitel an Übungen und Tipps mitgebe, sich ungewohnt anfühlen. Ist ja auch logisch, wenn du es nicht kennst, gut zu dir zu sein. Aber nur, weil es sich ungewohnt anfühlt oder außerhalb deiner Komfortzone liegt, heißt es nicht, dass es nicht richtig oder gut für dich ist. Deshalb gib der Sache eine Chance und deinem Unterbewusstsein Zeit, sich an deinen neuen Umgang mit dir selbst zu gewöhnen.

Du kannst zu Beginn damit starten, die Sache mit dem Spiegel ein wenig angenehmer für dich zu gestalten. Nimm dir morgens zwei Minuten, das ist nicht viel, und nutze die Zeit, um dich mal wirklich anzuschauen. Welche Farbnuancen haben deine Augen heute Morgen und wie unterscheiden sie sich zu gestern? Meine Augen erscheinen zum Beispiel an manchen Tagen tiefbraun, an anderen grün-braun und an einigen hellgrün. Spannend, das wahrzunehmen und zu erkunden. Und dann fang an, dir jeden Tag ein Kompliment zu machen. Finde eine Sache, die dir optisch gefällt. Vielleicht magst du deine Haare, deine Augen, die Lippen oder deine Zähne. Und vielleicht ist es auch dein Hautton oder deine Nase. Was auch immer es ist, und völlig unabhängig, wie groß oder klein die Sache erscheint, sage dir einmal, dass du das magst. Du kannst und sollst unbedingt deine eigenen Worte wählen. Vielleicht sagst du »Wow, ich liebe meine Haare«, vielleicht ist es zu Anfang aber auch ein schüchternes »Die Lippen sind ganz okay«. Es gibt hier kein Richtig oder Falsch. Wichtig ist nur, dass du es überhaupt machst.

Einigen Menschen fällt es leichter, zu sich selbst »du« zu sagen, also »Deine Lippen, Haare oder Augen gefallen mir«, und andere bevorzugen das »Ich«, also »Ich mag meine Haare«. Probiere mal aus, was sich für dich angenehmer anfühlt. Du kannst das natürlich auch je nach Tagesform variieren. Es geht vor allem darum, dass du jeden Tag einen kurzen Moment den Fokus auf das richtest, was du an dir gut findest. Denn den anderen Fokus mit den Dingen, die du an dir nicht magst, den haben die meisten von uns ganz automatisch eingestellt, da musst du dich also nicht drum kümmern.

Schau dir in die Augen und, wenn du magst, sprich mit dir. Sag dir selbst: »Ich sehe dich. Ich sehe deine Gefühle. Ich sehe, was du leistet und was du gerade durchmachst. Ich bin hier für dich.« Gib dir selbst ein wenig Anerkennung, Liebe oder aufmunternde Worte. Was auch immer du gerade brauchst und was auch immer aus dir gerade raus will. Fang einfach an, mit dir zu reden, und schau dir dabei tief in die Augen. Sieh mal wirklich, was da alles unter der

Oberfläche köchelt, nimm wahr, wenn ein Gefühl gelebt werden will, und sei für dich selbst da. Ich sage mir manchmal: »Ganz egal, was im Außen passiert, ich bin immer für dich da. Du kannst dich jederzeit auf mich verlassen. Ich bin hier, wenn du mich brauchst. Ich höre dir zu, ich schaue dir in die Augen, ich bin hier und halte dich.« Lass dich einfach darauf ein und erfahre am eigenen Leib, was für einen Unterschied diese Worte und Blicke für dich machen können und wie du dich dir selbst gegenüber emotional öffnen kannst.

Du kannst gerne nicht nur beim Optischen bleiben, sondern zusätzlich eine deiner Charaktereigenschaften loben, die dir besonders gut gefällt. Das Ganze wird trotzdem nicht länger als vielleicht zwei Minuten am Morgen in Anspruch nehmen. Wenn du das mal ein paar Tage oder Wochen durchhältst, dann wird sich deine Selbstwahrnehmung massiv verändern. Denn dein Gehirn lernt dadurch, den Fokus auf das Positive zu richten. Je häufiger du das machst, desto leichter wird es dir fallen, etwas Positives zu finden. Zwei Minuten jeden Morgen, die dein Leben und dein Wohlbefinden massiv beeinflussen können. Gib dir gerne das Versprechen, dass du es zumindest versuchen wirst, diese neue Routine einzubauen.

Für die Faulen unter uns, denen schon zwei Minuten am Morgen wie wertvolle Zeit erscheint, die dringend an anderer Stelle gebraucht wird: Ihr dürft die Zeit unter der Dusche nutzen, um was Schönes am Körper zu finden, und die Zeit beim Haarekämmen oder Zähneputzen, um was Schönes im Gesicht zu finden. Es gibt also keine Ausreden mehr.

Für deine Unterstützung findest du online im Bonus-Bereich eine Selbstliebe-Meditation, die du dir anhören kannst, wann immer dir danach ist.

Du findest sie auf claudiaengel.de/amor.

Die zarteste Pflanze

Lass dich nicht beeinflussen, wenn dein Unterbewusstsein jetzt lauthals schreit: »Das musst du gar nicht erst versuchen. Du findest eh nix, was du magst. Außerdem fühlt sich das sicher total albern an.« Es ist lediglich dein Unterbewusstsein mit seinen alten, gewohnten Programmen, das versucht, dich da festzuhalten, wo du aktuell bist. Betrachte es wie ein Kleinkind, dem man den zweiten Lolli nicht erlaubt. Denn genau so fühlt sich dein Unterbewusstsein mit so einer Aufgabe. Aber du weißt, dass es langfristig gut sein wird für das Kind, wenn es nicht noch einen Lolli isst, obwohl es schon einen hatte. Du weißt, was der Lolli mit den Zähnen und der Gesundheit des Kindes macht. Vielleicht erlaubst du ihm hin und wieder einen, aber sicherlich nicht permanent. Weil du weißt, was langfristig gut ist. Betrachte diese Aufgabe genauso. Dein Unterbewusstsein wird rebellieren, aber du weißt, was langfristig gut ist. Und dafür hältst du es aus, dass es kurzfristig rumbockt. So lange, bis es selbst mal nach einem Apfel fragt anstatt nach dem Lolli. Und das ist der Moment, wo du als Mama (oder als Gehirnbenutzer) stolz grinst und dich freust, dass dein Durchhaltevermögen sich gelohnt hat.

Überleg mal: Wenn wir Beziehungen mit anderen Menschen führen, egal ob eine romantische Partnerschaft oder eine Freundschaft, dann geben wir dem anderen Liebe und Aufmerksamkeit, schenken ihm Zeit, trösten ihn, sind für ihn da und versuchen, ihm ein gutes Gefühl zu geben. Wie oft machen wir das eigentlich in der Beziehung zu uns selbst?

Ich mag es, mir vorzustellen, Beziehungen wären wie Pflanzen. Damit sie gedeihen, brauchen sie regelmäßig Wasser, Licht und Pflege. Und dann kann eine wundervolle Blume wachsen. In unseren

Beziehungen ist das Licht und Wasser die Liebe und die Aufmerksamkeit, die wir investieren. Die Pflege ist vielleicht die Zeit, die wir in die Beziehung stecken. Ist die Pflanze gewachsen, dann kann sie eventuell auch eine gewisse Zeit mal ohne Licht oder Wasser auskommen, aber auf Dauer wird jede Blume und jeder Baum eingehen, wenn das fehlt.

Ohne Liebe, Aufmerksamkeit und Zeit geht jede Beziehung ein.

Auch die Beziehung zu uns selbst. Denn das ist wahrscheinlich die zarteste Pflanze, die wir haben. Vielleicht ist deine Selbstliebe ein ausgewachsener Kaktus, den so schnell nichts umhauen kann, aber ich befürchte, bei den meisten Menschen handelt es sich bei der Selbstliebe-Pflanze eher um eine Mimose, die in Windeseile die Blätter einzieht, sobald sie sich unwohl fühlt.

Du darfst dich also um dich selbst kümmern wie um eine kleine, zarte Pflanze. Deshalb ist es gesund und absolut notwendig, sich selbst liebevoll zu betrachten und sich auch mal ein Kompliment zu machen.

Wäre da nicht das gesellschaftliche Vorurteil: »Eigenlob stinkt.« Ich sage mittlerweile immer »Eigenlob stimmt«, aber in den Köpfen vieler hält sich die Überzeugung, dass man sich selbst ja nicht zu gut finden sollte. Wer hat sich das eigentlich mal ausgedacht? Ich meine, wenn du dich selbst nicht gut findest, warum sollten es dann andere tun? Wenn du dich nicht magst, warum sollten dich dann andere mögen? Das macht doch keinen Sinn. Ich finde, du darfst dich selbst obercool finden, denn schließlich verbringst du mit dir eine Menge Zeit.

Der einzige Mensch, den du ein Leben lang bei dir hast,
bist du selbst.

Du kannst dich nicht von dir selbst trennen, wie das bei Beziehungen möglich ist, die uns kein gutes Gefühl geben. Du wirst wohl oder übel mit dir leben müssen. Dann kannst du auch gleich dafür sorgen, dass du dich magst. Du könntest dich sogar so sehr mögen, dass andere Menschen gar keine andere Chance haben, als es dir gleich zu tun.

Knüpfe deine Selbstliebe dabei nicht an Bedingungen. Wir haben in einem vorigen Kapitel schon herausgefunden, dass du das bei anderen höchstwahrscheinlich auch nicht tust. Akzeptiere dich so, wie du bist. Mach die Spiegelübung mal ein paar Wochen lang, und schau, was sich für dich verändert.

Und dann investiere Zeit und Aufmerksamkeit in deine Pflanze. Finde heraus, wie viel Wasser und Licht sie braucht und wie du sie optimal pflegen kannst. Wenn das alles noch ganz neues Terrain für dich ist, dann geht es erst mal darum, dich wirklich kennenzulernen. In einer Beziehung fangen wir schließlich auch damit an, den anderen erst mal zu beschnuppern, herauszufinden, was er mag und was nicht. Genau das Gleiche machst du jetzt mit dir selbst.

Was tut mir gut?

Weißt du eigentlich, was dir guttut? Weißt du, was dir ein Gefühl von Ruhe gibt, was dich glücklich macht? Kennst du deine Bedürfnisse und Wünsche? Ich mache immer wieder die Erfahrung mit Kundinnen, dass die meisten Frauen (ich kann nicht sagen, wie es bei Männern ist) es schon lange nicht mehr wissen oder sich zumindest lange nicht darum gekümmert haben.

Als Kinder wissen wir ziemlich genau, was wir wollen, wir kennen unsere Bedürfnisse und fordern sie meist vehement und unmittelbar ein. Ich beobachte es bei meinen drei Kindern. Wenn sie müde sind, schlafen sie manchmal mit dem Kopf auf dem Tisch ein, wenn sie spielen wollen, verlangen sie lautstark nach dem Lieblingsspielzeug, und wenn sie kuscheln wollen, werfen sie sich auf meinen Schoß. Wenn mein Zweijähriger morgens die Augen aufmacht, ist das Erste, was er ruft: »Hunger!« Dann muss bitte umgehend in den nächsten drei Sekunden Essen in seinem Magen landen. Und genau, während ich diese Zeilen schreibe (wirklich wahr, geniales Timing), kommt er an und verlangt nach »Mama!«, weil er sich nicht gut fühlt. Es ist ihm doch egal, ob ich gerade an meinem Manuskript sitze (kuscheln geht auch einfach immer, da muss die Arbeit liegen bleiben), es ist ihm auch egal, dass ich morgens noch nicht mal die Augen so schnell aufkriege, wie er nach Nahrung verlangt. Das Einzige was für Kinder zählt, ist die Erfüllung ihrer Bedürfnisse. Sie nehmen noch keine Rücksicht auf Umstände oder auf die Gefühle oder Bedürfnisse anderer. Und bis zu einem gewissen Grad ist das eine sehr gute Eigenschaft.

Das Problem ist, dass wir kaum einen Mittelweg kennen. Als Kind gilt erst mal »Ich zuerst«, ohne Rücksicht auf Verluste. Das hat die Natur wunderbar so installiert, schließlich sichert das unser Überleben. Doch davon behalten die meisten von uns recht wenig, wenn sie erwachsen werden. Denn aus »Ich zuerst« wird dann irgendwann »Ich zuletzt«. Erst mal soll es allen anderen gut gehen und dann schau ich auf mich selbst. Denn sofort taucht in unseren Köpfen wieder die Angst auf, ein rücksichtsloser Egoist zu sein, der nie an andere denkt. Dabei gibt es dazwischen noch eine ganze Menge Raum für einen guten Mittelweg.

Niemand hat gesagt, dass die Erfüllung deiner Wünsche automatisch zum Nachteil anderer geschieht. Aber irgendwie gehen alle insgeheim davon aus. Egoistisch zu sein ist für viele eine der schlimmsten Vorstellungen. Dabei bedeutet egoistisch in erster Linie »Ich-Bezogenheit« und das ist grundsätzlich etwas Gutes.

In meinem Weltbild gibt es einen gesunden Egoismus, der sich dadurch auszeichnet, die eigenen Wünsche und Bedürfnisse wahrzunehmen und danach zu streben, sie zu erfüllen. Das hat erst mal ganz viel mit Selbstliebe zu tun. Denn nur wenn es mir gut geht, nur wenn mein Glas gefüllt ist, kann ich anderen davon etwas abgeben. Im Flugzeug leuchtet das allen ein. Wie sollst du, ohne eigenen Sauerstoff, die anderen um dich herum versorgen? Aber warum gehen wir davon aus, dass es im wahren Leben anders ist?

Ich kann für mich als Mama und Ehefrau nur sagen: Wenn meine Batterien leer sind, dann kann ich mich nicht sehr gut um andere kümmern. Ich bin nicht die Mama, die ich sein will, wenn meine Bedürfnisse nicht erfüllt sind. Und ich behaupte, Kinder haben eine sehr feine Antenne für sowas. Gerade weil bei ihnen die Erfüllung der Bedürfnisse noch so im Vordergrund steht, merken sie es sofort, wenn sich andere nicht um sich selbst kümmern. Und in einer partnerschaftlichen Beziehung ist das genauso: Wenn der eine immer nur zurücksteckt und es ihm insgeheim nicht gut damit geht, dann wird die Beziehung darunter leiden.

Die glücklichsten Beziehungen finden zwischen Menschen statt, die mit sich selbst glücklich sind.

Denn dann gibt es keine Erwartungshaltung an den anderen, die eigenen Bedürfnisse zu erfüllen. Dann kümmert sich jeder Partner in erster Linie selbst darum, dass es ihm gut geht, und dann geht es den beiden Partnern gemeinsam auch gut. Weil das eigene Wohlbefinden nicht vom anderen abhängt, sondern nur vom anderen ergänzt wird. Das ist ein entscheidender Unterschied.

Mach dir also gerne mal klar, was deine eigenen Bedürfnisse eigentlich sind. Du kannst zum Beispiel eine Liste erstellen mit Dingen, die dich glücklich machen und die dir guttun. Ich hatte jahrelang so eine Liste, um mich daran zu erinnern, diese Sachen auch regelmäßig in meinen Tag einzubauen. Was da drauf steht, ist allein dir überlassen.

Hier ein paar Inspirationen:

- Ein Schaumbad nehmen
- In der Natur spazieren gehen
- Ein Buch lesen
- Mit Freundinnen Kaffee trinken
- Meditieren
- Sport machen
- Schlafen
- Lieblingsmusik hören
- Lautstark mitsingen
- Ein Instrument lernen
- Bewusst atmen
- Ein paar Minuten oder Stunden allein sein
- Ein Hörbuch hören

Die Liste kann große Dinge beinhalten, die etwas mehr Zeit in Anspruch nehmen oder auch Kleinigkeiten, für die du nur ein paar Minuten Zeit brauchst. Du kannst diese Dinge dann in deinen Alltag einbauen, wie es für dich am besten passt. Mir hat es zum Beispiel immer schon sehr gutgetan, Bücher zu lesen oder in der Natur zu sein. Mit kleinen Kindern war das aber in den letzten Jahren nicht immer einfach. Also bin ich auf Hörbücher umgestiegen, die ich im Auto hören konnte, wenn ich unterwegs war. Und meinen Spaziergang in der Natur habe ich oft mit dem Kleinen im Kinderwagen erledigt, wenn ich die Großen aus dem Kindergarten abgeholt habe. Mit ein bisschen Kreativität findest du sicher Möglichkeiten, deine Bedürfnisse auch in deinen Alltag einzubauen.

Es ist wichtig, so eine Liste vorab zu verfassen und sie sich irgendwo hinzulegen, wo man gut drankommt. Denn wenn es dir mal nicht gut geht, wird dir mit Sicherheit nichts einfallen, was deine Laune jetzt verbessern könnte. Wenn du gestresst bist und dich um die Bedürfnisse deines Partners, deiner Kinder oder anderer Menschen um dich herum kümmerst, dann geraten deine Bedürfnisse in den Hintergrund, und deshalb sind sie dir dann schlicht und ergreifend nicht mehr bewusst. Das ist auch der Grund, warum viele gar nicht wissen, was sie eigentlich mögen. Sie haben sich einfach viel zu lange nicht mehr damit beschäftigt. Deshalb hilft es, bei allen Aktivitäten einmal zu beobachten, wie du dich danach fühlst. Wenn du dabei regelmäßig ein gutes Gefühl hast, kann diese Aktivität auf deine Bedürfnis-Liste. Ich nenne diese Liste auch oft Mood-Changer-Liste, weil sie die Macht hat, deine Laune und dein Wohlbefinden erheblich zum Positiven zu verändern.

Was kommt rein?

Wir alle machen uns mehr oder minder regelmäßig Gedanken darüber, was wir in unseren Körper hineintun. Wenn wir ununterbrochen von Pommes, Currywurst und Cola leben würden, wüssten wir, dass das unserem Wohlbefinden und unserem Körper nicht granatenmäßig guttut. Und ich würde behaupten, dass die meisten von uns die Phasen kennen, in denen wir ganz von selbst Lust und Appetit auf gesunde Nahrung haben und merken, was das mit uns macht. Genau den gleichen Effekt gibt es auch mit Bewegung, denn dabei werden Dopamin, Serotonin und Endorphin ausgeschüttet – Hormone, die den Körper in einen Rausch versetzen.

Wie oft behandelst du deinen Körper gut und gibst ihm, was er braucht? Wie oft bewegst du deinen Körper, um ihm damit gut zu tun?

Meine Freundin Stephanie Raiser sagte mal zu mir, dass bei manchen Mahlzeiten der Körper und bei manchen die Seele gefüttert werde. Und das finde ich ziemlich passend. Wenn eine Tüte Chips oder eine Packung Knoppers dich beruhigt, dich tröstet oder dir als Belohnung dient, dann ist das Futter für deine Seele. Natürlich nicht ideales Futter, denn diese Art von Belohnung kann man sich theoretisch auch über etwas anderes holen. Aber darum soll es hier gar nicht gehen. Ich denke, wir sind uns einig, dass eine Tüte Chips leider keine Entscheidung für den Körper ist. Schließlich wird der nicht danach jubeln: Hey, Fette, Kalorien und Salz, das ist genau das, was ich brauche, um mich rundum wohlzufühlen. Nein, das sagt leider in dem Moment höchstens die Seele, die sich die Chips zum Genuss, zum Trost oder zur Belohnung gegönnt hat. Und das ist okay. Die Frage ist nur, sind deine Entscheidungen für Körper und Seele ausgeglichen? Fällst du genauso oft eine Entscheidung für deinen Körper, wie du sie für deine Seele fällst? Achtest du regelmäßig darauf, was in deinen Körper hineinkommt?

Lass uns hier mal ganz ehrlich sprechen: Die Süßigkeiten- und Genussmittelindustrie ist nicht umsonst so groß. Egal, ob es bei dir die Limo oder das Eis ist oder ob es die Pommes sind, und auch wenn es wünschenswert wäre, dass wir alle immer zu 100 Prozent die richtige Entscheidung für unsere Gesundheit treffen (ja, ich meine auch mich selbst), die Realität ist davon weit entfernt. Aber die meisten von uns haben zumindest immer wieder Phasen (oft zum Jahresanfang), in denen wir unseren Körper und die Gesundheit in den Vordergrund stellen und uns zumindest Gedanken darüber machen, was wir in uns hineinstopfen oder wie viel wir uns bewegen.

Auch das ist ein Akt der Selbstliebe und Selbstfürsorge. Wir stellen in den Momenten den kurzfristigen (vermeintlichen) Genuss in den Hintergrund und denken über die langfristigen Effekte für unseren Körper nach. Und das ist wundervoll, denn wir kümmern uns in diesen Momenten um uns.

Andersrum sind auch zu viel Strenge und überzogene eigene Ansprüche nicht förderlich für die Selbstliebe. Weil du dich selbst fertigmachst, wenn du diesen Ansprüchen nicht gerecht wirst. Frag dich auch hier gerne mal, wie du mit dir redest? Wie streng bist du zu dir selbst, welche Gedanken und Worte findest du für dich? Besonders auch in den Momenten, in denen du irgendeine Art von Schwäche zeigst?

Ein guter Indikator dafür, wie du die für dich richtige Balance zwischen dem einen Extrem und dem anderen findest, ist im Grunde immer, dich selbst und deine Worte zu beobachten. Die Worte, die du denkst, und die, die du aussprichst. Stell dir vor, dass du deine eigene beste Freundin bist. Wärt ihr noch befreundet, wenn sie so mit dir redet? Genießt du die Zeit mit ihr und fühlst dich in ihrer Gegenwart wohl? Bist du gerne bei ihr und weißt, dass du einfach sein kannst, wie du bist? Nein? Dann wird es Zeit, das zu ändern. Ein schönes Ziel ist es, dass du die Zeit mit dir selbst genießt, als hättest du gerade ein super Treffen mit deiner Freundin. Auch die wird dir vielleicht mal die eine oder andere unangenehme Frage stellen, aber in aller Liebe, und du wirst auch immer wissen, dass sie es gut mit dir meint.

Die meisten von uns haben allerdings in dieser Art von Selbst-Kommunikation nicht allzu viel Übung. Zu oft übernehmen wir die negativen Gedanken und Sätze, die uns andere in der Kindheit gesagt haben. »Mach das nicht, du kannst das nicht«, »Du bist zu dick«, »Du bist zu doof«, »Du schaffst das eh nicht«, »Was bildest du dir ein?« und so weiter und so weiter. Und das Fiese ist, diese Sätze laufen innerhalb von Millisekunden in unserem Kopf ab, sodass wir sie oft gar nicht wahrnehmen.

Wenn du dich aber in nächster Zeit mal dabei erwischst, dass du nicht nett zu dir bist (also Sätze zu dir sagst, die du einer Freundin übel nehmen würdest), dann sag dir im Kopf laut und deutlich: »STOPP!« Du kannst das ergänzen durch »Stopp, das will ich nicht denken«. Die automatischen Gedanken werden deshalb nicht unmittelbar aufhören und nie wieder in deinen Kopf kommen. Es geht in erster Linie darum, dass du ein Bewusstsein für diese Art von Gedanken bekommst. Und dich nicht für sie verurteilst, denn das ist das Gleiche in Grün. »Wieso habe ich denn jetzt schon wieder so einen Scheiß gedacht?« ist ja genauso verletzend, und du würdest auch keiner Freundin sagen: »Wieso sagst du denn immer so einen Scheiß?« Zumindest könnte eure Freundschaft da ein wenig drunter leiden.

Es geht mehr darum, eine Art von neutralem Bewusstsein zu bekommen: »Aha, ein Gedanke, mit dem ich mich selbst runtermache. Spannend. So etwas will ich in Zukunft nicht mehr denken. Ich will stattdessen so mit mir reden, wie eine Freundin mit mir reden würde.« Das ist erst mal alles. Es geht nur um eine Entscheidung und ein Bewusstsein. Diese zwei Dinge können dein Verhältnis zu dir selbst komplett verändern.

Erst annehmen, dann verändern

Um es dir leichter zu machen, dich selbst nicht mehr zu verurteilen, ist es essenziell, dass du dich und deinen Körper in seinem aktuellen Zustand annimmst, denn erst dann kann er sich verändern.

Häh? Wie, annehmen? Wie soll ich den denn annehmen, wenn ich doch will, dass er sich verändert?

Ich liebe dieses Paradoxon. Denn es ist gleichzeitig so wahr und so verdammt schwer. Wenn dein Körper (und wir beschränken uns jetzt bei dem Beispiel mal auf den Körper, das gilt genauso für Charaktereigenschaften) nicht die Form, Größe oder das Gewicht hat, die oder das du gerne hättest, dann versuchen die meisten krampfhaft, das zu verändern. Damit der Körper der Form entspricht, die sie sich wünschen. Aber wir alle wissen auch, dass das ein ewiger Kampf gegen Windmühlen ist. Die meisten Frauen haben immer noch den Wunsch nach einer Kleidergröße weniger oder nach dieser einen alten Jeans, die wieder passen soll. Wenn erst die restlichen fünf Kilo nach der Schwangerschaft runter sind, wenn erst der Körper vom langen Winter wieder in Form ist, wenn erst die Beine wieder straffer sind ... Wer kennt es nicht? Und ist es nicht absurd, dass wir das selbst vielleicht schon jahrelang denken und ständig bei anderen mitbekommen und trotzdem immer und immer wieder das Gleiche denken und machen?

Und dann ist es leicht zu sagen »Ja, die Modeindustrie muss ein anderes Bild von Frauen zeigen«, »Die Instagram-Filter sind schuld« oder »Wenn die Titelbilder einfach ein wenig mehr natürliche Frauen in allen Formen und Farben zeigen würden«. Ich denke auch, dass das durchaus hilfreich wäre. Aber lösen wird es das Problem nicht. Denn im allgemeinen Denken gibt es nur zwei Varianten: entweder einem Schönheitsideal hinterherstreben, das utopisch ist und sich daraufhin verändern wollen, oder den Status quo akzeptieren und lieben.

Ich bin dafür, dass wir anfangen, den eigenen Körper so zu lieben, wie er ist, und trotzdem oder gerade deswegen, das Recht haben, ihn auch zu verändern, wenn wir es wollen.

(Und damit meine ich jetzt keine OPs, um Gottes willen.)

Ich nehme jetzt einfach mal mich selbst als Beispiel, weil ich mir durchaus vorstellen kann, dass viele Frauen so denken und handeln. Ich habe nach der zweiten Schwangerschaft knapp zehn Kilo zugenommen. Und ganz ehrlich: Das hatte gar nicht wirklich was mit der Schwangerschaft zu tun. Denn nach einigen Monaten mit dem Baby und begünstigt durch das Stillen war ich meinem Wohlfühlkörper schon sehr nah gewesen. Nur hatte ich mich nach dem Stillen einfach sehr an die größeren Portionen gewöhnt, die die Versorgung eines wachsenden Babys über die Muttermilch so mit sich bringt. Und ich habe nach dem Abstillen schlicht und ergreifend weiter für zwei gegessen. Noch dazu habe ich oft auf die Schnelle gegessen, wie das mit Haushalt und zwei Kids so ist und mich nur unregelmäßig bewegt.

Wenn ich jetzt nur den ersten Step mache und mich selbst so akzeptiere, wie ich bin (und wir kommen gleich noch dazu, wie das funktioniert, denn das ist jetzt eher eine Aufforderung, die die wenigsten ad hoc umsetzen können), wenn ich also meinen Körper so annehme, wie er ist, ohne irgendwas zu verändern, würde ich mir selbst gegenüber rechtfertigen, dass ich mich nicht für eine gesunde Version meines Körpers entschieden habe. Weder in puncto Essen noch in puncto Bewegung. Sondern vielleicht für die bequemste Version. Und das ist zeitweise okay, ist für mich aber langfristig keine Lösung.

Ich finde es viel befreiender, wenn du deinen aktuellen Körper im ersten Schritt so akzeptierst, wie er ist, du aber zusätzlich im zweiten Schritt eine Veränderung deines Körpers wollen darfst, und zwar in Liebe und in Fürsorge für dich selbst. Wenn du das wirklich machst, dann bist du nie in diesem Schwebezustand von »Wenn ich erst xy Kilo habe«, sondern du liebst dich, egal mit welchem Gewicht und welcher Größe. Und du darfst dich gleichzeitig auf einer Reise befinden.

Für mich ist das genau das Gleiche wie Single sein, wenn du eine Beziehung suchst. Du darfst dich als Single wohl mit dir selbst fühlen und die Zeit absolut genießen und gleichzeitig eine Beziehung wollen. Es gibt dann aber keinen Zustand von »Ich bin erst glücklich, wenn der Mann da ist«, sondern du bist jetzt schon glücklich. Genauso gibt es kein »Ich bin erst glücklich, wenn die Waage eine bestimmte Zahl anzeigt«, sondern ich bin schon heute glücklich.

Ich erlaube mir, ein Kunstwerk zu sein, was sich fortwährend verändert.

Ich akzeptiere meinen aktuellen Zustand und verliebe mich in ihn und befinde mich gleichzeitig in einem Prozess hin zu der sportlichen oder gesunden Version von mir oder was auch immer ich anstrebe.

Aber wie geht das nun, sich selbst zu akzeptieren? Das ist immer so eine schöne schnelle Aussage, aber die in die Tat umzusetzen, gelingt wohl den wenigsten. Wenn die Jeans nicht mehr zugeht, sagen die wenigsten von uns: »Ach was soll's, ich liebe mich so, wie ich bin.«

Die Sache mit dem Spiegel hatten wir im ersten Schritt. Und dann bin ich ein absoluter Fan davon, es sich so leicht wie möglich zu machen. Und zwar durch eine Mischung aus Mindset-Arbeit, also Arbeit im Inneren, und Taten im Außen. Den meisten von uns fällt es wesentlich leichter, sich selbst zu lieben, wenn die Haare gut sitzen, ein Lächeln im Gesicht ist und schöne Kleidung die Figur umschmeichelt. Schwierig dagegen ist es, voller Selbstliebe zu sein, wenn man gerade im grellen Neonlicht einer Umkleidekabine zu enge Unterwäsche probiert. Nicht witzig. Das heißt, den eigenen Körper im momentanen Zustand nehmen wir je nach Tagesform, Laune und Kleidung ganz anders wahr. Und da kannst du ansetzen, um es dir leicht zu machen.

Du kannst das Selbstbild von dir verändern. Hin zu dem wohlwollenden Bild von dir, das du vielleicht in deiner Lieblingsklamotte oder an guten Tagen hast, in denen du von innen heraus strahlst. Dazu darfst du dieses neue Bild formen, wie es dir gefällt. Wie willst du dich sehen? Was siehst du an diesen Tagen in dir? Eine strahlende, glückliche Frau? Leg den Fokus darauf. Leg den Fokus auf die Teile deines Selbstbildes, die du magst. Du bist der Maler und kannst das Bild an den Stellen verändern, an denen es dir noch nicht gefällt. Für diese Stellen kannst du neue Überzeugungen und Affirmationen finden, die du für dich gerne hättest. Vielleicht ist es »Ich bin sportlich« oder »Ich bin muskulös« oder, wie bei mir, »Meine Haut ist straff und glatt«.

Ich hatte gar nicht so sehr ein Problem mit meinen zusätzlichen zehn Kilos, sondern vor allem damit, dass diese Kilos sich recht schwammig und labberig auf meinen Körper, besonders auf den Bauch und die Oberschenkel, verteilten. Wenn das alles wenigstens straff gewesen wäre, wäre es mir leichter gefallen, sie zu akzeptieren und zu lieben. Meine neue innere Überzeugung sollte also »Ich bin straff« werden. Um mir die auch wirklich zu glauben, brauchte es einen Anstoß, eine klitzekleine erste Veränderung. Also habe ich entschieden, dass die Reise, auf die ich gehe, aus Sport bestehen wird. Ich hatte eh schon lange das Gefühl, ich würde mich viel zu wenig bewegen, und merkte auch, dass das meinem Körper nicht guttat. Ich hätte auch Ernährung wählen können, aber bei sowas wie »Low Carb« bekomme ich eine absolute Widerstandshaltung. Ich mag Nudeln. Ohne Nudeln und Brot bleibt mir nichts zu essen, deshalb wäre dieser Weg absolut nicht der richtige für mich. Für MICH. Das darf bitte jeder für sich selbst entscheiden.

Ich bin also damals ein paarmal ins Fitnessstudio gegangen, weil sich das zu der Zeit gut anfühlte (heute bevorzuge ich Yoga und Hula-Hoop). Und dann gab es diesen einen Moment nach nicht mal drei Wochen. Ich stand unter der Dusche und bemerkte beim Einseifen einen Muskel an meinem Oberschenkel, der mir zuvor nie aufgefallen war. Durch diesen einen Moment fühlte ich mich anders in meiner Haut. Ich sah von außen immer noch genauso aus wie drei Wochen zuvor. Es war nur ein klitzekleiner Schritt in die Richtung, in die ich unterwegs war, und dennoch war er für mich entscheidend, um mich bei dieser Reise noch mehr und leichter zu lieben und zu akzeptieren. Da war es, mein neues Selbstbild. Plötzlich genau vor mir und absolut glaubwürdig:»Ich bin straff und muskulös.« Manchmal braucht es nur diesen kleinen Stups, um den aktuellen Körper so zu akzeptieren, wie er ist, und um die Affirmationen und Überzeugungen zu glauben, die du dir auf deiner Reise sagst.

Auch wenn es schön wäre, aber in der Praxis ist es ja nicht besonders leicht, zu seinem eigenen, schwabbligen Bauch zu sagen:»Ach ich liebe es, wie schwabbelig und weich der ist.« Das ist Blödsinn, und das bringt uns, glaube ich, in dieser Diskussion nicht weiter. Lieber schaue ich auf meinen Bauch mit dem Blick von »Ich sehe dich in straff«, und dann bemerke ich jeden kleinen Fortschritt, sodass es immer einfacher wird, für meinen Körper Akzeptanz aufzubringen. Ich fokussiere mich auf die Merkmale, die mir gefallen, und an den »Problemzonen« auf die Eigenschaften, die sich schon verbessert haben.

Ich könnte natürlich genauso gut mit einer Tüte Chips auf der Couch sitzen (und das mache ich auch sehr gerne) und mir dann sagen, wie sportlich und straff ich bin. Oder wie sehr ich mir wünschen würde, das zu sein, und mir dieses neue Selbstbild zu glauben. Das Problem ist nur, dass mein Unterbewusstsein mich in dem Moment auslacht, weil ich davon vielleicht gerade sehr weit entfernt bin. Wenn ich es mir aber leicht mache, mir den Weg dahin zugestehe und ihn ganz in meinem Tempo gehe, dann kann ich nach kürzester Zeit schon erste Beweise sammeln, dass meine neuen Überzeugungen Wirklichkeit werden. Und damit fällt es viel leichter, auch meine innere Einstellung mir gegenüber zu ändern.

Für Frauen, die ihren aktuellen Körper nicht mögen, wie er ist, und sich dafür fertigmachen, ist es wesentlich leichter, sich in einen minimal veränderten Körper zu verlieben als in den, den sie schon so lange vor sich haben. Manchmal genügt ein kleiner Muskel am Oberschenkel, der die innere Überzeugung von »Ich bin straff« untermauert, manchmal ist es ein anderes Gefühl beim Berühren, manchmal reicht schlicht und ergreifend die richtige Beleuchtung oder Kleidung. Und plötzlich ist das neue Selbstbild da und darf dich auf deinem weiteren Weg begleiten.

Sieh das Ganze als eine Reise an und verliebe dich in diese Reise und in die kleinste Veränderung. Und mach es dir leicht. Mach es dir leicht, dich in dich zu verlieben.

Das Wichtigste in Kürze

- Die eigenen Makel sind im Kopf viel größer als in echt.
- Was sagst du dir beim Blick in den Spiegel?
- Wenn du mehr Liebe in deinem Leben haben willst, fang bei der Selbstliebe an.
- Schau dich bewusst an, und sage dir jeden Tag eine Sache, die du an dir magst.
- Für eine gute Beziehung braucht es Aufmerksamkeit, Liebe und Zeit.
- Ohne Aufmerksamkeit, Liebe und Zeit geht jede Beziehung kaputt wie eine Pflanze ohne Wasser, Licht und Pflege – auch die Beziehung zu dir selbst.
- Eigenlob stimmt.
- Der einzige Mensch, den du ein Leben lang bei dir hast, bist du selbst.
- Kennst du deine Bedürfnisse und Wünsche?

- Nur wenn dein Glas gefüllt ist, kannst du anderen davon abgeben.
- Die glücklichsten Beziehungen finden zwischen Menschen statt, die mit sich selbst glücklich sind.
- Mache dir eine Liste davon, was dich glücklich macht.
- Wie gut behandelst du deinen Körper?
- Du bist deine eigene beste Freundin. Wärt ihr noch befreundet?
- Entwickle ein neutrales Bewusstsein für deine Gedanken und Sprache.
- Nimm dich an, damit du dich verändern kannst (Paradox).
- Betrachte dich als ein Kunstwerk, das sich immer wieder verändert, und genieße diese Reise.
- Wie willst du dich sehen, was ist dein neues Selbstbild?

Kapitel 12: Darf's ein Krönchen sein?

Jede von uns ist eine Queen. Du bist eine absolute Königin. Eine wahre Göttin. Und du darfst dich selbst auf diesen Thron setzen und dich so behandeln. Wenn du erkennst, was für eine wundervolle Schöpferin, was für eine magische Frau du bist und was du mit deiner Einzigartigkeit, deiner weiblichen Kraft und Hingabe, deiner Sanftheit und deinem neuen Selbstbild alles für dich und dein Umfeld verändern kannst, dann erst fängst du an, an deinem wahren Potenzial zu kratzen. Und dann kannst du die Beziehungen führen, die du schon so lange führen willst. Weil du voll und ganz du selbst bist, mit all deinen Facetten.

Und, ja, mir ist bewusst, dass diese Sätze mehr als pathetisch klingen, aber sorry, ich habe einfach keine anderen Worte gefunden. Auch mir gehen mal die Pferde durch. Wie aber bekommen wir dieses Krönchen auf deinen Kopf gesetzt? Vielleicht wartest du seit Jahren oder Jahrzehnten darauf, dass andere sehen, was in dir steckt. Aber wenn du es nicht tust und wenn du es nicht zeigst, jeden einzelnen Tag, wie um Himmels willen sollen das die anderen Menschen machen? Die sind genug damit beschäftigt, ihr eigenes Potenzial zu suchen.

Die Einzige, die dir eine verdammte Krone auf deinen Kopf setzen kann, bist du.

Dafür darfst du deinen Fokus verändern. Weg von all dem, was du meinst, noch nicht zu sein, zu haben oder zu können. Hin zu dem, was du schon immer bist, hast und kannst.

Denn wir Frauen sind große Meister darin, unser Licht unter den Scheffel zu stellen. Bei uns brennt es unter den Scheffeln lichterloh, so viel Licht ist da versteckt. Das fängt schon damit an, dass Frauen sich kaum auf Stellen bewerben, wenn sie nicht 100 Prozent der Anforderungen erfüllen, während Männer schon bei 60 Prozent eine Bewerbung raushauen. Aber es geht noch viel weiter. Frauen sind auch Meister im Selbst-fertig-Machen. Frauen suchen mit Vergrößerungsspiegeln jeden Pickel und jede Pore, die sie als ungenügend abstempeln können, viele Männer kämen nicht mal auf die Idee, ihren Bauch ins Profil vor dem Spiegel zu drehen. Warum auch? Es macht ja nichts besser. Wir dürfen uns als Frauen also echt mal ranhalten, unsere Qualitäten zu sehen und vor allem auch zu zeigen.

Wie oft feierst du deine Erfolge? Wie oft wirfst du dir Konfetti, wenn du irgendetwas erreicht oder geschafft hast oder schlicht und ergreifend Lust hast, dich zu feiern? Bei anderen Menschen sehen wir ständig, was sie alles können, was sie erreicht haben oder wie großartig sie bestimmte Situationen gemeistert haben. Warum können wir das nicht auch bei uns selbst sehen? Erfolge müssen dabei nichts Riesiges sein. Es ist oft schon ein echter Erfolg, pünktlich in der Arbeit zu sein und geputzte Zähne zu haben.

Es geht nicht darum, dass du nur eine Beförderung, eine neue Beziehung oder eine besonders herausfordernde Situation als Erfolg verbuchst. Du darfst deine eigenen Maßstäbe dabei anlegen. Und du darfst jede Kleinigkeit als Erfolg bewerten. Du darfst dich mit dem gleichen liebevollen Blick betrachten, wie es deine Freunde tun.

Ein Erfolg ist ein Erfolg, wenn du einen Erfolg daraus machst.

Ich habe mal mit einer Freundin telefoniert, die voller Bewunderung sagte: »Wow, ich finde das so genial, was du alles rockst mit Familie, Unternehmen und Reisen, Wahnsinn.« Da stand ich, als dreifache Mama, die täglich versucht, das Beste für ihre Kinder zu geben, Coachings zum Thema »Kinder begleiten« durchlaufen hatte, die als Unternehmerin versucht, fünf Mitarbeitern und ihren eigenen Ansprüchen gerecht zu werden, die ein wahnsinnig erfolgreiches Coachingunternehmen aufgebaut hatte, einen Podcast mit Millionen Downloads, die eine Ehe, eine Familie auf Reisen und tägliche persönliche Weiterbildung managt, und die dann noch dabei ist, Sport und Ausgleich für sich zu finden. Und nicht mal ich fühlte den Erfolg. Auch ich habe immer nur all das gesehen, was ich zu der Zeit gerade nicht schaffte. Was für ein Blödsinn. Wenn das nicht Erfolge sind, dann weiß ich auch nicht. Ich habe seitdem angefangen, mich wieder jeden Tag dafür anzuerkennen, was ich alles mache. Und an manchen Tagen besteht das lediglich darin, meine Kinder nicht verhungern zu lassen und ihnen eine frische Unterhose rauszulegen. Und das ist immer noch ein wahnsinniger Erfolg.

Ich glaube, der größte Erfolg für mich persönlich ist es, wenn ich es schaffe, einen ganzen Tag lang nichts zu tun. Ohne schlechtes Gewissen. Oder zu sehen, was ich alles in jedem Augenblick »leiste«, wenn ich einfach nur ich selbst bin. Es sind nicht die Momente oder Situationen, in denen ich besonders viel leiste oder für eine bestimmte Sache arbeite. Meine Erfolge sind oft das Nichts-Tun, das Mich-entspannen-Können. Weil das Dinge sind, die ich erst lernen durfte.

Deshalb ist mein Appell an dich: Definiere dir deine ganz eigenen Erfolge. Es dürfen Sachen sein, die dir schwerfallen oder ganz leicht, Dinge, die du schon immer konntest, oder Dinge, die du erst gelernt hast, absolute Kleinigkeiten oder wahnsinnig schöne »Großigkeiten«. Du darfst deine ganz eigene Definition von Erfolg finden. Wichtig ist nur, dass du ihn wahrnimmst, anerkennst und feierst.

Lenke deine Energie und deinen Fokus immer wieder auf deine Erfolge, und sei stolz auf dich, für alles, was du tust oder was du eben auch nicht tust. Du würdest dir von deinen Freunden auch wünschen, dass sie dich anerkennen anstatt dich abzuwerten oder runterzumachen. Umgekehrt feierst du andere auch dafür, wie sie ihren Alltag rocken.

Du gibst deinen Freunden sicher das Gefühl von »Du bist genau richtig, so wie du bist«. Du sagst ihnen nicht, sie müssten sich mehr anstrengen, mehr leisten, endlich mal mehr tun. Du sagst ihnen nicht, dass sie einfach nicht gut genug sind, dass sie es einfach nicht hinbekommen oder dass sie es eh nicht verdient haben, glücklich zu sein. Hör also auf, dir das zu sagen!

Und fang stattdessen an, dich zu feiern. Du bist gut genug, in jedem Moment. Punkt.

Eine neue Identität

Als ich gerade dabei war, mein Business aufzubauen, fühlte ich mich selbst nicht wie eine Königin. Ich hatte zuvor eine NLP-Ausbildung durchlaufen und fand alles, was ich da gelernt hatte, unglaublich bahnbrechend. Ich wollte, dass die Menschen da draußen das für sich nutzen konnten. Gleichzeitig aber war ich selbst natürlich noch unsicher in der Anwendung. NLP bedeutet »Neurolinguistisches Programmieren« und gibt uns, vereinfacht gesagt, Tools an die Hand, um mithilfe von Sprache (Linguistik) die alten Glaubenssätze, die in unserem Gehirn verknüpft sind (neuronale Verbindungen), neu zu programmieren. Damit wir nicht ständig wie auf Autopilot durch die Welt rennen, sondern selbst und freier entscheiden können, wie wir auf externe Reize reagieren. Ich war zwar inhaltlich überzeugt von der Methode, wusste jedoch gar nicht, wie ich das und mein Wissen über das Gesetz der Anziehung in die Welt bringen könnte. Ich wollte mich gerne selbstständig machen, um Workshops zu den Themen geben zu können. Doch mein Selbstbild war nicht das einer Selbstständigen. Geschweige denn einer erfolgreichen Selbstständigen. Ich war all die Jahre zuvor immer angestellt gewesen.

Ich stellte mir damals die Frage, wie ich wäre, wenn ich schon mein eigenes Business hätte. Und die Antwort war simpel: Ich wäre selbstbewusst mit dem, was ich weiß und kann, und ich würde jetzt sofort einen Podcast starten, um mein Wissen in die Welt zu bringen. Es hat dann noch ein paar Monate gedauert, da ich zunächst mal ein Kind auf die Welt brachte, aber kurz darauf, als meine Tochter drei Monate alt war, erblickte im Juli 2017 auch mein Podcast das Licht der Welt.

Ich erzähle dir das, weil mich diese Art der Fragen seitdem begleitet.

Wie willst du gerne sein? Was für eine Eigenschaft hättest du gerne? Vielleicht möchtest du mutig sein, redegewandt oder charismatisch? Vielleicht hast du in all deinen vergangenen Beziehungen immer gedacht, du seist einfach zu schüchtern oder zu besitzergreifend und würdest stattdessen lieber die selbstbewusste oder entspannte Seite von dir zeigen? Nimm dir kurz mal ein paar Minuten Zeit, um dir aufzuschreiben, wie du gerne wärst oder welche Eigenschaft du noch mehr ausprägen möchtest. Und jetzt machen wir das Ganze mal konkret: Woran würdest du merken, dass du diese Eigenschaften hast? Wie würdest du dich dann verhalten? Was würdest du anders machen, wenn du diese Charaktereigenschaft jetzt schon hättest?

Das Einzige, was damals zwischen mir und dem Podcast oder auch dem Businessstart stand, war Angst und Unsicherheit. Schließlich hatte ich das noch nie gemacht. Die selbstbewusste, erfolgreiche Claudia würde nicht zögern. Sie würde es einfach machen und sich mitten reinschmeißen. Sie würde sich nicht den Kopf zerbrechen darüber, ob sie jetzt alles richtig sagt, was die Leute vielleicht denken könnten oder ob jemand sie kritisieren könnte. Sie würde es einfach machen, weil sie Spaß daran hat. Sie würde sich das Mikro schnappen, den Perfektionismus über Bord schmeißen und einfach das erzählen, was in die Welt hinaus soll. Und das tat ich dann auch. Ich hatte keine Agenda mit dem Podcast, keinen Plan, nicht mal die geringste Absicht, damit Geld zu verdienen (tu ich mit dem Podcast bis heute nicht). Ich wollte einfach nur mein Wissen zur Verfügung stellen, und wenn es einem Menschen da draußen helfen würde für sein Leben, dann wäre ich glücklich. Das wäre für mich ein riesiger Erfolg.

Heute bekomme ich fast täglich Nachrichten von Menschen, deren Leben durch den Podcast positiv beeinflusst wurde, und ich könnte nicht dankbarer sein. Aber das war nur möglich, weil ich damals in meine neue Identität geschlüpft bin, noch bevor sie Realität im Außen war. Ich war im Innen erfolgreich, lange bevor es sich im Außen zeigte.

Vielleicht wärst du gerne mutiger oder selbstsicherer? Denn dann würdest du dich trauen, endlich allein den Roadtrip zu machen, von dem du schon so lange träumst. Dann mach den Roadtrip. Sieh dich mutig und selbstbewusst auf deiner Reise und du wirst auf dem Weg mutig und selbstbewusst werden.

Vielleicht wärst du gerne redegewandter, weil du deinen Kollegen dann sagen könntest, dass du nicht immer für sie in die Bresche springen willst? Dann trau dich schon heute, den Mund aufzumachen, jeden Tag ein bisschen mehr. Und mit der Zeit wirst du redegewandter werden. Es verändert sich nichts, wenn du einfach abwartest! Es kann sich nur etwas verändern, wenn du in deinem Kopf, wie ein Architekt auf dem Reißbrett, deine neue Identität entwirfst.

Denn im Grunde ist alles, was du gerne wärst, schon lange in dir. Es ist schon da. Nur leider vergraben unter Angst, Unsicherheit, eigenen Bewertungen oder Erwartungen. Die meisten Menschen, die gerne mutiger wären, sind es in einigen Lebensbereichen eh schon. Sie wünschen sich vielleicht den Mut für einen Roadtrip allein, aber haben kein Problem damit, mit einem Pferd über einen Acker zu galoppieren. Sie sind schon längst mutig, nur sehen sie es nicht. Die meisten Menschen, die gerne redegewandter wären, sind bei ihren Freunden oder der Familie nie um ein Wort verlegen. Sie sind schon längst redegewandt, nur sehen sie es nicht.

Wir tragen alle Eigenschaften schon in uns. Wir dürfen sie nur wieder ausgraben.

Deswegen stimmt es streng genommen auch nicht, dass du eine neue Identität entwirfst, du entdeckst lediglich deine eigentliche, wahrhaftige Identität wieder. Du wartest nicht darauf, bis du plötzlich über Nacht selbstbewusst, mutig, redegewandt oder erfolgreich bist. Wann passiert das schon von selbst? Du fängst stattdessen an, dir deine wahre Identität zu erschaffen. Und dabei helfen wir uns natürlich wieder mit den berühmten Kleinigkeiten.

Mach dir eine Liste mit deiner neuen (wahren) Identität. Nimm zunächst mal eine Eigenschaft, die du gerne hättest, oder etwas, das du gerne verkörpern möchtest. Zum Beispiel Mut oder Erfolg. Und dann schreibst du dir 50 Punkte auf, die dann anders wären. 50 Punkte, an denen du im Alltag merken würdest, dass du schon mutig oder erfolgreich bist. Würdest du dich anders kleiden, anders bewegen, hättest du eine andere Köperhaltung oder einen anderen Gesichtsausdruck? Würdest du andere Worte wählen, leiser oder lauter sprechen? Hättest du andere innere Dialoge? Würde sich in deinem alltäglichen Ablauf etwas verändern? An deinem Umfeld, an deinen Freizeitaktivitäten? Schreibe alles auf, jede noch so kleine Kleinigkeit.

Ich möchte dir ein paar Beispiele geben, die damals auf meiner neuen Identitätsliste von »erfolgreich« standen:

- Ich hätte hochwertige Kleidung an.
- Ich würde mir jeden Tag die Haare stylen.
- Ich würde roten Lippenstift besitzen.
- Ich hätte immer eine aufrechte Körperhaltung und einen langsamen, aber energischen Gang.
- Ich würde eine Uhr tragen.
- Ich würde mir regelmäßig Termine für den Friseur machen.
- Ich würde in mich investieren und Weiterbildungen machen, wann immer ich will.
- Ich würde mir ein schickes Kleid kaufen.
- Ich würde weniger Zeit am Handy verdaddeln.

- Ich würde Urlaub machen, wann und wo ich will.
- Ich würde meinen Wert kennen und mein Licht nicht mehr unter den Scheffel stellen, mich anderen gegenüber nicht mehr kleinmachen.
- Ich wäre entspannt und gelassen mit den Kindern.

Das sind nur ein paar Punkte aus meiner damaligen Liste, aber du siehst das Prinzip dahinter. Genauso kannst du selbst Listen zu »mutig« oder »selbstbewusst« erstellen. Das Spannende ist, dass einige Sachen überhaupt nichts mit dem eigentlichen Ziel zu tun haben. Ein roter Lippenstift oder ein entspannter Umgang mit den Kids garantieren ja sicher keinen Erfolg. Aber in meinem Gehirn war das in irgendeiner Weise verbunden: Erfolgreiche Menschen sind gelassen und entspannt und erfolgreiche Frauen tragen roten Lippenstift.

Das Coole ist, du kannst diese Überzeugungen deines Gehirns (und jeder hat solche) unheimlich gut für dich nutzen. Denn es ist relativ schnell getan, dir einen roten Lippenstift zuzulegen, eine aufrechte Haltung einzunehmen und darauf zu achten, entspannter mit den Kindern umzugehen. Und schon hat dein Unterbewusstsein die Verknüpfung: »Ah, die macht jetzt all das, wir scheinen uns auf dem Weg zu ›erfolgreich‹ zu befinden.«

Du kannst garantiert schon etliche Punkte von deiner Liste heute in die Realität umsetzen. Es wird dir wahnsinnig dabei helfen, deine gewünschte Identität zu leben und wirklich auch zu spüren. Denn auch hier gilt wieder das Prinzip deiner eigenen Glaubwürdigkeit. Genauso gut kannst du dich mit einem Jogginganzug auf die Couch lümmeln und mit hängenden Schultern »Ich bin so mutig und erfolgreich« vor dich hinsagen, es wird aber nicht den gleichen Effekt haben.

Fake it until you make it

Deine neue Identität wird dir dabei helfen, dich heute schon so zu fühlen, wie du dich gerne fühlen willst. Dabei darfst du ruhig das Prinzip von »Fake it until you make it« nutzen. Also in etwa: »Tu so als ob, bis du da bist, wo du hinwillst.« Du könntest dir einen neuen Gehaltscheck basteln oder für zwei Personen den Tisch decken. Also so tun, als ob die Gehaltserhöhung oder der Partner schon da wäre.

Ich habe einmal die spannende Frage gestellt bekommen, was diesen Ansatz von sogenannten Blendern unterscheidet, die ja auch vorgeben, etwas zu sein oder zu haben, was sie gar nicht sind. Und diese Frage ist absolut berechtigt. Für mich gibt es einen riesigen Unterschied zwischen den beiden Ansätzen, und zwar in der inneren Haltung. Wenn du den Menschen da draußen beweisen möchtest, was du alles schon hast oder bist und dich deshalb vor jedem schicken Auto in der Stadt fotografieren lässt (das wäre jetzt mein Bild von einem Blender), dann passiert das meist, um ein ungutes inneres Gefühl zu überdecken. Vielleicht ist es die Angst, nicht gemocht zu werden oder nicht dazuzugehören, oder es ist ein innerer Druck, immer besser sein zu müssen als die anderen.

»Fake it until you make it« ist etwas ganz anderes. Du darfst für dich das Gefühl bekommen, wie es ist, schon das zu sein, was du gerne wärst. Dazu können dir bestimmte Dinge im Außen helfen, zum Beispiel eine andere Körperhaltung oder eine andere Kleidung. Ich habe auf die Frage nach dem Unterschied folgendes Beispiel gebracht (Es ist platt, aber sehr anschaulich): Nehmen wir an, du möchtest reich sein. Der Blender würde sich einen Porsche leasen, sich mit den viel zu hohen Kosten schrecklich fühlen, aber nach außen hin so tun, als sei er der geilste Macker der Welt. Derjenige, der nach dem Prinzip »Fake it until you make it« lebt, würde eine Probefahrt in einem Porsche machen, sich dabei megagut fühlen, weil er spürt, dass er schon ganz bald selbst einen fahren wird. Und er würde seinen Ford Fiesta ab dem Tag fahren, als wäre es bereits der Porsche.

Eine meiner Kundinnen hat sich mal für ihren VW einen Schlüsselanhänger von Porsche gekauft. Das finde ich ein schönes Beispiel von »Fake it until you make it«. Das fühlte sich gut an und verkörperte einen Teil ihrer neuen erfolgreichen Identität.

Du siehst, der Unterschied besteht vor allem in der inneren Haltung. Die Dinge auf deiner neuen Identitätsliste dürfen außerhalb deiner Komfortzone sein und sich deshalb auch ungewohnt anfühlen (ich fand es befremdlich, mich mit rotem Lippenstift zu sehen), sie sollten dir aber keinesfalls ein wirklich schlechtes Gefühl machen. Denn du weißt ja mittlerweile schon, was du damit bestellst.

»Fake it until you make it« bedeutet also nicht, dass du allen Menschen von deinem florierenden Business berichtest, obwohl du noch immer angestellt bist, oder dass du überall mit deinem Ehering herumwedelst, obwohl du Single bist. Ich hoffe, der Unterschied ist klar geworden. Es geht dabei nur um dich und deine Gefühle und erst mal gar nicht um andere Menschen.

Was ich als hilfreich empfinde, besonders auch in Kombination mit der Identitätsliste, sind Bilder, die das verkörpern, was ich haben oder sein möchte. Wenn du eine wundervolle Beziehung willst, aber aktuell entweder gar keinen Mann an deiner Seite hast oder nur eine Version von Beziehung führst, die dich nicht erfüllt, dann ist es bekanntermaßen das Wichtigste, in das Gefühl zu kommen, das du haben willst. Neben Musik, die ich auch immer mit bestimmten Emotionen verknüpfe, helfen mir dabei Bilder. Google doch mal

»glückliche Beziehung« oder »lachendes Paar« oder »entspannte Familie«. Was auch immer es ist, das dir gerade fehlt, vielleicht findest du ein Bild, das genau das verkörpert. Bestimmte Bilder lösen in uns bestimmte Gefühle aus, und das kannst du wunderbar nutzen. Ich habe in meinem Handy einen Ordner für alle meine »Traumsachen«. Dort speichere ich alles ab, was mich inspiriert oder in ein bestimmtes Gefühl versetzt. Während ich diese Zeilen schreibe, liegt mein Handy neben dem Laptop, und als Hintergrundbild ist dort das zu sehen, was ich im Internet unter »Leichtigkeit« gefunden habe: eine Frau mit bunten Ballons. So erinnert mich mein Handydisplay jedes Mal, wenn ich draufgucke, an Leichtigkeit und Freude.

Du findest zu jedem Gefühl mit Sicherheit ein Bild, und du kannst natürlich auch ganz konkrete Situationen suchen, von denen du träumst. Vielleicht wünschst du dir, mit dem Partner im Arm einen Sonnenuntergang anzuschauen oder gemeinsam einen Fallschirmsprung zu machen. Heutzutage findest du so viele Bilder im Netz, besonders Instagram und Pinterest können dir da als Inspiration dienen. Es geht natürlich nicht darum, sich zu vergleichen oder das immer als untrügliche Wahrheit zu sehen, so nach dem Motto: Guck mal, alle anderen leben das Traumleben, nur ich nicht. Bitte fall nicht auf diesen Blödsinn deines Kopfes rein. Du darfst die Bilder zum Träumen nehmen und zum Fühlen. Nicht zum Bewerten oder Vergleichen, okay?

Vielleicht gibt es sogar Bilder von dir oder von euch als Paar, nach denen du dich sehnst. Bau dir gerne deine eigene Collage aus schon vorhandenen Fotos, denn damit sendest du bei jedem Anblick die Message ins Universum: Davon will ich mehr, danke.

Veränderung beginnt in dir

Egal, was du machst, egal, was du aus den vorangegangenen Kapiteln umsetzt oder auch nicht:

Du darfst etwas verändern, denn ansonsten wird sich in deinem Leben nichts verändern.

Wenn du dich nicht so geliebt, so selbstbewusst oder so entspannt fühlst, wie du es gerne hättest, dann darfst du anders denken und anders handeln. Denn du kreierst die Veränderung zuerst in dir. Dazu darfst du dich an andere Gedanken gewöhnen. Das ist bestimmt ungewohnt für deine Komfortzone, und dein Unterbewusstsein wird dir sicher das eine oder andere Mal zu verstehen geben, wieso du besser wieder alles so machen solltest wie zuvor. Aber sei dir einfach bewusst: Das ist nur deine Komfortzone, die dich da halten will, wo du bist. Sieh es als das, was es ist. Gib dem Ganzen nicht mehr Bedeutung. Und entscheide dich dafür, deine Komfortzone Stück für Stück zu verändern. Heute einen anderen Gedanken, morgen eine andere Handlung. Nach und nach wirst du dich an deine neuen Gedanken und Handlungen gewöhnen. Wenn du heute damit beginnst, dich jeden Tag ein Stück besser zu behandeln, wirst du in einem Jahr ein Fernglas benötigen, um zu sehen, an welchem Punkt du heute gestartet bist.

Wichtig bei all dem: Es geht nicht darum, dich selbst zu verbiegen oder zu optimieren, es geht auch nicht darum, deine Beziehungen zu »pimpen«. Es geht darum, deine Perspektive auf dich und deine Beziehungen zu verändern. Eine andere Brille aufzusetzen. Die Brille der Liebe, wenn du so willst. Liebevoll auf dich zu blicken. Liebevoll auf deine Beziehungen zu schauen. Liebevoll die Menschen um dich herum zu betrachten. Und damit so viel mehr Liebe in dein Leben einzuladen.

Alles, was du dafür tun darfst, ist SEIN. Du selbst sein, in all deinen Facetten, in all deinen Farben und all den bislang versteckten Qualitäten. Du musst nichts beweisen, denn dich gibt es unter den knapp acht Milliarden Menschen auf dieser Erde nur ein einziges Mal. Diese Tatsache allein macht dich unendlich wertvoll.

Wenn du heute schon fühlen könntest, wie einzigartig und wertvoll du bist, was würde sich in deinem Leben verändern? Wie würde sich der Blick auf deine Beziehungen verändern? Wie würde sich die Beziehung zu dir selbst verändern?

Das Wichtigste in Kürze

- Du bist die Queen deines Lebens.
- Fange an, deine eigenen Erfolge zu feiern, am besten mit Konfetti. Du definierst, was ein Erfolg ist.
- Du bist gut genug, in jedem Moment.
- Wie willst du sein? Woran würdest du das merken?
- Alle Eigenschaften sind schon in dir, du darfst sie nur wieder ausgraben.
- Fake it until you make it.
- Es geht um eine neue, innere Haltung, nicht darum, etwas vorzugeben oder andere zu blenden.
- Hilf dir mit Bildern, um ins Gefühl zu kommen.
- Wenn du schon wüsstest, wie einzigartig du bist, wie würde sich dein Blick auf dich verändern?

Du bist richtig, so wie du bist

Beziehungen sind so unterschiedlich wie die Menschen auf diesem Planeten. Egal, ob du beim Lesen dieser Zeilen gerade Single bist oder in einer Partnerschaft, ob du gerade frisch verliebt zu Dates gehst oder ob du das Gefühl hast, vor einem Trümmerhaufen zu stehen, weil deine Beziehung gerade zerbrochen ist. Ich möchte dir eins sagen: Du bist nicht verkehrt. Nichts an dir ist falsch. Du bist kein besserer oder schlechterer Mensch, egal ob du einen Partner hast oder nicht, ob deine Beziehung lange hält oder kurz. Du bist nicht falsch, wenn eine Beziehung zu zerbrechen droht oder in einer Scheidung endet. Mit dir ist nichts verkehrt. Du bist zu jeder Zeit genau richtig so, wie du bist.

Es gibt am Ende des Lebens keinen Orden für Menschen, die besonders lange Beziehungen geführt haben, die sich nie getrennt haben oder die immer wieder schnell jemanden für eine Partnerschaft gefunden haben. Die wertvollste Beziehung, die du eingehen kannst, ist die Beziehung zu dir selbst. Denn die hast du für dein gesamtes Leben. Jede Entscheidung darfst du immer für dich selbst fällen. Du darfst dir selbst der wichtigste Mensch in deinem Leben werden. Und du darfst gut für dich sorgen. »Ich vergesse mich in dir« sagen Verliebte manchmal. Besser wäre es doch, wenn du dich ständig wieder daran erinnerst, wer du bist. Was deine Einzigartigkeit ist.

Du wirst nicht über deine Beziehungen definiert. Du darfst dich vor allem über das definieren, was du bist. Was du in deinem tiefsten Kern wirklich bist. Nicht darüber, was du leistest, wen du liebst, was du anhast, was du tust. Was dich auszeichnet, ist das, was du fühlst und was du in deinem tiefsten Inneren bist. Und wenn du dich auf die Reise begibst, das zu entdecken, wird die Beziehung zu dir selbst so viel inniger, liebevoller und intensiver. Das ist das größte Geschenk, das du dir machen kannst.

Ich spreche viel davon, dass du dir alles manifestieren kannst, was du willst. Und ich merke Tag für Tag mehr, dass es vor allem darum geht, dir zu manifestieren, was du bist. Dir also genau das »sichtbar zu machen«, es zu zeigen, dir selbst und der Welt da draußen.

Du bist einzigartig. Und ich hoffe, dass du anfängst, das zu erkennen. Dass du sehen kannst, was die Menschen um dich herum wahrscheinlich schon lange sehen. Dass du erkennen kannst, was du tief in deinem Herzen schon lange spürst. Dass es dich nur einmal gibt auf dieser Welt.

Erlaube dir, so zu sein, wie du wirklich bist. Dann treten die schönsten Beziehungen ganz wie von selbst in dein Leben. Die schönste Beziehung zu dir selbst und zu allen anderen.

Hoffentlich hast du in diesem Buch ein bisschen was über dich erfahren, hast neue Blickwinkel eingenommen und einen anderen Fokus gesetzt. Sei liebevoll mit dir. Versuche nicht, alles auf einmal umzusetzen, was du hier gelesen hast. Das ist schlicht nicht möglich. Nimm dir das, was du gerade brauchst und was gerade passt.

Und ich hoffe für dich, dass es dir in deinen Beziehungen hilft. Denn eine Beziehung zu führen, zu dir selbst und zu anderen, ist die schönste, nervenaufreibendste und intensivste Erfahrung, die du in deinem Leben machen wirst. Beziehungen spiegeln uns und stellen uns jeden Tag vor eine neue Herausforderung. Gleichzeitig fangen uns Beziehungen auch auf, weil die Menschen, mit denen wir sie führen, uns meist sehr gut kennen. Beziehungen sind ein fortlaufender Prozess. Die Menschen verändern sich und damit verändern sich auch Verbindungen und Beziehungen. Im Leben geht es darum, mit diesen Veränderungen klarzukommen und die Beziehungen immer wieder neu zu entdecken und zu gestalten. Du bist der Schöpfer deiner eigenen Realität. Du bist der Schöpfer deiner Beziehungen. Manchmal erschaffst du, um zu lernen und zu wachsen, manchmal erschaffst du, um dich zu verändern, und manchmal erschaffst du, um zu genießen. Verlieb dich in die Reise, auf der du dich unentwegt befindest. Die darf Spaß machen und dir ein Lächeln ins Gesicht zaubern. Ich freue mich, wenn dieses Buch dir vielleicht ein kleines bisschen dabei helfen konnte.

Zieh die Mundwinkel nach oben und entspann dich,

deine Claudia

Danke

Dieses Buch zu schreiben, war eine ganz andere Erfahrung als beim ersten Buch.

Denn es ist so viel persönlicher, intimer und bewegender für mich. Deshalb möchte ich an dieser Stelle in erster Linie mir selbst danken. Dafür, dass ich damals losgegangen bin und mir verdammt viele Ecken und Winkel meines Unterbewusstseins angeschaut habe, in denen lange nicht mehr aufgeräumt wurde. Danke, dass ich den Mut hatte, dort hinzuschauen, danke, dass ich daraus etwas Wundervolles erschaffen habe. Danke für meinen Weg der Selbstliebe, auf dem ich mich jeden einzelnen Tag wieder befinde. Mal langsamer, mal schneller. Aber immer konstant.

Ich danke den Menschen, mit denen ich so enge Beziehungen pflege, dass es manchmal schmerzhaft ist, aber immer voller Liebe. Danke Johann für deine Spiegel, für deine Geduld und für unsere Kommunikation. Danke an Titus, Lilly und Lasse dafür, dass ihr mir tagtäglich zeigt, wie anstrengend Liebe sein kann und gleichzeitig so bedingungslos und vollkommen.

Ich möchte meinen Eltern aus tiefstem Herzen danken. Bedingungslose Liebe habe ich von euch gelernt, und ich bin euch auf ewig dankbar, wie viel Liebe, Wertschätzung und Geborgenheit ihr mir immer gegeben habt und heute noch gebt. Und danke, dass ihr seit 40 Ehejahren beweist, wie liebevoll Partnerschaft funktionieren kann. Danke euch.

Danke an alle Kundinnen, deren Geschichten ich hier erzählen durfte. Danke an euch Liebesmagneten, dass ihr mir euer Vertrauen schenkt und euer Herz öffnet. Das bedeutet mir unglaublich viel. Danke an jeden einzelnen Menschen da draußen, der sich mit Literatur dieser Art beschäftigt, anstatt sich nur von sich selbst abzulenken. Das ist so wertvoll und bereichernd, und ich bin unfassbar stolz auf jeden Einzelnen, der bis hierher gelesen hat. Danke, dass es dich gibt.

Quellennachweis

1. https://www.stern.de/familie/beziehung/in-diesem-beziehungsjahr-trennen-sich-die-meisten-paare-30933650.html
(aufgerufen am 11.07.2022)

2. https://www.eric-hegmann.de/blog/paarberatung/wie-lange-haelt-meine-beziehung/
(aufgerufen am 11.07.2022)

3. Bauer und Ganser: Münchner Studie zu Partnerwahl und Partnerschaft 2006 München https://www.ls4.soziologie.uni-muenchen.de/aktuelle_forschung/abgeschlos_forschungsprojekte/partnerstudie/partnerstudie.pdf
(aufgerufen am 16.04.2022)

4. https://de.statista.com/statistik/daten/studie/76211/umfrage/scheidungsquote-von-1960-bis-2008/
(aufgerufen am 16.04.2022)

5. https://de.statista.com/statistik/daten/studie/76211/umfrage/scheidungsquote-von-1960-bis-2008/
(aufgerufen am 27.05.2022)

6. https://www.ls4.soziologie.uni-muenchen.de/aktuelle_forschung/abgeschlos_forschungsprojekte/partnerstudie/partnerstudie.pdf
(aufgerufen am 27.05.2022)

7. https://www.welt.de/iconist/article137196832/Liebe-in-Zahlen-und-Fakten-der-Leidenschaft.html
(aufgerufen am 28.05.2022)

8. https://de.statista.com/statistik/daten/studie/1143122/umfrage/umfrage-unter-paaren-zu-den-haeufigsten-streitgruenden-nach-beziehungsdauer/
(aufgerufen am 28.05.2022)

9. Finn, Christine, Johnson, Matthew D., Neyer, Franz J.: Happily (n)ever after? Codevelopment of romantic partners in continuing and dissolving unions. Developmental Psychology, Vol 56(5), May 2020, 1022-1028

10. https://www.focus.de/familie/eltern/partnerschaft-ob-eine-beziehung-lange-haelt-laesst-sich-vorhersagen_id_11985532.html
(aufgerufen am 28.05.2022)

11. Gottman, John: Die 7 Geheimnisse der glücklichen Ehe. München 2004

12. Oxford Languages über google (aufgerufen am 04.05.2022)

13. John Augustus Shedd, eigene Übersetzung

14. Gottman, John: Die 7 Geheimnisse der glücklichen Ehe. München 2004

15. Gottman, John: Die 7 Geheimnisse der glücklichen Ehe. München 2004, S. 32

16. Chapman, Gary: Die fünf Sprachen der Liebe. 1992 Marburg an der Lahn

17. Chapman, Gary: Die fünf Sprachen der Liebe. 1992 Marburg an der Lahn, S. 39

18. https://www.maennergesundheit.info/maennergesundheit/potenz-und-erektion/samenstau.html (aufgerufen am 27.04.2022)

19. Chapman, Gary: Die fünf Sprachen der Liebe. 1992 Marburg an der Lahn

20. Bust, Astrid Leila: Weiblichkeit leben. Hamburg 2019

21. Bust, Astrid Leila: Weiblichkeit leben. Hamburg 2019

22. Bust, Astrid Leila: Weiblichkeit leben. Hamburg 2019

23. Bust, Astrid Leila: Weiblichkeit leben. Hamburg 2019

24. Engelskreis ist eine eingetragene Wortmarke der Autorin

25. Sinngemäß aus Watzlawick, Paul: Anleitung zum Unglücklichsein. München 1983

Über die Autorin

Spiegel-Bestsellerautorin Claudia Engel ist Glückstrainerin und Coach. Ihr Erfolgspodcast *Glück in Worten* mit mehr als fünf Millionen Downloads gibt Impulse für einen glücklicheren Alltag. Nachdem sie sich selbst aus dem Karriere-Hamsterrad befreit und den Job als Fernsehjournalistin an den Nagel gehängt hat, zeigt sie heute unzähligen Menschen den Weg zum Glück mit einer Menge positiver Energie und einer Handvoll Konfetti. Aktuell lebt Claudia mit ihrem Mann und den drei Kindern in Spanien.

256 Seiten
17,00 € (D) | 17,50 € (A)
ISBN : 978-3-7474-0340-2

55 Karten
ISBN 978-3-7474-0445-4

Wie du richtig manifestierst und dir alles im Leben erschaffen kannst – der SPIEGEL-Bestseller und das Kartendeck